中国式现代化理论与实践研究丛书

上海市哲学社会科学规划办公室
上海市习近平新时代中国特色社会主义思想研究中心
—— 编 ——

中国式法治现代化的逻辑和探索

叶青 阙天舒 虞浔 吴羽 程衍 王小光 孙嘉伟

—— 著 ——

上海人民出版社

出版前言

中国式现代化是中国共产党领导全国各族人民在长期探索和实践中历经千辛万苦、付出巨大代价取得的重大成果。习近平总书记在党的二十大报告中指出，中国式现代化，是中国共产党领导的社会主义现代化，既有各国现代化的共同特征，更有基于自己国情的中国特色。中国式现代化是人口规模巨大的现代化，是全体人民共同富裕的现代化，是物质文明和精神文明相协调的现代化，是人与自然和谐共生的现代化，是走和平发展道路的现代化。这一崭新的现代化道路，深深植根于中华优秀传统文化，体现科学社会主义的先进本质，借鉴吸收一切人类优秀文明成果，代表人类文明进步的发展方向，展现了不同于西方现代化模式的新图景，是一种全新的人类文明形态。实践证明，中国式现代化走得通、行得稳，是强国建设、民族复兴的唯一正确道路。

为深入学习贯彻习近平总书记关于中国式现代化的重要论述，深入研究阐释中国式现代化的历史逻辑、理论逻辑、实践逻辑，在中共上海市委宣传部指导下，上海市哲学社会科学规划办公室以委托课题方式，与上海市习近平新时代中国特色社会主义思想研究中心、上海市中国特色社会主义理论体系研究中心联合组织了"中国式现代化理论与实践研究丛书"（12种）（以下简称"丛书"）的研究和撰写。参加丛书研究撰写的是本市哲学社会科学相关领域的著名专家学者。丛书由上海人民出版社编辑出版。

丛书围绕新时代推进中国式现代化的重大理论和实践问题开展研究阐释，分领域涉及当代中国马克思主义新贡献，新时代坚持党的全面领导，中国式现代化的文明贡献，高质量发展，社会主义民主政治，中国式法治现代化，社会主义文化繁荣发展，当代中国治理创新，新时代实现共同富裕，新时代中国生态文明建设，新时代党史观理论创新，浦东打造社会主义现代化建设引领区等内容，涵盖马克思主义理论创新、党的领导和党的建设、经济建设、政治建设、文化建设、社会建设、生态文明建设等方面，阐释论述系统而具有说服力。

丛书的问世，离不开中共上海市委常委、宣传部部长、上海市习近平新时代中国特色社会主义思想研究中心主任、上海市中国特色社会主义理论体系研究中心主任赵嘉鸣的关心和支持，离不开市委宣传部副部长、上海市习近平新时代中国特色社会主义思想研究中心常务副主任、上海市中国特色社会主义理论体系研究中心常务副主任潘敏的具体指导。上海市哲学社会科学规划领导小组办公室李安方、吴净和徐逸伦，市委宣传部理论处和讲团办陈殷华、薛建华、俞厚未、姚东，上海市习近平新时代中国特色社会主义思想研究中心叶柏荣等具体策划、组织；上海人民出版社的同志为丛书出版付出了辛苦的劳动。

"从现在起，中国共产党的中心任务就是团结带领全国各族人民全面建成社会主义现代化强国、实现第二个百年奋斗目标，以中国式现代化全面推进中华民族伟大复兴。"新征程是充满光荣和梦想的远征。希望丛书问世，能够使广大读者对中国式现代化的中国特色、本质要求和重大原则，对在各个领域的重点要求与战略任务，对为人类现代化理论与实践创新作出的重大原创性贡献的认识更加深入、领悟更加准确，为以更加自信自强、奋发有为的精神状态朝着全面建设社会主义现代化国家的目标勇毅前行，起到激励和鼓舞作用。

目　录

前　言

习近平总书记指出："全面推进依法治国是一个系统工程，是国家治理领域一场广泛而深刻的革命。""全面推进依法治国是一项长期而重大的历史任务，也必然是一场深刻的社会变革和历史变迁。"在党的十九大报告中，习近平总书记更为精辟地指出，全面依法治国是国家治理的一场深刻革命。党的十九届四中全会对坚持和完善中国特色社会主义制度、推进国家治理体系和治理能力现代化作出全面部署。习近平总书记强调指出："坚持全面依法治国，是中国特色社会主义国家制度和国家治理体系的显著优势。中国特色社会主义实践向前推进一步，法治建设就要跟进一步。"实践证明，坚持全面依法治国，可以为党和国家事业发展提供根本性、全局性、长期性的制度保障。党的十九届六中全会强调指出，在全面依法治国上，中国特色社会主义法治体系不断健全，法治中国建设迈出坚实步伐，党运用法治方式领导和治理国家的能力显著增强。

党的十八大以来，党中央从坚持和发展中国特色社会主义全局出发，提出并形成了全面建成小康社会、全面深化改革、全面依法治国、全面从严治党的战略布局。习近平总书记深刻地指出："不全面依法治国，国家生活和社会生活就不能有序运行，就难以实现社会和谐稳定。做好全面依法治国各项工作意义十分重大。没有全面依法治国，我们就治不好国、理不好政，我们的战略布局就会落空。"① 同样，从理论层面深入研究新时代坚持全面依法治国战略的政治方向、重要地位、工作布局、重点任务、重大关系和重要保障，可以为丰富全面依法治国的范畴、原理与理念作出学理阐述；在研究范式上，可以为全面依法治国的创新视角、拓展视域提供一种选择；在服务法治实践上，也可为修正和完善依法治国的具体制度和机制提出建言与对策。

本书作为上海市哲学社会科学规划特别委托课题"新时代坚持全面依法治国"的研究成果，全书以习近平新时代中国特色社会主义思想为根本遵循，以习近平法治思想为指引，共分为：引言、新时代坚持全面依法治国政治方向、新时代坚持全面依法治国重要地位、新时代坚持全面依法治国工作布局、新时代坚持全面依法治国重点任务、新时代坚持全面依法治国重大关系、新时代坚持全面依法治国重要保障论和结语部分。研究的创新之处在于：一是在学术观点方面，根据习近平法治思想的精神内涵，对"党领导立法、保证执法、支持司法、带头守法"作了较为全面和深入的学理阐述；二是在研究方法方面，打破传统法学学科界限，尝试从政治学、法学交叉视角切入，挖掘全面依法治国的内生驱动和社会根源，体现了研究视野的开放性、跨越性和交叉性。

全书由课题首席专家、上海市社联副主席、上海市法学会副会长、华东政法大学校长叶青教授担任主编，由华东政法大学中国法治战略研究院、刑事法学院、政治学与公共管理学院的专家学者组成课题组成员，并担任主要撰稿人。具体编写分工如下：叶青教授负责引言、第四章；阙天舒教授负责第一章；虞浔教授负责第二章；吴羽副教授负责第三章；王小光讲师负责第五章；程衍副教授、孙嘉伟讲师负责第六章。最终全书由主编叶青教授负责统稿、审定，虞浔教授也参与了部分书稿的统稿和大量的编务工作。此

---

① 习近平：《论坚持全面依法治国》，中央文献出版社 2020 年版，第 144—145 页。

外，本书得以呈现给诸位读者，得益于上海社会科学院法学研究所尤俊意研究员、上海师范大学法政学院蒋传光教授、华东政法大学法律学院李桂林教授对本书书稿的审读，以及他们所提出的中肯的修改意见和建议，在此向他们表示衷心的感谢。同时，也向本书所引述参考文献的各位作者表示衷心的感谢。也要感谢中共上海市委宣传部和上海市哲学社会科学规划办公室对本课题的经费资助。由于我们编写者的理论水平与学术能力有限、编写时间有限，加之编写期间正遭遇上海市前所未有的新冠疫情的侵袭，因抗疫防疫所需，人员均处于静默状态，不少本该线下面对面开展的调研座谈、专家审稿会、统稿会等都改为了线上进行，尽管我们内心想极尽可能地按照课题设计论证的方案实施编写计划，完美地呈现我们的研究成果，但是客观上文献资料的收集与校对难免不全、不准，甚至还有错漏之处，敬请广大读者批评指正，以期留待我们日后修正。

愿本书可以为新时代依法治国战略贡献理论力量！

第一章　新时代坚持全面依法治国政治方向

法治兴则国兴，法治强则国强。自党的十八大以来，从"四个全面"战略布局的提出，到组建全面依法治国委员会，再到推进新时代全面依法治国新篇章，以习近平同志为核心的党中央从坚持和发展中国特色社会主义的战略高度出发，把全面依法治国摆在党和国家工作中的突出位置，以前所未有的决心、举措和力度推进全面依法治国，法治的地位更加突出、作用更加重大。

当前，我国正处于实现"两个一百年"奋斗目标的历史交汇期，应运用法治之力打好应对变局、开拓新局的主动战。[①] 2020 年中央全面依法治国工作会议对习近平法治思想的系统阐述，进一步健全了全面依法治国的制度机制，明确了全面依法治国的正确工作方向，为实现"十四五"规划、全面建设社会主义现代化强国贡献了法治力量。

一、以习近平法治思想为总纲，引领中国法治建设

（一）习近平法治思想具有鲜明的时代特征

法者，治之端也。依法治国是党领导人民治理国家的基本方略，法治是

---

① 阙天舒、莫非：《习近平法治思想的时代内涵及实践要求》，《人民检察》2020 年第 24 期。

治国理政的基本方式。思想是行动的先导，理论是实践的指南。推进全面依法治国是国家治理的一场深刻变革，必须以科学理论为指导，总结好、运用好我们党关于新时代加强法治建设的思想理论成果。作为科学完整的一套理论体系，习近平法治思想既传承经典又独具创新，既重视整体又着眼局部，既有理论高度又有实践深度。这三个方面的内容意蕴深刻、紧密相连，构成了习近平法治思想鲜明的时代特征。

首先，习近平法治思想在内容上是延续性与创新性的统一。习近平法治思想是对马克思主义法治思想的传承与创新，是马克思主义法治理论中国化的最新成果，是全面依法治国、建设法治中国、推进法治强国的理论基础和指导思想。①自党的十八大以来，习近平总书记以马克思主义的基本立场、观点和方法，就法治的概念、地位和作用这三个核心问题进行了集中论述。关于法治的概念，习近平总书记提出，"用法律的准绳去衡量、规范、引导社会生活，这就是法治"，"法治是国家治理体系和治理能力的重要依托"，同时强调"公正是法治的生命线""法是党的主张和人民意愿的统一体现"②。这些概念认知兼具了法的形式特征与实质价值的双重意蕴。关于法治的地位，习近平总书记提出，"法律是治国理政最大最重要的规矩"③、"法律是治国之重器，法治是国家治理体系和治理能力的重要依托"④。这一表述不仅表明了法治的工具性价值，更强调了我国新时代法治的目的性价值。关于法治的作用，习近平总书记提出"要更加注重发挥法治在国家治理和社会管理中的重要作用""更好发挥法治固根本、稳预期、利长远的保障作用"⑤。这些观点为全面深化依法治国，推进法治中国建设奠定了扎实的思想认识前提。

①②④ 习近平：《论坚持全面依法治国》，中央文献出版社2020年版，第84—102页。
③ 同上书，第35—41页。
⑤ 同上书，第222—237页。

其次，习近平法治思想在方法上是系统性与针对性的统一。习近平法治思想既注重全面依法治国的整体构架，又明确了维护国家长治久安的重点任务。所谓系统性，是指习近平法治思想全方位揭示了新时代法治建设应当遵循的基本原则、应当采取的总体方案和应当行进的法治道路。① 推行"全面依法治国"不局限于某一层面，要做到"各项改革措施在政策取向上相互配合、在实施过程中相互促进、在改革成效上相得益彰"。任何片面的、局部环节的法治改革都不可能取得最终的成功。习近平法治思想有机地建立于内部高度统一的法治理论子系统之上，既拥有法律规范体系和法治实施体系的子系统理论，② 又具有法律监督体系和法治保障体系的子系统理论，还包括从严治党、依规治党的理论内容，因而具有全面系统的特征。同时，习近平法治思想也坚持了"两点论"和"重点论"的统一，要求抓住在不同时段应当解决的重点问题，循序渐进、攻坚克难。法治政府建设就是全面依法治国的重点任务和主体工程。对此，习近平总书记提出，要"用法治给行政权力定规矩、划界限，规范行政决策程序，加快转变政府职能"③。

最后，习近平法治思想是理论性与实践性的统一。一切伟大的实践，都需要科学理论的正确指引。在推进全面依法治国的过程中，习近平总书记提出了关于全面依法治国的一系列新理念、新思想，形成了内涵丰富、科学系统的习近平法治思想，为建设法治中国指明了前进方向，具有重大的理论意义与实践意义。在学理性方面，习近平法治思想提出和论证了关于法治中国、良法善治、法治体系、法治社会、法治信仰、以人民为中心的发展思

---

① 汪习根、陈骁骁：《习近平关于中国特色社会主义法治重要论述的科学构成》，《中共中央党校学报》2018 年第 6 期。

② 迟方旭：《习近平新时代中国特色社会主义法治思想的实践基础、理论渊源与精神实质》，《世界社会主义研究》2018 年第 3 期。

③ 习近平：《论坚持全面依法治国》，中央文献出版社 2020 年版，第 1—6 页。

想、加强人权法治保障等一系列法治原理与法治概念。这些论断不仅继承和发展了马克思主义法学基本原理，而且坚持和体现了社会主义法治理论的精髓和要义，极大地推进了社会主义法治理论在新时期新阶段的不断创新发展。在实践性方面，习近平法治思想紧扣了我国国情，与时俱进、开拓创新。法与时转则治，治与世宜则有功。要坚持全面依法治国，就要从把握新发展阶段、贯彻新发展理念、构建新发展格局的实际出发，以解决法治领域突出问题为着力点。① 对此，习近平法治思想要求积极推进国家安全、科技创新、公共卫生、生态文明等重要领域的立法工作，推进法治领域改革，以良法善治护航高质量发展。

（二）习近平法治思想蕴含丰富的理论内涵

法治建设千头万绪，法治征程雄关漫道。"以天下之心虑，则无不知也。"法治是发展之治，要以法治"稳预期"，就要在战略上高瞻远瞩。"欲流之远者，必浚其泉源。"法治是良法之治，要以法治"利长远"，就要在视野上纵横全局。"万物并育而不相害，道并行而不相悖。"要以法治"固根本"，就要在思维上统筹兼顾。习近平法治思想立足于新时代中国社会主要矛盾的转变，致力于解决新时代法治资源供给和人民美好生活之间的匹配问题，开辟了全面依法治国理论和实践的新境界，开启了中国法治新时代。

首先，习近平法治思想包含高瞻远瞩的战略部署。习近平总书记近期在中央全面依法治国工作会议上的讲话，回答了我国社会主义法治建设一系列重大理论和实践问题，明确提出了当前和今后一个时期推进全面依法治国的总体要求，并用"十一个坚持"系统阐述了新时代推进全面依法治国的重要思想和战略部署。② "坚持党对全面依法治国的领导""坚持依宪治国、依

---

① 《深入贯彻落实习近平法治思想》，载新华社，http://www.gov.cn/xinwen/2020-11/18/content_5562434.htm，2020年11月18日。

② 《坚持习近平法治思想》，《人民日报》2020年11月20日。

宪执政"等"十一个坚持"回应了依法治国过程中三大核心关系的命题。其一，是关于改革与法治的关系命题。习近平总书记指出"凡属重大改革都要于法有据"，并强调"改革为法治明方向拓空间增动力，法治对改革固根本利长远稳预期，要坚持两轮驱动、两翼齐飞，推动改革与法治协调发展"①。其二，是关于党与法治的关系命题。习近平总书记指出"党和法、党的领导和依法治国是高度统一的"，强调"要加强和改善党的领导，不断提高党领导依法治国的能力和水平，巩固党的执政地位"。其三，是依法治国和以德治国的关系命题。习近平总书记指出，"要坚持依法治国和以德治国相结合，实现法治和德治相辅相成、相得益彰"，同时强调要"要坚持立德树人，德法兼修，创新法治人才培养机制，努力培养造就一大批高素质法治人才及后备力量"②。

其次，习近平法治思想具有纵横全局的整体视野。习近平法治思想是一个完整的法治理论体系，从法治建设的内在逻辑出发，整体性地回应了法治中国建设的动力机制问题、政治领导问题及价值认同问题，正确地反映了法治中国建设的本质属性和规律所在，揭示出中国特色社会主义法治建设的人民性、社会主义性以及共产党的依法执政规律、法治社会的建设规律。从纵向上看，习近平法治思想也有效地联结了法治中国建设的所有范畴和规律，既关注依法治国、依法执政、依法行政的共同推进，又看重法治国家、法治政府、法治社会的一体建设，具有严谨的逻辑性特征。可见，法治国家是根本，法治政府是关键，法治社会是基础，三者共同构成法治中国的美丽图景。从横向上看，习近平法治思想完整地涵盖了法治中国建设的全部过程和各个方面，既统摄科学立法、严格执法、公正司法、全民守法，又涵盖法治

---

① 阙天舒、莫非：《以法治固根本稳预期利长远》，《解放日报》2020年12月3日。
② 习近平：《论坚持全面依法治国》，中央文献出版社2020年版，第18—25页。

道路、法治理论、法治制度、法治文化，①具有普遍的适用性特征。对此，习近平总书记提出了"100-1=0"的"法治公式"，一个环节的负面影响足以摧毁全局的良好形象。可见，科学立法、严格执法、公正司法、全民守法是紧密联系的统一体，四者缺一不可，共同构成我国法治新格局。

最后，习近平法治思想具备统筹兼顾的辩证思维。改革发展稳定、内政外交国防、治党治国治军，无不以法治为依据、用法治作保障、由法治来贯彻。在国家安全领域落实全面依法治国，把国家安全的工作纳入法治轨道，就是要通过法治方式来深化改革、推动发展、化解矛盾、维护稳定。②在维护国家安全方面，习近平法治思想的辩证思维体现于对"四组关系"的统筹考量之中。其一，在发展问题与安全问题方面，习近平法治思想致力于实现可持续发展和可持续安全的良性互动，让法治为安全创造条件，让法治为发展提供保障。其二，在外部安全和内部安全方面，习近平法治思想兼顾国内和国际两个大局，对外维护国家主权，对内维护社会稳定。其三，在传统安全和非传统安全方面，习近平法治思想重视传统安全与非传统安全因素相互联系、相互影响的现状，更加重视非传统安全问题的现实威胁，要求对生物安全、卫生安全等重要领域推进立法进程。其四，在自身安全和共同安全方面，习近平法治思想坚持统筹推进国内法治和涉外法治，将着重对电磁、太空、极地、深海、海外军事行动等领域填补立法空白。在习近平法治思想及总体国家安全观的指引下，我国的国家安全法治建设不断完善，彰显了国家以法治思维和法治方式维护国家安全的坚定决心和鲜明态度。

良法善治，民之所向。作为人类文明的智慧结晶，法治是国家发展的基石。我们党所领导的全面依法治国，事关我们党执政兴国，事关人民幸福

---

① 蒋传光：《从两个"十六字方针"看我国法治建设的跨越发展——纪念改革开放 40 周年》，《东方法学》2018 年第 6 期。

② 张文显：《良法善治：民主、法治与国家治理》，法律出版社 2015 年版，第 102 页。

安康，事关党和国家事业发展，是中华民族走向伟大复兴不可或缺的坚实保障。新的征程已经开启，我们要将习近平法治思想作为全面依法治国的根本遵循和行动指南，切实把习近平法治思想贯彻落实到全面依法治国全过程，奋力实现党的十九届五中全会所明确的"十四五"时期"社会主义民主法治更加健全"主要目标，奋力实现 2035 年"基本建成法治国家、法治政府、法治社会"远景目标。

（三）习近平法治思想引领全面依法治国的政治方向

习近平法治思想是内容丰富、逻辑严谨的理论体系，全面推进依法治国总目标是建设中国特色社会主义法治体系、建设社会主义法治国家。全面依法治国是中国特色社会主义的本质要求和重要保障。因此，在建立法律规范体系、法治实施体系、法治监督体系、法治保障体系等层面要明确制度改革和发展政治方向的同时，仍然有必要对全面依法治国总体政治方向有所把握。这体现了习近平法治思想在面对纷繁复杂的国内外现状时所展现出的高超的应对水平。研究探讨全面依法治国的政治方向，有助于把握我国国情，实事求是、稳妥推进法治进程。总体而言，把握习近平法治思想关于全面依法治国的政治方向，要注意以下几个方面：

首先，要坚持党的领导。坚持党对全面依法治国的领导是首要的政治方向，这既是构成习近平法治思想的一条基本主线，也是所有法治改革应遵循的主线。党的领导是中国特色社会主义最本质的特征，是中国社会主义法治最根本的保障。要把党的领导贯穿于依法治国的全过程和各方面。坚持党的领导是社会主义法治的根本，是党和国家的根基和命脉，是中国全面推进依法治国的关键所在。只有坚持党的领导，人民才能当家作主，国家和社会的法治化水平才能有所提高。坚持党的领导是我国社会主义法治的根本特征和政治优势。在全面推进依法治国进程中，党领导立法、保障执法、支持司法、带头守法，促进社会法治意识的提高，是统筹领导人大、政府机关、司法系统等方方面面依法履行职责、开展工作的核心。只有坚持党的领导，法治化道路才不会走偏，避免照搬西方制度，才是符合中国人民根本利益的道路。法治工作具有鲜明的政治属性。无论是立法机关、执法机关、司法机关都是国家重要政治机关，立法、执法和司法工作也是国家重要的政治工作。必须旗帜鲜明讲政治，坚定制度自信，坚决贯彻党的路线、方针、政策和决策部署，把党的主张通过法定程序转化为国家意志，切实把党的领导贯彻到法治工作的全过程和各方面。

其次，坚持以中国特色社会主义理论体系为指导。坚持中国特色社会主义制度，就是坚持正确的指导思想。中国特色社会主义法治体系，本质上是中国特色社会主义制度的法律表现形式。我们党成立以来经过艰辛探索，形成了毛泽东思想、邓小平理论、"三个代表"重要思想、科学发展观、习近平新时代中国特色社会主义思想。改革开放以来，党提出了关于法治的一系列重要思想，形成了中国特色社会主义法治理论，为全面依法治国提供了强大思想武器和理论指导。在长期历史实践中，确立了相应的中国特色社会主义制度，如人民代表大会制度的根本政治制度，中国共产党领导的多党合作和政治协商制度等基本政治制度，公有制为主体、多种所有制经济共同发展的基本经济制度，中国特色社会主义法律体系，以及建立在这些制度基础上各项具体制度，这些制度是中国共产党领导中国人民的伟大创造。全面推进依法治国，要认真深入贯彻，以此确定指导思想、改革思路，统一认识，并将思想、理念转化为制度、体制和机制，而不是另起炉灶、将法治建立在西方资本主义制度基础上。习近平法治思想明确提出了坚持中国特色社会主义法治道路，并指明它是最适合中国国情的法治道路，也是建设社会主义法治国家的唯一正确道路。

再次，要坚持人民主体地位。以人民为中心，人民是依法治国的力量源泉。要把反映人民愿望、维护人民权益、增进人民福祉落实到法治全过程。坚持以人民为中心是习近平法治思想的鲜明特征和根本政治立场，是社会主义法治思想的重要内容。以人民为中心，是由党的根本宗旨和国家政权的社会主义性质决定的。我国社会主义法治在本质上必然是人民的法治，要牢牢把握住这一制度优势。立法为民，人民代表大会制度是保障人民当家作主地位的根本政治制度，立法中要充分把握人民群众的时代需求，随着人民群众物质财富的增长，人民对财产权保障以及精神权利的需求越来越广泛和迫切，通过法律坚持尊重和保障公民的合法权益，如财产权、人身权、人格权、安全权等，努力解决好与群众切身利益密切相关的现实问题，实现立法分配正义。执法为民，中国法治的良善之治和公平正义的价值取向是以人民为中心的，要始终防止法治脱离人民、脱离实践，更不能在实践中将其异化为"依法治民"。保证人民依法享有广泛权利和自由、履行职责，维护社会公平正义，让人民群众认识到，法律既是维护自身权利的有力武器，也是必须遵守的行为准则，增强全体社会成员学法、尊法、守法、用法的意识，用法治保障人民安居乐业，实现执法的执行正义。司法为民，实现好、维护好、发展好最广大人民根本利益，是司法工作的根本出发点和落脚点。随着民众权利意识的增强，大量矛盾纠纷以案件形式汇聚到司法领域，法律手段成为调节社会关系的主要手段。司法要通过公正的个案审判和整体审判质效的提升，切实维护人民群众的合法权益，让人民群众在每一个司法案件中感受到公平正义，实现司法的矫正正义。因此，全面推进依法治国要充分体现发展为了人民、发展依靠人民、发展成果由人民共享，不断增强人民的获得感、幸福感、安全感。

最后，要坚持从中国国情和实际出发。只有立足中国国情，融会贯通中华民族的公平正义观念，法治发展才能有强大的生命力。世界上没有完全相同的政治制度和法律制度，更不存在放之四海而皆准的所谓"典范"法治模式。从世界各国法治发展的经验看，很多发展中国家在道路选择上出了问题，被所谓"普世价值"和西方模式打断了原本根植于本国国情的自身发展进程。一个国家的法治发展，是由这个国家的国情决定的，即由政治体制、历史文化、道德风俗和经济发展水平等因素共同决定的。全面推进依法治国，必须与我国政治体制相适应，与经济社会发展进程相适应。实践是法律的基础，法律是实践的总结。我国是一个有 14 亿多人口的大国，底子薄、发展不平衡，地域辽阔、民族众多，国情复杂。法治要着眼经济社会发展水平、历史文化传统，扎根中国土壤，以实践经验为基础，以问题为导向，构建制度规则，不断发展完善；同时，合理吸收借鉴国外有益经验，但绝不照搬照抄。要立足自身制度优势，坚持正确的法治发展道路，努力实现更高水平的法治文明。

二、坚持党对全面依法治国的领导

（一）党的领导是社会主义法治之魂

习近平总书记将中国特色社会主义法治道路凝练为"三个核心要义"，指出：坚持党的领导，坚持中国特色社会主义制度，贯彻中国特色社会主义法治理论，这三个方面实质上是中国特色社会主义法治道路的核心要义。在这三个核心要义中，党的领导是根本，中国特色社会主义制度是基础，中国特色社会主义法治理论是指导思想和学理支撑。党的领导是中国特色社会主义最本质的特征，是社会主义法治最根本的保证。

党的领导是中国特色社会主义法治之魂。中国特色社会主义法治是建设社会主义法治国家的唯一正确道路，自觉坚持从中国国情和实际出发，走适合自己的法治道路，绝不能照搬别国模式和做法，绝不能走西方"宪政""三权鼎立""司法独立"的路子。[1]

---

[1] 王晨：《坚持以习近平法治思想为指导谱写新时代全面依法治国新篇章》，《中国法学》2021 年第 5 期。

　　回顾历史不难发现，中国共产党历来重视法治建设，在土地革命时期，颁布了《中华苏维埃共和国宪法大纲》，抗日战争时期发布了《各级政府的组织条例》，在新中国成立前夕，在党的领导下废除了国民党的《六法全书》，新中国成立后，在党的领导下颁布了新中国第一部宪法。改革开放以来，党提出了"有法可依，有法必依，执法必严，违法必究"的十六字方针。随着社会经济的不断发展，党把强调依法治国提升到治国基本方略的高度。党的十五大提出了"依法治国，建设社会主义法治国家"，并在 1999 年将"依法治国"的理念写入了宪法，实现了我国国家治理模式从"法制"到"法治"的转变。党的十八大以来，以习近平同志为核心的党中央把全面依法治国纳入战略布局，作出专题部署，推动法治建设进入了快车道。党的十九大之后，为了切实加强党中央对法治建设的集中统一领导，又正式提出并确立了习近平法治思想，形成了全面依法治国的新局面。①

　　一方面可以看出，随着中国特色社会主义经济和社会的全面发展，党对法律、法制和法治的认识逐步加深，并经过长时期的理论和实践的探索，总结各方面的经验，逐步形成了把全面依法治国纳入"四个全面"的战略布局，把建设中国特色社会主义法治体系，建设社会主义法治国家，明确为全面依法治国的总目标。另一方面可以看出，70 多年来我国社会主义发展建设取得巨大成就的最根本经验就是一如既往地坚持党的领导，党的领导是法治建设的灵魂与核心。在每一次重要的历史发展节点上，党都把握住了发展方向，坚持党对全面依法治国的领导，就是中国特色社会主义法治建设的根本所在、命脉所在，是全面依法治国沿着正确方向前进的"定海神针"。②

　　坚持党的领导是中国特色社会主义最本质的特征，也是中国特色社会

---

　　① 李婉：《坚持党对全面依法治国的领导》，《理论研究》2022 年第 1 期。

　　② 袁曙宏：《坚持党对全面依法治国的领导》，《人民日报》2021 年 1 月 18 日。

主义制度的最大优势。中国特色社会主义法治同西方国家的法治最本质的区别就在于是否坚持党的领导。在西方法治体系中,频繁出现了民主乱象和人权乱象,所谓的法治变成了党争的工具。法治本身,不具有可及性,富人才有资格享受法治所带来的便利和权利,而穷人则很难接近正义。西方国家构建出庞杂、繁复的法律制度和与之相配合的司法体系,是为了平衡利益集团之间的利益分配,并非以人民为出发点。三权分立与制衡相互掣肘,成为了党争的工具,假以法治之名,罔顾人民利益。与虚伪的西方民主法律制度相比,中国共产党领导的中国特色社会主义法治道路显示出了巨大的优势。坚持党的领导是社会主义法治最大的特色。党的领导和依法治国高度统一,法律是党的主张和人民意愿的统一体现。全面推进依法治国,一定要强化党的领导,才能从根本上保证党和国家长治久安。

(二)坚持把党的领导贯彻到全面依法治国的全过程

坚持把党的领导贯穿落实到推进全面依法治国的各方面全过程,坚持党的领导是社会主义法治的根本保证。根据习近平法治思想的精神内涵,提出创造性地把党的领导贯彻到全面依法治国全过程和各方面,特别是体现在党领导立法、保证执法、支持司法,带头守法上。

1. 坚持党领导立法

党领导立法,就是领导和推动国家立法机关将党的主张通过法定程序转化为国家意志,转化为全社会一体遵循的法律规则。党领导立法的根基在于坚持和完善人民代表大会制度,并坚定人民代表大会制度这一根本政治制度的制度自信。回顾党领导下人民代表大会制度的建立以及党对立法的领导,在我国社会主义政治发展进程中具有里程碑的意义。

回顾党领导人民建立、巩固、发展人民代表大会制度的历程,不难发现,党在创建人民政权之初,就为实现人民当家作主进行不懈的探索和奋斗,例如,新民主主义革命时期中华工农兵苏维埃代表大会,作为人民代表大会的萌芽，为建立新型政治制度积累了实践经验。在 1945 年 4 月，以毛泽东同志为主要代表的中国共产党人，创造性提出在我国实行人民代表大会制度的构想。1954 年 9 月，一届全国人大一次会议召开，通过了《中华人民共和国宪法》，标志着人民代表大会制度这一国家根本政治制度正式建立。①改革开放以来，坚定不移推进社会主义民主法治建设，坚持中国特色社会主义政治发展道路，使人民代表大会制度焕发出新的生机活力。党的十八大以来，党立足新的历史方位，深刻把握我国社会主要矛盾发生的新变化，积极回应人民群众对依法治国的新要求新期盼，着力推进国家治理体系和治理能力现代化，健全人民当家作主制度体系，立法工作取得历史性成就。

全面依法治国，立法工作是基础。立法工作要牢牢把握新时期全面依法治国的政治方向，集中体现为要深刻认识和把握习近平总书记关于加快完善中国特色社会主义法律体系，贯彻以良法促进发展、保障善治的重要理念。日常立法工作，在党委领导、人大主导、政府依托、各方参与的立法工作格局下，要把改革发展决策同立法决策更好结合起来，既通过深化改革完善法治，又通过更完善的法治保障各领域改革创新，确保国家发展、重大改革于法有据。

立法工作要做到围绕大局、务实有效、科学管用，需要坚持两个基本方向：

一方面，将习近平法治思想的基本要求贯彻于立法工作各方面和全过程。法律法规的制定要将习近平法治思想与立法实践紧密结合起来，坚持党的领导、人民当家作主、依法治国有机统一，善于运用法治思维和法治方式，积极发挥立法在法治建设中的基础作用和制度优势，主动适应改革开放和经济社会发展需要，确保重大改革于法有据。扎实推进科学立法、民主立

---

① 《习近平在中央人大工作会议上的讲话》，《求是》2022 年 2 月 28 日。

法、依法立法，切实将习近平法治思想转化为推进高质量立法的生动实践。

另一方面，坚持党对立法工作的全面领导。牢牢把握人大政治机关的定位，紧紧围绕各地方不同的发展的战略定位和党委作出的决策部署，编制年度立法计划。充分发挥人大常委会党组在立法中把方向、管大局、保落实的领导作用，及时研究立法中的重大问题，切实履行政治领导责任。人大专门委员会、常委会工作委员会分党组要加强政治建设，按照年度立法工作安排，着力提高法规草案起草质量、审议修改质量，履行政治保障职责。

2. 坚持党保证执法

执法是行政机关履行政府职能的主要形式。党保证执法就是要在党的领导下推进依法行政、建设法治政府，保证严格规范公正文明执法，树立执法公信力和法治权威。在法理学的讨论中，素有"纸面上的法律"与"行动中的法律"两种区分。[1] 制定再好的法律，也需要政府部门相关机构有关人员通过执法将其落实到社会生活中来。进一步加强党保证执法，促使国家行政机关依法行使职权，严格规范公正文明执法，加快法治政府建设，以法律适用为根本抓手，这样才能将"纸面上的法律"充分转化为"行动中的法"，最大限度地发挥法律的实际效力。

同时，进一步加强党对执法工作的领导，积极应对新时期各种突发应急状况。在党保证执法的情况下，推动各级政府完善执法程序，推进综合执法，严格执法责任，建立权责统一、权威高效的依法行政体制。[2]

3. 坚持党支持司法

坚持党支持司法有以下几个方面：

首先，党支持司法主要是支持司法机关依法独立公正行使司法权。我们

---

① Roscoe Pound, *Law in Books and Law in Action*, 44 AM. L. REV. 12（1910）.

② 冯玉军：《党领导法治建设的百年征程与经验》，《检察日报》2021 年 7 月 7 日。

党的明确主张：保证司法机关依法独立公正行使职权。党的十一届三中全会就明确提出"检察机关和司法机关要保持应有的独立性"。《中华人民共和国宪法》第一百三十一条规定："人民法院依照法律规定独立行使审判权，不受行政机关、社会团体和个人的干涉。"第一百三十六条规定："人民检察院依照法律规定独立行使检察权，不受行政机关、社会团体和个人的干涉。"这一规定的含义是，人民法院、人民检察院并不是独立于党的领导之外，也不是不受监督。党的领导是做好司法工作的根本保证，党对政法工作的领导是管方向、管政策、管原则、管干部，党的领导是方针政策的领导，而不是包办代替办理具体案件。各级党政机关和领导干部要支持法院、检察院依法独立公正行使职权。

其次是防止干预司法，明确"高压红线"。严格执行法规制度和党的纪律，对顶风违纪、逾越红线的行为和现象一查到底，司法是社会公平正义的最后一道防线，司法人员必须信仰法律、坚守法治，端稳天平、握牢法槌，铁面无私、秉公司法。要按照政治过硬、业务过硬、责任过硬、纪律过硬、作风过硬的要求，教育和引导立法、执法、司法工作者牢固树立社会主义法治理念，恪守职业道德，做到忠于党、忠于国家、忠于人民、忠于法律。为了防止司法干预，我国已建成覆盖四级法院的记录报告平台，已经有 3481 家法院突破"零报告"，11.2 万人次报告信息 12.8 万条。① 最高人民法院紧盯可能滋生司法腐败的重点环节，发布"史上最严格禁业清单"，确保法院干警廉洁修身、公正履职。

最后是支持各项司法改革举措，提高司法办案质量效率和公信力。对于各项司法改革举措，各级党委不仅要带头执行，而且要督促其他党政机关认

---

① 《最高法发布人民法院深化司法体制综合配套改革新进展新成效》，载中国长安网，https://baijiahao.baidu.com/s?id=1726274373099394723&wfr=spider&for=pc，2022 年 3 月 3 日。

真执行。同时领导和推进司法改革，把各类配套政策和保障措施落实到位。加强对司法权力的监督制约，进一步推动党员特别是领导干部，带头尊法学法守法用法，以身作则，引导群众通过法律程序运用法律手段解决矛盾纠纷，推动全社会形成办事依法、遇事找法、解决问题用法、化解矛盾靠法的良好氛围。①

坚持把党的领导贯穿落实到推进全面依法治国的各方面全过程，还体现在坚持党带头守法。全党在宪法法律范围内活动，党组织要模范地遵守宪法和法律。提高党员干部法治思维和依法办事能力，党员领导干部这个"关键少数"要做好表率，做尊法、学法、守法、用法的模范。

三、坚持以人民为中心

坚持以人民为中心，是习近平新时代中国特色社会主义思想的重要内容，贯穿于习近平新时代中国特色社会主义思想的各个方面，具有丰富而深刻的思想内涵。习近平总书记在中央全面依法治国工作会议上指出："全面依法治国最广泛、最深厚的基础是人民，必须坚持为了人民、依靠人民。""推进全面依法治国，根本目的是依法保障人民权益。"坚持以人民为中心是习近平法治思想的重要内容和十一个主要方面之一。坚持以人民为中心，充分展现了中国特色社会主义法治的人民立场、人民属性，是中国特色社会主义法治区别于资本主义法治的根本所在。②

（一）坚持人民至上，贯彻全过程人民民主的重要理念

坚持"以人民为中心"的立法理念。坚持"人民至上"的立法价值取向，始终以人民群众对美好生活的期盼作为制度设计的根本出发点，在立法

---

① 李婉：《坚持党对全面依法治国的领导》，《理论研究》2022 年第 1 期，第 21—22 页。
② 周佑勇：《全面依法治国要坚持以人民为中心的根本立场》，《中国司法》2021 年第 11 期。

中守住基本民生底线、公平正义底线、公共安全底线、生态环境底线。坚持"为了人民"的立法选项标准，建立从代表议案建议、人民建议征集、社情民意反映平台、公开征求意见等渠道选取立法项目的工作机制，保证惠民立法在立法计划中的适当比例。坚持"依靠人民"的立法工作方法，积极践行全过程民主的要求，就涉及人民群众切身利益的法律法规草案充分听取各方意见。

习近平总书记指出："人民民主是社会主义的生命。没有民主就没有社会主义，就没有社会主义的现代化，就没有中华民族伟大复兴。"① 人民当家作主是社会主义民主政治的本质和核心。通过选举、投票行使权利和人民内部各方面在重大决策之前进行充分协商，尽可能就共性问题取得一致意见，是中国社会主义民主的两种重要形式。②

评判一个政治体制是否民主，有几个核心标准：（1）民众是否有投票权，特别是这种投票权是否为广泛参与权，能否依法管理国家事务和社会事务、管理经济和文化事业，社会各方面能否有效参与国家政治生活。（2）选举承诺，民众在选举过程中得到了什么口头许诺，能否畅通表达利益要求，特别是选举后这些承诺实现了多少。（3）政治程序和政治规则，制度和法律规定了什么样的政治程序和政治规则，这些制度和法律是不是真正得到了执行；执政党能否依照宪法法律规定实现对国家事务的领导，权力运用能否得到有效制约和监督。（4）制度的稳定性和公平性。在政治体制下，各方面人才能否通过公平竞争进入国家领导和管理体系，国家领导层能否依法有序更替，而不是频繁引发动荡。根据这一标准，不难发现我国人大

---

① 习近平：《在庆祝全国人民代表大会成立 60 周年大会上的讲话》，《人民日报》2014 年 9 月 6 日。

② 刘延东：《历史必然性・伟大独创性・巨大优越性——论中国共产党领导的多党合作和政治协商制度》，《求是》2006 年第 13 期。

制度保障了人民当家作主，是全过程人民民主，不同于西方国家。西方资本主义国家民主选举展现出间断性民主的特点：选举前政客表达对民众的热切，投票后对竞选承诺采取休眠态度，当选后对民众的呼声冷落，视而不见。

全过程人民民主，是习近平总书记在 2019 年考察街道基层立法联系点时，首次提出的重要论述。全过程民主的内涵，是指党和国家的各项重大决策，从酝酿、形成、提出、讨论、通过，都是全过程听取人民意见，保证了重大决策符合人民的利益和意志。

人民代表大会制度是实现我国全过程人民民主的重要制度载体。全过程人民民主不仅有完整的制度程序，而且有完整的参与实践。在制度层面，我们实行人民代表大会制度的政体，实行中国共产党员领导的多党合作和政治协商制度、民族区域自治制度、基层群众自治制度等基本政治制度。在实践层面，全体人民依法实行民主选举、民主协商、民主决策、民主管理、民主监督。

以近年来上海市基层立法联系点为例，通过充分发挥民意"直通车"的作用，很好地实践了全过程人民民主。基层立法联系点的关键点是民意直接表达的渠道畅通、稳定，人民群众在联系点提出的对法律的意见直接报到全国人大常委会，对法规的意见直接报到市人大常委会。其特点是原汁原味，快速直达。例如，上海市共建立了覆盖 16 个区的 25 个联系点，从街道、乡镇扩大到园区、企业和协会。通过修订《基层立法联系点工作规程》，制定《基层立法联系点工作指引》《关于征询基层立法联系点意见建议的若干意见》，确立了民众参与立法的基本制度。并随着实践，不断拓展功能，推动基层立法联系点从参与立法向监督执法、促进守法、宣传普法深化。成立五年来，各基层立法联系点参与 20 件国家法律和 64 件地方性法规征求意见工作，提交立法建议 6530 条，获得采纳 533 条，占比 8%。①

　　根据对这 6530 条立法建议的粗略统计，笔者发现，民众集中关切两大类问题：一类是与促经济改善营商环境相关的，例如，市注册会计师协会立法联系点在制定《上海市促进中小企业发展条例》时提出：少用行政强制办法、多用市场办法鼓励银行向中小企业贷款；银行不愿贷款的原因关键是中小企业财务信息不透明；因此，政府应通过搭建企业信用平台的方式，将企业有关信息数据及时提供给银行，从根本上解决中小企业融资难的问题。再如，在制定《上海市优化营商环境条例》时，七宝镇人大立法联系点提出：在与政府合作中，企业最担心"人来政改、人走政息"。②建议完善政府守信践诺机制，对已作出的行政许可决定、招商引资承诺等，合法的应及时兑现；不合法的，在给予补偿同时，应作解释并给予指导。条例采纳了该建议，在第 20 条作了明确规定。在国家法律层面，《个人所得税法》征求意见时，有外籍人士提出草案中"纳税年度内在中国居住满 183 天的个人为居民个人"，存在"连续满"还是"累计满"的歧义。法律采纳了这条建议，改为"累计满"。第二类是促民生加强执法监督的建议。例如，频繁引发火灾的电瓶车进楼充电行为屡禁不止，但执法面广，存在盲点，效果不佳。为保障《上海市非机动车管理条例》有关"禁止电瓶车楼道充电"这一关键条款的实施，曹杨新村街道联系点以先解决小区电瓶车"充电难"问题为抓手，通过设立充电桩等方式，缓解了执法难题，促使法规从纸面上落实到生活中。国家法律层面，如华政附中学生积极参与《未成年人保护法》的征求意见工作，学生们提出，监护人对未成年人实行家庭暴力的最后不应以保证金

---

　　① 蒋卓庆：《全面践行全过程人民民主创新基层立法联系点建设——在学习贯彻习近平总书记关于全过程人民民主重要论述推进基层立法联系点工作座谈会上的讲话》，《上海人大月刊》2021 年第 8 期。

　　② 孙鑫：《打造"全过程民主"生动实践的靓丽风景》，《上海人大月刊》2020 年第 11 期。

的方式进行处罚，因为往往家庭暴力背后是家长经济困难，建议对监护人以教育为主，这条意见得到了全国人大法工委的采纳。

除了基层立法联系点的创新实践，近年来我国依托人民代表大会制度还开展了多项治理创新措施，充分贯彻我国全过程人民民主的重要理念，增强了民主自信。例如，建立人大代表"家站点"，作为各级人大代表密切联系人民群众的重要载体。"家"是设在街镇的"代表之家"，"站"是设在楼宇的"代表联络站"，"点"是设在居村的"代表联系点"。将全国人大代表和地方人大代表全部编入"家站点"，打通人大代表联系群众的最后一公里。在网站和微信公众号上公开所有"家站点"地址、电话和约见人大代表方式，并制定《"家站点"平台绩效评价工作办法》，通过开展绩效评价总结经验、查找不足，让"家站点"真正成为代表联系人民群众的连心桥。再如，全国各地方人大均有任命基层人大代表担任委员会非驻会委员的创新实践。一方面，由于平时大多数人大代表都是兼职代表，主要精力和时间用于自己的本职工作，仅仅依靠开两会再参政议政，对人大工作参与不深；另一方面，新时代对人大工作提出更高要求，发挥制度优势被摆到更加重要的位置。因此，各地开展了新探索，任命一些专业能力强、履职积极认真的基层人大代表担任专门委员会非驻会委员，借助代表委员的资源，助力代表委员更深入地参与常委会的工作，把人大代表专业性、代表性的优势和主体作用充分发挥出来。在全国人大层面上，亦有加强代表意见建议的督办的制度创新。全国人大常委会通过制定《关于加强和改进全国人大代表工作具体措施》，明确提出代表建议要"内容高质量、办理高质量"的要求，推动承办单位加强与代表沟通，努力做到代表议案建议件件有着落，事事有回音。

总体而言，通过人民代表大会制度下的实践创新，贯彻全过程的人民民主，使我国基层民众能直接参与立法进程，体现了立法的公开和民主，更好地保护公民权益，充分展示了中国民主的制度优势。

（二）坚持法治为民，实现人民期待的良法善治

全面贯彻落实坚持以人民为中心，尊重人民主体地位，还体现在坚持法治为了人民，努力实现人民期待的良法善治，带领人民不断创造美好生活。新时期坚持以人民为中心，要求把增进人民福祉、促进人的全面发展，要求我们更加关注人民群众美好生活需要的多样性、广泛性和高质量要求，更加关注经济发展与社会进步的整体协调，更加关注经济社会的平衡发展、充分发展。[1] 与全面推进依法治国的理念相结合，就是通过法治化来实现善治。

新时代社会主要矛盾已经转化，关注的焦点是如何推进高质量发展、创造高品质生活。如果说以前关注的重点是解决"有没有"的问题，现在则要解决"好不好"的问题。过去改革开放 40 多年来，我们建设社会主义法律体系，从"无"到有，在 2010 年左右如期形成了中国特色社会主义法律体系。截至 2018 年 12 月底，我国现行有效法律 271 件，行政法规 759 件，地方性法规 12000 余件。以宪法为统帅，以宪法相关法、民法商法、经济法、行政法、社会法、刑法、诉讼和非诉讼程序法等多个法律部门的法律为主干，由法律、行政法规、地方性法规等多个层次的法律规范构成的中国特色社会主义法律体系已经形成并不断完善，为改革开放和社会主义现代化建设提供了坚实的法制保障。[2] 如今，在全面推进依法治国重要理念的指引下，充分满足人民对美好生活的向往，是通过努力实现人民期待的良法善治来完成的。

有学者指出，善治是现代化治理的理想状态，即达到以公共利益最大化

---

[1]　王京清：《深入理解和贯彻坚持以人民为中心》，载新华网，http://www.xinhuanet.com/politics/2020-06/10/c_1126095582.htm，2020 年 6 月 10 日。

[2]　《中国特色社会主义法律体系的形成和完善》，载中国人大网，http://www.npc.gov.cn/npc/wgggkf40nlfcjgs/202108/d102b9ded7a04069a6cd4a4e5ee0b43f.shtml，2021 年 8 月 23 日。

的方式治理国家的过程。①善治一方面反映了国家治理能力；另一方面反映了治理的目的、机制、方式、方法均达到较高程度。善治的评判标准既有学理上的解读，如正确而公正的管理行政开支、向人民负责、保障公民安全、尊重法律、信息畅通有参与表达渠道等。我国有学者强调，中国语境中，善治的基本特质是以人为本、依法治理和公共治理。也有经过实践的勾勒，如国际组织等认为"善治是政府、公民社会组织和私人部门在形成公共事务中相互作用，以及公民表达利益、协调分歧和行使政治、经济、社会权利的各种制度和过程"。

按联合国的描述，善治不是法律层面的严格定义，而是包含了诸多元素：法治、有效参与、多元化；透明而可问责的程序与制度；高效的公共部门；合法性；知识、信息与教育的可获得性；人民的政治赋权；平等；可持续性；责任感、团结和包容的态度与价值观。善治本身描述了公共机构开展公共事务、管理公共资源、尊重法治、确保实现人民的基本权利的过程，例如，治理机构是否有效保障民众健康、适足住房、充足食物、提供教育、公正司法等人民生活密切相关的需求。联合国语境下的善治有几个关键特征：透明性、问责性、参与性与回应性（即回应人民的需要）。观察一个国家的善治水平，通常要注意几个方面：一是该国政府提供服务的能力如何，包括在政府为公众提供服务方面，国家履行责任情况、提供保护民众生命健康、吃饱穿暖、受教育、消除贫困等基本需求所不可或缺的公共品的职能，公众参与决策的途径；二是该国法治发展情况，包括是否建立良法，适时对立法进行改革，并统筹协调包括公安和检察院等相关的刑罚体系、法院为主的司法系统、立法机构等职能部门协作，从而更好地落实法律规范，以及善治包含提倡法律改革，提高国家和国际法律框架问题上的公众意识，能力建设或

---

① 俞可平：《法治：国家治理现代化的关键环节》，《浙江日报》2014 年 11 月 28 日。

机制改革；三是加强反腐措施，包括监督政府如何用好手中的权力，加强对官员的问责制，增强政府的透明性和公众参与决策等内容，以便良好的落实政策等。

近些年来，我国在加强国家治理能力上做出了持续的努力，特别是积极参与国际合作项目，为建立国家治理现代化目标探索改革。例如，2008年，党中央把建立科学合理的政府绩效评估的指标系统和评估机制作为公共行政改革的首要任务之一，[①] 而当时政府绩效评估机制中公众参与度却十分不足，评估结果容易流于形式，缺乏权威性、透明性和客观性，同时为了加大政策创新和制度改进，政府部门与学者联手，为多个地方政府制定广泛适用的评估框架，并结合国际经验选取试点改革，探索在哪些方面以及在何种程度上可以使公众舆论参与到政府绩效评估中来，促进公共治理的良好发展和和谐社会的建设。并且"十二五"规划中已经把公众舆论参与政府绩效评估体系作为改革的首创，促进了中国公共治理制度的建设，回应了公众期望，并优化了绩效评估机制，加速中国达成联合国千年发展目标，促进我国建立一个透明的、响应积极的和负有责任的公共行政体系。再如2012年中央编办、北京市政府共同参与了一项新的国际合作项目进行政府机构的改革，聚焦转变政府职能、重组政府行政系统、简化行政操作、改革公共服务单位和能力建设。通过试点，探索出了"市管县"体制，以公共事业的单位为重点的行政体系改革也陆续开展，提高了效率、落实问责机制和增强透明度，并改善行政机制和政府管理。最终通过我国持续不断的努力，在建设新的行政体系道路上迈出了重要的一步，更加明确了政府的角色，提高了政府行政绩效，并且通过制度化管理和问责机制改善了公共服务，回应了建设社会主义市场

---

① 尚虎平：《激励与问责并重的政府考核之路——改革开放四十年来我国政府绩效评估的回顾与反思》，《中国行政管理》2018年第8期。

经济的基本要求。至 2020 年，我国公共事业领域所需的效率、效益、创新和透明度已得到大幅提高。

党的二十大报告中指出要扎实推进依法行政。转变政府职能，优化政府职责体系和组织结构，推进机构、职能、权限、程序、责任法定化，提高行政效率和公信力。深化行政执法体制改革，全面推进严格规范公正文明执法，对于关系群众切身利益的重点领域加大执法力度，完善行政执法程序，健全行政裁量基准。

善治涉及许多基本要素，包括公平、公众参与、稳定、责任、问责制和廉洁政府等。其中，法治是首要因素。没有法治，善治的所有基本要素就无法保证。

从善治的基本要素来看，法治保障公平要素是法治应有之义。恶法非法，法治之所以称之为法治，就意味着法律制度和国家运行是以维护公平公正和正义为标准的，法律面前人人平等，本质上确保了社会成员之间合理地分配政治、经济受教育、健康等其他权益，确保机会平等，司法公正，法治本身是公平的制度保障。法治保障公众参与的方式有：通过制定规则，明确公众可以参与的事项，如何参与的程序，表达诉求的途径，公众参与可以有效防止公共权力被滥用，使公共政策更加合理和民主，也为国家制约公权、政府政策符合公众利益提供激励机制。法治保障责任要素的途径为：要求政府必须履行其法定职责，且不可从事未经法律授权的事项，以是否获得法律授权作为评判政府滥用权力的标尺，以是否履行法定职责作为评价是否失职、玩忽职守的标准。法治保障问责要素的方式为：检验政府作为公共权力的行使者，是否迅速、适当地回应公民的合法要求。违反法律规定，由谁承担责任、如何承担责任。法治保障透明度要素的方式包括但不限于：通过制度保障信息的公开性；每个公民都有权获得与其个人利益有关的政治信息，如政府官员的选拔、立法、国家政策的制定、行政程序和公共预算；大的社会政策实施前是否经过听证程序等。法治保障廉洁要素的途径为：以规则底线的方式给贪腐画下红线，打造廉洁的政府，要求政府官员在公共事务中遵守法律，诚实履行职责，不得滥用职权谋取私利。法治保障稳定性要素的方式为：通过立法，搭建有逻辑、有框架、稳定可预期、不会朝令夕改的法律制度及约束相应的规范性文件，使公共生活的有序性和可持续性得到确保，其中法定的公共权力和社会秩序表现良好。

法治确保了上述所有因素的作用。没有基本的法律法规，善治的每一个要素都可能改变其性质，损害公共秩序，甚至导致恶性治理，最终损害公共利益。因此，法治是善治的先决条件。没有法治，就既没有善治，也没有国家治理的现代化。

从法治的基本工作安排入手，通过有效立法、严格执法、公正司法、全民守法的作用，完善法律的监督机制。通过法治，深入推进依法行政，使政府决策机制有法可依；深化行政执法体制改革，促进严格、规范、公正、文明的执法；同时加强对行政权力的监督和制约；全面推进政府工作提升透明度。善治的核心要素，也就是国家治理能力现代化的最高水平，通过落实法律体系的实践而逐步达成。按照法治建设的路径来安排法治体系的各个要素，把党的领导、人民当家作主、依法治国有机统一的原则放在社会主义法治实践的顶端，把党的政策体系和党内法规体系放在国家法律体系的两侧，把由规范性文件组成的规范体系放在法律体系的底部，从而形成一个全面完整的社会主义法律规范体系。这一体系的每个元素，支撑了善治的一点一滴，通过其独特的结构，充分发挥出整个国家治理体系的功能，提高国家治理的现代化水平。

因此，形成人民期待的良法善治，就是通过法治化的途径确保坚持以人民为中心。把人民对美好生活的向往作为奋斗目标，不断提高人民群众获得感、幸福感、安全感，推动人民生活水平实现历史性跨越。① 通过全面深化改革，解决好突出问题，以法治化保障始终把人民放在心中最高位置，顺应民心、尊重民意、关注民情、致力民生，让改革发展成果更多更公平惠及全体人民，朝着实现全体人民共同富裕目标不断迈进。②

（三）坚持司法为民，回应人民对公平正义的新期待

坚持法治为了人民、依靠人民，归根结底还是要落实到造福人民、保护人民上。为了回应人民对公平正义的新期待，要坚持法治保护人民，要把公正作为法治的生命线。以人民为中心的司法保障，需要做到两个方面的内容：一方面是通过司法领域全面深化改革中提升执法司法公信力；另一方面在飞速发展的社会，要深切地回应人民群众的呼声，新时代的司法为民要进一步提升高效司法、司法便捷。

制度是公平正义的根本保证。要深化司法责任制综合配套改革，健全完善与执法司法权运行相适应、规范高效的制约监督体系机制，让腐败无处遁形。③ 通过加强制度保障，将公平正义贯穿到全民依法治国的各个方面，除了上述提及的立法和执法问题，也继续关注司法领域的突出矛盾。习近平总书记指出："人民群众对执法乱作为、不作为以及司法不公的意见比较集中，这要成为我们厉行法治的聚焦点和发力点。"司法机关是维护社会公平正义的最后一道防线。为满足人民群众对公平正义的需要，必须进一步规范司法权运行、深化司法责任制综合配套改革，完善人权司法保障机制，确保司法公正高效权威。健全社会公平正义法治保障制度，提升执法司法公信力，努

---

① 《坚持以人民为中心的发展思想——深入学习领会"十个明确"的精神实质和丰富内涵》，《人民日报》2022 年 3 月 28 日。

② 王京清：《深入理解和贯彻坚持以人民为中心》，载新华网，http://www.xinhuanet.com/politics/2020-06/10/c_1126095582.htm，2020 年 6 月 10 日。

③ 王洪祥：《坚持以人民为中心》，载全国人大网，http://www.npc.gov.cn/npc/c30834/202102/3f187f558a624a5191f58ecb7892ed14.shtml，2021 年 2 月 4 日。

力让人民群众在每一个司法案件中感受到公平正义。确保法律得到全面有效实施、人民群众合法权益得到切实维护。[①]

同时要努力做到高效司法、司法便捷。有法谚言，迟来的正义不是正义。高效司法和司法便捷，意味着回应人民群众对司法的期待，也是我国司法为民的宗旨。随着经济社会的高速运转产生越来越多的纠纷，随着民众法治意识的提高，通过法律武器保障自身权益的需求越来越大。2021 年，全国法院的收结案数量仍在 3000 万以上高位运行，部分地区法院人案矛盾更为突出。因此，我国从制度变革和科技创新出发，注重推动司法制度挖潜，提高效率。例如通过推动案件繁简分流、轻重分离、快慢分道，特别是完善了诉讼"前端"分流机制、做到"繁案精审，简案快审"，扩大了小额诉讼适用范围等，一方面将审理难度低、没有地方保护因素、适宜就地解决的案件放在基层法院审理，而另一方面将涉及重大国家利益、社会公共利益、存在外部干预或"诉讼主客场"现象的案件交由较高层级法院审理，努力实现绝大多数事实、法律争议在两审之内得到实质性化解。

把非诉讼纠纷解决机制前置，丰富当事人解纷选项。最高人民法院先后印发关于深化一站式建设和矛盾纠纷源头化解的制度文件，推动多元解纷服务力量向基层、社会、网上、重点行业领域延伸。2021 年，全国法院对接的调解组织和调解员数量分别是 2018 年的 48 倍和 18 倍，诉前调解成功案件 610.68 万件。[②] 确保诉讼权益保障质效兼顾。

司法便捷方面，法院跟上日新月异的信息技术的飞速发展，推动理念变

[①] 周佑勇：《全面依法治国要坚持以人民为中心的根本立场》，《中国司法》2021 年第 11 期。

[②]《最高法发布人民法院深化司法体制综合配套改革新进展新成效》，载中国长安网，https://baijiahao.baidu.com/s?id=1726274373099394723&wfr=spider&for=pc，2022 年 5 月 13 日最后访问。

革、技术变革和制度变革，积极构建完善互联网司法新模式。最高人民法院发布人民法院在线诉讼、在线调解和在线运行"三大规则"，有效填补了我国在线诉讼领域的制度空白，实现了互联网司法模式从实践探索向制度构建的历史性跨越。全国法院在线诉讼质量和效率全面提升。全国法院普遍推行网上跨域立案、在线举证质证、庭审语音识别、电子卷宗应用、文书电子送达等在线审理机制，文书智能生成、类案识别推送、裁判偏差提示、区块链电子存证、智能合约执行等技术日益成熟，司法便民利民程度明显提升。司法便民，反映出我国司法制度本质上是党的统一领导下的中国特色社会主义司法制度。司法为民，就是坚持人民主体地位，坚持从国情和实际出发，既遵循司法规律又坚持科学改革方法论的伟大探索。

四、坚持中国特色社会主义法治道路

2022 年 2 月出版的《求是》中发表了习近平总书记的重要文章《坚持走中国特色社会主义法治道路，更好推进中国特色社会主义法治体系建设》。文章中强调，"抓住法治体系建设这个总抓手，坚持党的领导、人民当家作主、依法治国有机统一，坚持依法治国、依法执政、依法行政共同推进，坚持法治国家、法治政府、法治社会一体建设，全面深化法治领域改革，统筹推进法律规范体系、法治实施体系、法治监督体系、法治保障体系和党内法规体系建设，推动中国特色社会主义法治体系建设取得历史性成就。"①

习近平总书记强调："全面推进依法治国这件大事能不能办好，最关键的是方向是不是正确……具体讲就是要坚持党的领导，坚持中国特色社会主义制度，贯彻中国特色社会主义法治理论。中国特色社会主义法治体系是中

---

① 习近平：《坚持走中国特色社会主义法治道路，更好推进中国特色社会主义法治体系建设》，《求是》2022 年第 4 期。

国特色社会主义制度的重要组成部分，必须牢牢把握中国特色社会主义这个定性，坚定不移走中国特色社会主义法治道路……"①

（一）坚持中国特色社会主义立法

党的二十大对坚持中国特色社会主义立法提出了明确要求，特别是完善以宪法为核心的中国特色社会主义法律体系。通过加强宪法实施和监督，健全保证宪法全面实施的制度体系，加强重点领域、新兴领域、涉外领域立法，统筹推进国内法治和涉外法治，推进科学立法、民主立法、依法立法，统筹立改废释纂，增强立法系统性、整体性、协同性、时效性。

首先，人民代表大会制度将党的领导、人民当家作主和依法治国三者有机结合。人民代表大会制度，坚持中国共产党的领导，有效保证国家沿着社会主义道路前进。例如，我国历次制定和修改《宪法》，确立社会主义市场经济、土地征用制度、非公有经济合法权利、健全社会主义法治等重要内容，阐释了我国的发展方向，保证党的理论、路线、方针政策和决策部署在国家工作中得到全面贯彻和有效执行。人民代表大会制度，坚持国家一切权力属于人民，最大限度保障人民当家作主，把党的领导、人民当家作主、依法治国有机结合起来，有效保证国家治理跳出治乱兴衰的历史周期率。②人民代表大会制度，正确处理事关国家前途命运的一系列重大政治关系，实现国家统一有效组织各项事业，有效保证国家政治生活既充满活力又安定有序。

其次，将人大制度与国家治理体系现代化相联系。党的十八大以来，党中央统筹中华民族伟大复兴战略全局和世界百年未有之大变局，从巩固中国

---

① 习近平：《坚持走中国特色社会主义法治道路，更好推进中国特色社会主义法治体系建设》，《求是》2022 年第 4 期。

② 《国务院新闻办发表〈中国的民主〉白皮书播报文章》，载最高人民检察院，https://baijiahao.baidu.com/s?id=1718192932172053792&wfr=spider&for=pc，2021 年 12 月 4 日。

特色社会主义制度的战略全局出发，对人民代表大会制度这一国家根本政治制度的功能做出了新的定位。人民代表大会制度"是支撑中国国家治理体系和治理能力的根本政治制度"①。特别是改革开放 40 多年来，人民代表大会制度为党领导人民创造经济快速发展奇迹和社会长期稳定奇迹提供了重要制度保障。② 通过人民代表大会这一根本制度安排，使坚持党的领导、人民当家作主、依法治国有机统一。与西方议会制度中议员谋求自身政治利益、以法案投票代言党派和利益团体的乱象相比，实践证明，人民代表大会制度是符合我国国情和实际、体现社会主义国家性质、保证人民当家作主、保障实现中华民族伟大复兴的好制度。坚持推进国家治理体系和治理能力现代化，不断推进社会主义民主政治制度化、规范化、程序化，更好把制度优势转化为治理效能。

最后，强调制度建设对国家强盛的重要作用。当今世界正经历百年未有之大变局，制度竞争是综合国力竞争的重要方面，制度优势是一个国家赢得战略主动的重要优势。历史和现实都表明，制度稳则国家稳，制度强则国家强。③ 第一，人民代表大会制度是新时代依法治国的集中体现，依照宪法法律推进国家各项事业，实现国家各项工作法治化。通过立法的形式，完善中国特色社会主义法律体系，以良法促进发展、保障善治。第二，运用宪法赋予人大的监督权，实行正确监督、有效监督、依法监督。实行决策权、执行

---

① 田必耀：《制度是支撑国家治理体系和治理能力的根本政治制度——从三次纪念大会看人大制度的新高度》，《人大研究》2014 年第 11 期。

② 《坚持和完善人民代表大会制度加强和改进新时代人大工作》，载新华网，http://www.npc.gov.cn/npc/c30834/202112/8363addc017240ad9e2089c33684c6e9.shtml，2021 年 12 月 27 日最后访问。

③ 《坚持和完善人民代表大会制度，不断发展全过程人民民主》，载人民论坛网，http://www.npc.gov.cn/npc/c30834/202201/8a9f8197e35d455781812651cc40d0a0.shtml，2022 年 1 月 26 日。

权、监督既合理分工又相互协调。第三，用制度体系保障人民当家作主，做到民有所呼、我有所应。满足人民日益增长的美好生活需要必备的法律制度，推动解决制约经济社会发展的突出矛盾和问题。最终实现把改革发展决策同立法决策更好结合起来，既通过深化改革完善法治，又通过更完善的法治保障各领域改革创新。①

以上三点从不同角度阐明了立法工作是如何坚持中国特色社会主义法治道路的。坚持党的领导、人民当家作主、依法治国三者有机统一是我国社会主义民主法治建设经验的科学总结，是中国特色社会主义民主法治发展的基本规律和本质特征，是社会主义政治文明的基本标志，也是中国特色社会主义法治理论应当坚持的第一根本原则。

坚持新时代依法治国的理念，意味着立法要坚持围绕中心、服务大局，在国家发展面临重大问题、关键时点上积极作为、勇于担当，创造性地开展工作，务实地解决问题。

从数量上来看，党的十八大以来，全国人大通过宪法修正案，全国人大及其常委会新制定法律68件，修改法律234件，通过有关法律问题和重大问题的决定99件，作出立法解释9件，现行有效法律292件。②比上一个十年增加三分之一的新立法，修改法律的数量增加了两倍，通过有关法律问题和重大问题的决定增加了1.5倍。其中重点领域基础性、综合性、统领性法律先后颁布，使得法律体系内部进一步体系化、系统化。同时，2015年通过完善立法体制，普遍赋予设区的市地方立法权。全国人大常委会委员、法制工作委员会副主任许安标表示，立法法修改后，地方立法主体由过去的不到

---

① 习近平：《在中央人大工作会议上的讲话》，载中央人民政府网站，http://www.gov.cn/xinwen/2022-02/28/content_5676076.htm，2022年2月28日。

② 张天培：《党的十八大以来，全国人大及其常委会新制定法律68件，现行有效法律292件中国特色社会主义法律体系完善取得显著进展》，《人民日报》2022年4月26日。

100 个增加到 353 个，立法主体的数量大幅增加，海南自由贸易港法规、浦东新区法规等重要地方法规陆续制定，为中国特色社会主义法律体系增添了新形式。①

从服务发展大局来看，法治作为最好的营商环境，通过多角度、多侧面组合式立法，为发展大局保驾护航，例如，国务院颁布的《优化营商环境条例》以政府立法为各类市场主体投资兴业提供制度保障。政府为了落实"有求必应、无事不扰"的服务理念，复制推广一批重大项目的成功经验和综合效应，对企业注销、跨区迁移、获得施工许可等改革措施的责任主体、工作职责和办理时限作出明确规定。2018 年修订的《中小企业促进法》保障了中小企业公平参与市场竞争，维护中小企业合法权益，支持创业创新，促进其健康发展，扩大城乡就业，发挥中小企业在国民经济和社会发展中的重要作用。2020 年的《外商投资法》进一步扩大对外开放，对积极促进外商投资，规范外商投资管理，推动形成全面开放新格局，促进社会主义市场经济健康发展起到了重要作用，并鼓励设立跨国公司总部和研发机构、提升政府服务的效率和精准性、加大涉外知识产权保护力度等具体内容。针对新兴领域风险点、空白区，全国人大及时出台《网络安全法》《电子商务法》《数据安全法》《个人信息保护法》等重要法律，防范化解市场风险。全国人大通过加强涉外领域立法，积极应对涉外安全风险，推动了更高水平的对外开放。

从积极作为解决民生关切来看，党的十八大以来，我国立法工作紧盯社会发展需要和群众生活需求，不断增强人民群众获得感、幸福感、安全感。例如，全国人大常委会先后通过刑法修正案（九）、刑法修正案（十）、刑法修正案（十一），在金融安全、社会治安、食品药品、生态环境、网络犯罪、

① 白阳、齐琪：《以良法促发展保善治——"中国这十年"系列主题新闻发布会聚焦新时代立法工作的成就与进展》，载新华社，http://www.gov.cn/xinwen/2022-04/25/content_5687165.htm，2022 年 4 月 25 日。

知识产权等方面作出修改完善。在民法领域，2020 年通过的民法典，对人民群众关心的高空抛物、民间借贷、霸座、紧急救助等问题，作出了针对性的规定。以生态环境为例，党的十八大以来，我国通过宪法修正案，将生态文明写入宪法，制定了 7 部法律，修改了 17 部法律，环境保护基本制度逐步完善。针对社会治理难点，我国不断完善打击治理特定领域的专门法律"精准施策"。例如，全国人大常委会审议反电信网络诈骗法草案，加强对这一领域的治理力度。总体而言，关注民生福祉，在国家安全、卫生健康、公共文化等领域的基础性、综合性、统领性法律相继出台，为社会发展提供全方位法治保障。我国贯彻了以良法促进发展、保障善治的重要理念。

从地方立法探索创新来看，我国立法遵循实事求是的原则，在国家发展面临重大问题时，通过授权地方先行先试，勇于探索新的解决范式，降低制度成本，这是一项重大创举。以新时代依法治国理念作为引领，"通过授权决定、改革决定保障改革先行先试依法有序进行，积累试点经验，形成制度成果，再制定和修改完善相关法律，这是新时代立法工作的一个显著特点。"① 例如，2021 年 4 月党中央、国务院印发了《关于支持浦东新区高水平改革开放打造社会主义现代化建设引领区的意见》。全国人大常委会大力支持，第一时间作出《关于授权上海市人民代表大会及其常务委员会制定浦东新区法规的决定》。人大在我国法律体系中创设了浦东新区法规这一新形式，它区别于上海市的一般的地方性法规，也区别于经济特区立法、民族自治条例等范畴。把浦东新区法规的制定权授给了上海市人大及其常委会，不仅可以对法律、法规作出变通规定，还可以对国务院部门规章作出变通规定；而且在暂无法律法规或者明确规定的领域，浦东新区自身有权先行制定

---

① 赵晓雯：《房地产税立法进展、香港国安法显法治威力全国人大回应热点话题》，载中国网，http://news.china.com.cn/2022-04/25/content_78186028.html，2022 年 4 月 25 日。

相关管理措施。这一决定的核心目标为浦东新区大胆试、大胆闯、自主改提供了坚强的法治保障。上海市人大常委会通过了有关浦东新区法规的制定工作规程，开展对法规的创制性的探索、突破性的变通。例如，通过了《浦东新区深化"一业一证"改革规定》，突破了部门规章的限制，改善了营商环境。再如，通过了《上海市浦东新区市场主体退出若干规定》，清理 12 万户僵尸企业，通过行政的方式注销、市场退出，是国家没有相应的上位法，而进行的创制性规定。通过城市数字化转型，大量执法工作可以通过信息化来解决，《上海市浦东新区城市管理领域非现场执法规定》探索了非现场执法的可能性，以提高城市治理的效率和管理水平。鉴于目前知识产权管理部门较多，实际上没有形成合力的问题，《上海市浦东新区建立高水平知识产权保护制度若干规定》，在地方性法规的基础上，赋予浦东新区更大的改革权，做到知识产权保护工作"统一受理，综合执法"。

建设中国特色社会主义法治体系，除了加快重点领域立法之外，还有两点需要注意。一是注重增强立法工作的及时性。坚持立法和改革相衔接相促进，完善立法及时推进保障改革的路径，对改革决策急需落地的，尽快通过立法予以保障；对改革需要先行先试的，及时作出鼓励改革探索决定；对探索形成的好经验好做法，及时上升为相关法规，复制推广改革成效。坚持系统观念，急用先行，对中央和地方党委有要求、实践有需要、群众有期盼的立法项目，科学把握法规立项、审议、表决的流程和节奏，加快立法修法步伐。要紧密关注新机遇新挑战，敏锐把握新形势新需求，及时研究提出立法建议，积极通过法治方式开展落实重大决策、回应突发事件、做好应急响应等方面的法治保障工作。

二是重视增强立法工作的有效性。坚持"可操作"的精细化立法，将管用有效作为地方性法规的鲜明特征，法规内容能具体的就具体，能明确的就明确，能量化的就量化；按照职权法定、监督有效原则，明确法规中责任主体的"第一责任"和"兜底责任"。坚持"能落实"的制度设计，按照权责一致的原则，在设定行为规范的同时设定相应的法律责任，增强法规制度刚性；综合运用行政处罚、处分、信用惩戒、行业自律等法律责任形式和社会治理方式，构建多措并举的违法行为惩戒体系。坚持"多形式"的立法方式，统筹立改废释，需要几条就定几条，综合运用制定地方性法规、作出法律性问题决定、一揽子打包修改法规、针对专项问题开展"组合拳"式立法、作出询问答复等方式回应立法需求。

（二）推进法治中国建设

在党的十八届三中全会上，《中共中央关于全面深化改革若干重大问题的决定》明确指出全面深化改革的总目标：完善和发展中国特色社会主义制度，推进国家治理体系和治理能力现代化。[①]一方面要在法治轨道上推进国家治理体系和治理能力现代化，另一方面要勾勒法治与国家治理现代化的理论关系。

十八届三中全会《决定》确认了"法治中国"这一概念，并将法治改革和建设的纲领确定为"推进法治中国建设"。十八届四中全会进一步号召全党全国人民"向着建设法治中国不断前进"。坚持依法治国、依法执政、依法行政共同推进，法治国家、法治政府、法治社会一体建设构成了法治中国建设的基本理念。党的十八大以来，以习近平同志为核心的党中央更加鲜明地提出法治是治国理政的基本方式，各级领导干部要提高运用法治思维和法治方式深化改革、推动发展、化解矛盾、维护稳定的能力，要将法治国家、法治政府、法治社会一体建设。[②]党的二十大报告明确要求：要坚持走中国

---

① 习近平：《坚持和完善中国特色社会主义制度推进国家治理体系和治理能力现代化》，载中央人民政府网站，http://www.gov.cn/xinwen/2022-01/01/content_546572.htm，2021年1月1日。

② 贺海仁：《提高领导干部法治思维能力》，载中国共产党新闻网，http://theory.people.com.cn/n1/2020/1113/c40531-31929461.html，2020年11月13日。

特色社会主义法治道路，建设中国特色社会主义法治体系、建设社会主义法治国家，围绕保障和促进社会公平正义，坚持依法治国、依法执政、依法行政共同推进，坚持法治国家、法治政府、法治社会一体建设，全面推进科学立法、严格执法、公正司法、全民守法，全面推进国家各方面工作法治化。党的执政理念和法治理论深刻揭示出法治在国家治理中的决定性作用。法治的作用，已经从十五大提出依法治国基本方略时的"基础性作用"演进为今天治国理政当中的"决定性作用"。其中，习近平法治思想中关于法治政府建设的核心观点在于"加快建设职能科学、权责法定、执法严明、公开公正、廉洁高效、守法诚信的法治政府"。

1. 从"依法治国"到"全面推进依法治国"

我国确定全面推进依法治国的理论体系经历了一个较长时间的历史认识和发展时期。最初认识到法制建设在发展社会主义现代化中的地位和重要作用，而后经历了从确立依法治国的基本方针，再到全面推进依法治国的系统理论这一系列转变。1997 年我国提出"依法治国，建设社会主义法治国家"的基本国策，随后法制建设得到了快速发展，并基本建成了中国特色社会主义法律体系。

法律制度是社会主义制度的重要基础。改革开放初期，目标是建立社会主义市场经济体制，通过多种举措，大大加快了经济体制改革的步伐。而由于法律有相对滞后性，特别是当时的法律主要是为计划经济服务的。为了与市场经济相适应，需要建立社会主义市场经济体制下的法律体系，强调市场经济就是法治经济，要坚持和贯彻依法治国的基本方针。1996 年提出的《2010 年远景目标纲要》里明确提出依法治国基本方针的主要任务是加强立法、执法、司法和法制宣传。[①] 坚持改革发展与法制建设紧密结合，进一步

---

① 万其刚：《依法治国基本方略的提出和发展》，载中国人大网，http://www.npc.gov.cn/npc/c221/201411/122fde6e141f4f1980afccfcb615b1b5.shtml，2014 年 11 月 14 日。

制定和实施适应经济社会发展的法律法规，加强和改进司法、行政执法和监督工作，纠正有法不依、执法不严、违法不究、滥用职权的错误。1997 年党的十五大首次将依法治国确立为治理国家的基本方针，并明确法治是在党的领导下，人民群众依照宪法和其他法律的规定，通过各种途径和形式管理国家事务、经济文化事业和社会，保证国家各项工作依法进行。1999 年将建设社会主义法治国家写入宪法修正案，成为宪法的基本原则之一。此后经过十余年的发展，我国在依法行使国家权力、民主立法、依法行政、公正司法、法律监督、法制宣传、法律服务、依法治理等各个方面都取得了显著成效。

党的十八大提出，法治是治国理政的基本方式。到 2020 年，全面落实依法治国基本方略，法治政府基本建成，司法公信力稳步提升，人权得到充分保障和尊重。十八届三中全会进一步提出，建设法治中国要坚持依法执政、依法行使国家权力、依法行政协调推进，坚持法治国家、法治政府、法治社会一体发展。而这些安排和要求关系到全面深化改革的顶层设计，关系到中国特色社会主义事业的长远发展。法治中国建设，为全面建设小康社会的目标，提供可靠的制度保障。

党的十八大以来，全面建成小康社会进入关键阶段，改革也进入破解难题的攻坚期和深水区。在面临前所未有的矛盾、风险和挑战下，依法治国的作用就更加显著，既关系到国家民族复兴、人民幸福安康，也关系到党和国家的长治久安。因此法治中国建设是完善和发展中国特色社会主义制度、推进国家治理体系和治理能力现代化的重要方面。党的二十大报告明确提出，全面依法治国是国家治理的一场深刻革命，关系党执政兴国，关系人民幸福安康，关系党和国家长治久安。再一次强调了必须更好发挥法治固根本、稳预期、利长远的保障作用，在法治轨道上全面建设社会主义现代化国家。

在法治中国的建设中要注意四个方面：一是在肯定我国法治建设成就的同时，要针对现实问题提出新的思路和措施；二是坚持法治建设的重点，体现党和国家事业发展的总体要求；三是着眼大局中完善顶层设计，提升实践功能；四是要重视眼前效果也要重视长远影响。具体而言，法治中国的建设要体现出全面建成小康社会、全面深化改革和全面推进依法治国之间的内在关系。不是为了法治而完善法治，目的是为了满足各个领域在推进改革发展中的法治要求。要以坚持改革为方向，以问题为导向。在推进国家治理体系和治理能力现代化的同时，对人民群众的期待有所回应，努力提出具有重大法治意义的改革措施。与时俱进，体现时代精神，不照搬其他国家的模式，坚持走中国特色社会主义法治道路。

2. 国家治理体系现代化需要法治保障

习近平总书记指出，国家治理体系和治理能力是一个国家的制度和制度执行能力的集中体现，两者相辅相成。[①] 而国家治理的现代化是继工业现代化、农业现代化、科技现代化等之后提出的制度现代化，其重要的实现途径和实现保障就是通过实现法治，以全面推进法治，促进国家治理体系和治理能力现代化。例如，国家治理现代化，包括注重培育多元化社会组织、鼓励公众参与国家治理、建设服务型政府、约束行政机关行使权力、建立问责制、推行负面清单、责任清单、公共财政透明等内容，而这些方面均需要法治的规范和保障。

法治既是国家治理现代化的重要标志，也是国家治理的基本方式。国家治理法治化是国家治理现代化的必由之路。有学者强调："通过健全和完善国家治理法律规范、法律制度、法律程序和法律实施机制，形成科学完备、法治为基的国家治理体系，使中国特色社会主义制度更加成熟、更加定型、更加管用，并不断提高运用社会主义法治体系有效治理国家的能力和

---

① 习近平：《推进国家治理体系和治理能力现代化》，载新华社，http://www.gov.cn/ldhd/2014-02/17/content_2610754.htm，2014 年 2 月 17 日。

水平。"①

首先，对于一个现代化高速发展的国家，法治作为调和日益多元化复杂化的利益的平台，能够更好地凝聚共识和力量，为社会可持续、稳定的发展降低制度成本。其次，法治能够提供经济发展所必须的可预期性、确定性，公开透明的规则和程序，将降低组织成本和交易成本，有利于促进投资促进经济发展，为中小企业、人民群众在安排生产、生活时有合理的预期和安全感。最后，法治确保各个群体、不同阶层、不同团体的权益均得到保护，法律面前人人平等，同时鼓励在法律框架下对话、沟通、协商，并更好地约束政府行为，促进善治。

建设中国特色社会主义法治体系，把我国建设成为社会主义法治国家，是实现国家治理体系和治理能力现代化、全面深化改革的必然要求。② 其有利于实现国家治理体系和治理能力的现代化，有利于在全面深化改革的框架内推进全面依法治国的各项工作，有利于改革的法治化。习近平总书记上述讲话中最精辟的地方在于，他把"建设中国特色社会主义法律体系"作为"一个重点来抓"。这一描述对于我们充分理解为何首次将"建设中国特色社会主义法律体系"作为全面推进依法治国的"总目标"具有重要意义。所谓"抓住重点"，就是政策的制度立足点。党的十八届三中全会通过的《决定》首次提出了"推进法治中国建设"的概念。③ 与"法治国家"相比，"法治中国"突出了"中国"的主权特征，具有明显的空间效应。因此，"法治中国"可以成为落实"法治国家"的一个"主要抓手"。党的十八届四中全会之前，

---

① 张文显：《良法善治：民主、法治与国家治理》，法律出版社 2015 年版，第 145 页。

② 公丕祥：《"四个全面"战略布局研究丛书全面依法治国》，江苏人民出版社 2015 年版，第 98 页。

③ 杨伟东：《推进法治中国建设》，载人民网，http://dangjian.people.com.cn/n/2014/0609/c117092-25124274.html，2014 年 6 月 9 日。

学术界和政策层面对这一概念没有进行充分讨论，但《决议》将"建设中国特色社会主义法律体系"作为全面推进依法治国的"总目标"。这对落实全面建成小康社会制度的"抓手"，确实起到了一定的作用。因此，全面推进依法治国总目标的提出，是与全面深化改革的大框架相辅相成的，全面推进依法治国的工作，更好地发挥法治的引领和规范作用。

（三）深化法治领域改革

"天下之事，不难于立法，而难于法之必行。"习近平总书记指出，当前法治领域存在的一些突出矛盾和问题，原因在于改革还没有完全到位。①

1. 全面推进依法治国，落实深化法治领域改革的各项要求

深化司法改革是全面推进依法治国、加快建设法治中国的重要内容。习近平总书记全面依法治国论述里有关司法和司法改革的核心观点是"努力让人民群众在每一个司法案件中都感受到公平正义"。如果说立法是为了确保良法的诞生，打好法律体系的基石；执法是为了确保善治，使行政的日常均能遵守法律规范遵循法治理念；而司法作为定分止争的救济渠道，就是守好公正的最后一道防线。正如习近平总书记所指出的，公正是司法的灵魂和生命。促进社会公平正义是司法工作的核心价值追求。

在全面依法治国的重要任务中，强化公正司法与提高立法质量、建设法治政府并重。司法改革的目的是实现司法公正并维护司法公正，并通过公正司法达到维护社会公平正义的目标。在党的代表大会和中央全会的文献中首次将公正司法单独作为依法治国的重要任务，是在党的十八大时提出的，全面推进依法治国的含义包括了四大方面的内容，即"科学立法、严格执法、公正司法和全民守法"。司法公正作为单独的一项，与立法、执法并

---

① 习近平：《坚持走中国特色社会主义法治道路，更好推进中国特色社会主义法治体系建设》，《求是》2022年第4期。

列，成为全面推进依法治国的基本任务和重要内容。党的十八届三中全会中论述"推进法治中国建设"中有五分之三的内容谈及了司法改革，并提出，"建设法治中国，必须深化司法体制改革，加快建设公正高效权威的社会主义司法制度，维护人民权益。"党的十八届四中全会把"保证公正司法，提高司法公信力"作为全面推动依法治国的核心目标和任务。司法改革是法治中国建设的突出内容，是全面依法治国的重中之重。党的十八大指出，全面建成小康社会的标志中与法治领域有关的指标包括了四个方面："依法治国基本方略全面落实，法治政府基本建成，司法公信力不断提高，人权得到切实尊重和保障。"党的十八届五中全会进一步把"司法公信力明显提高"作为小康社会"各方面制度更加成熟更加定型、国家治理体系和治理能力现代化取得重大进展"的重要指标。而司法公信力的提高，取决于司法改革的成效。

在社会公平正义链条中，司法公正视为维护社会公平正义的最后一道防线。为了完成这一目标，增进司法公信力，要落实"让审理者裁判、让裁判者负责"的司法责任制。正如习近平总书记提出的，深化法治领域改革要求构建系统完备、规范高效的执法司法制约监督体系。这是深化司法体制改革的核心内容，也是司法规律的客观要求。例如，解决人情案、关系案、金钱案等问题。党的二十大报告中也再次强调严格公正司法。深化司法体制综合配套改革，全面准确落实司法责任制，加快建设公正高效权威的社会主义司法制度。

2015年9月，最高人民法院印发《关于完善人民法院司法责任制的若干意见》，确定了新型审判权力运行机制，指导全国法院推进司法责任制改革。2018年12月，最高人民法院印发《关于进一步全面落实司法责任制的实施意见》，就完善审判监督管理机制、健全法律统一适用机制等问题加强指导，推动全面落实司法责任制。全面实行司法责任制改革后，全国法院一线审判力量增加 20% 以上，人均办案数量增长 20% 以上，结案率上升 18% 以上。[①]
2020 年一年，全国法院共收案 28283204 件，结案 28705181 件，成效显著。
最高人民法院制定印发了一系列队伍建设方面的规范性文件，实现司法责任
体系建设与法院队伍审判能力提升一体推进。印发了法官考核指导意见，通
过优化考核激励机制，努力解决群众在意的"纠纷化解不彻底"问题。

增进司法公信力，加强权力制约和监督，特别是对司法权的监督，需要
做好两个方面的内容：一方面是明确权责边界，消除权力行使过程中的"灰
色地带"，避免越权履职导致的风险隐患。最高人民法院印发《关于完善人
民法院审判权力和责任清单的指导意见》，明确各类人员权责边界，目前，
全国法院均已制定适合本院特点的权责清单，一些法院还将权责清单内嵌于
办案系统，实现权责清单规范化、标准化、可提示、可追溯。这是司法责任
制的延伸，从个体到机构，权责分明地划定边界，避免滥用权力。依法设定
权力，核心是实行权力清单制度。习近平总书记在十八届四中全会上提出依
法制定权力清单，推进机构、职能、权限、程序、责任法定化，使其按照既
定的权限和程序启动和运行，并且以民众看得见的方式行使，提高权力的公
信力。

另一方面是严格事后追究，最高人民法院印发法官惩戒工作程序规定和
法官违纪违法退出员额的管理规定，确保滥用司法权力、损害当事人合法权
益的行为受到惩戒。严格确定不同部门及机构、岗位人员责任追究机制，加
强监督，坚决排除对司法活动的干预，防止和克服地方和部门保护主义，惩
治腐败现象。失职要问责，违法要追究，保证人民赋予的权力始终用来为
人民谋利益。司法廉洁，是建立司法公信力的前提条件，司法腐败对司法公

[①] 《全国法院截至 2018 年底登记立案超 6489 万件》，载中央人民政府网站，http://www.
gov.cn/shuju/2019-02/27/content_5369136.htm，2019 年 2 月 27 日。

信力具有更致命的破坏作用。所以在执法办案各个环节都要设置隔离墙、通上高压线，谁违反制度就要给谁最严厉的处罚，终身禁止从事法律职业，构成犯罪的要依法追究刑事责任。

从案件审理标准来看，积极推动统一法律适用机制，让每一个司法案件得到公正处理，是人民群众的核心司法需求。为解决民众普遍关注的"类案不同判"问题，积极推进统一法律适用机制建设，最高人民法院近年来先后印发《加强类案检索指导意见》《完善统一法律适用标准工作机制意见》和《统一法律适用工作实施办法》。同时增强法官审理的专业性，推动法官会议制度，即各级法院在办案过程中，审判庭都能常态化召开专业法官会议，初步形成了"类案检索初步过滤、专业法官会议凝聚共识、审判委员会讨论决定"的统一法律适用新模式。与此同时，最高人民法院加大对各高级人民法院拟出台审判业务文件、参考性案例的审核备案力度，2021年共完成88个审判业务文件、110多个参考性案例的审核备案工作，纠正、调整了不少与法律和司法解释精神相悖的内容，确保公平正义这条司法工作生命线健康发展。

增进司法公信力另一重要举措在于压实制约监督政策红线，提升人民群众对司法廉洁的信任度。深化政法队伍教育整顿，继续依法打击执法司法领域腐败行为，推动扫黑除恶常态化。近年来，按照中央统一部署司法系统召开了多次教育整顿。通过整治人民群众深恶痛绝的非法干预司法、插手案件处理、充当司法掮客等顽瘴痼疾，有力巩固提升社会公众对廉洁司法的信心。

2. 深化司法体制改革是全面深化改革的重点之一

深化法治领域改革，必须把握原则、坚守底线，绝不能把改革变成"对标"西方法治体系、"追捧"西方法治实践。习近平总书记在十八届四中全会第二次全体会议上的讲话中强调："全面推进依法治国，必须走对路。如果路走错了，南辕北辙了，那再提什么要求和举措也都没有意义了。"①

习近平法治思想深刻回答了法治中国建设走什么路的问题，科学指明了新时代全面依法治国的正确道路。我们既要立足当前，运用法治思维和法治方式解决经济社会发展面临的深层次问题；又要着眼长远，筑法治之基、行法治之力、积法治之势，促进各方面制度更加成熟更加定型，为党和国家事业发展提供长期性的制度保障。②

深化司法改革是推进国家治理体系、治理方式和治理能力现代化的重要举措和实践路径。习近平总书记指出："司法体制改革……对推进国家治理体系和治理能力现代化具有十分重要的意义。"③深化司法体制改革，建设公正高效权威的社会主义司法制度，是推进国家治理体系和治理能力现代化的重要举措。根据十八届四中全会的精神，全面推进依法治国，总目标是建设中国特色社会主义法治体系，建设社会主义法治国家。"……在中国共产党领导下，坚持中国特色社会主义制度，贯彻中国特色社会主义法治理论，形成完备的法律规范体系、高效的法治实施体系、严密的法治监督体系、有力的法治保障体系……"④

深化司法改革即有力的法治保障体系的重要组成，通过司法保障的方式为落实市场在资源配置中的决定性作用保驾护航。党的十八大以来，习近平总书记多次强调，"全面深化改革，关键是要进一步形成公平竞争的发展环境"。并提出，"在制度上、政策上营造宽松的市场经营和投资环境"，"要积极推进全面依法治国，营造公平有序的经济发展法治环境。""营造商品自由流动、平等交换的市场环境，破除市场壁垒和地方保护"，"降低制度性交易

① 习近平：《论坚持全面依法治国》，中央文献出版社 2020 年版，第 105—118 页。
② 陈训秋：《坚定不移走中国特色社会主义法治道路》，《学习时报》2021 年 4 月 9 日。
③ 习近平：《论坚持全面依法治国》，中央文献出版社 2020 年版，第 59—62 页。
④ 同上书，第 200—208 页。

成本"①。司法改革承担了全面深化改革其中一个方面的重要意义，为市场经济提供最后一道屏障堡垒，从根本上是源于社会主义市场经济本质上是法治经济的判断，这也是习近平全面依法治国法治思想的核心观点，即司法改革是法治经济建设的重要一步。国内外经济学界、法学界对此均有共识，无论国家的政体如何，发展市场经济的决定性因素之一在于观察一个国家定分止争、解决纠纷的能力。以韦伯的经典论述、诺斯著名的制度经济学看来，产权明确、公司治理和合同执行——也就是当商业活动出现纠纷时，法院体系如何解决经济活动的纠纷，花多长时间、多少成本当事人才能运用司法系统救济其民事权益，直接决定了其投资意愿，改变了其交易形式和交易规模。这些直接关系到经济活动参与者是否愿意开展大规模的投资和经济活动，因为一旦产生纠纷，无法通过正式途径追回损失，弥补侵权的话，人们更倾向于转向非正式经济活动，而非正式经济活动作为地下经济，很难持续也很难形成规模效应，因此，司法能动、司法公正和司法是否高效权威的解决纠纷就成为了关键因素。这与我国领导人对司法制度的作用和司法改革的意义的判断是一致的，符合客观规律。

近些年来，我国进行了一系列深化司法改革的措施：如提高人民法院的技术能力、专业水平、透明度、程序规范性，并推动了促进司法公正的多种举措：包括法官员额制改革、对司法人员进行教育、培训、资格认证和提高专业化水平、加强监督，调查和起诉腐败；以及提高司法行动的透明度等内容。这些措施使社会感到振奋和赞同，也得到了世界其他国家的美誉。例如，在世界银行营商环境指数中，我国与经济合同相关的司法系统的评分和排名遥遥领先，在 190 个国家和经济体中，该项指标排名第五，司法程序质

---

① 《习近平关于协调推进"四个全面"战略布局论述摘编（三）——全面深化改革》，载中国共产党新闻网，http://theory.people.com.cn/n/2015/1111/c40531-27804605.html，2015 年 11 月 11 日。

量指数将近满分，排名全球第一。^① 这些措施与世界其他国家为加强法治采取的措施相一致，做到了权责统一、权力制约、公开公正、尊重程序。深化司法体制改革，是全面深化改革的重要组成部分，通过发挥我国司法制度的特色，更好地促进社会公平正义，以保护产权、维护契约、统一市场、平等交换、公平竞争、有效监管为基本导向，完善社会主义市场经济法律制度。

从我国司法实践来看，社会对营造公平有序的法治环境直接感知途径就是法院民商事案件的处理。日常生活中，大多数民众与法律和司法机关打交道是通过平等民事主体的民商事经济纠纷，来感知市场经济社会是否公平有序、是否有法可依。以 2020 年司法公报统计为例，全国当年的民事案件为 15538363 件，占到案件总数的 87%。而所有的民事一审案件中涉及合同执行、知产与竞争纠纷、公司证券等商事纠纷的案件总数为 73.6%。^② 实践表明与上面司法对降低制度性交易成本有决定作用的论述相一致。因此，营造公平有序的经济发展法治环境在司法环节就是抓住深化司法改革的牛鼻子，通过司法机构在公司、商业、合同、产权领域的日常运作来评判当地中国法治的发展情况。司法机构在解决争端、澄清财产和合同权利以及执行这些权利时，被民众视为国家法治如何运作最直观的感受，也就是老百姓眼中"法治"的核心。这也就是习近平总书记谈话中指出的"司法体制改革成效如何，说一千道一万，要由人民来评判，归根到底要看司法公信力是不是提高了"。"我们提出要努力让人民群众在每一个司法案件中都感受到公平正义，所有司法机关都要紧紧围绕这个目标来改进工作。"^③

---

① 朱健勇：《世界银行：中国"司法程序质量"持续保持全球第一》，载人民网，https://baijiahao.baidu.com/s?id=1648578894684183464&wfr=spider&for=pc，2019 年 10 月 28 日。

② 《2020 年全国法院司法统计公报》，载中国最高人民法院公报，http://gongbao.court.gov.cn/Details/0bce90201fd48b967ac863bd29059b.html，2020 年。

③ 习近平：《论坚持全面依法治国》，中央文献出版社 2020 年版，第 146—149 页。

最高人民法院司法改革领导小组在会议上强调，要围绕"努力让人民群众在每一个司法案件中感受到公平正义"工作目标，推进司法体制改革不断向纵深发展。这一工作在实践中得到了验证。以《证券法》为例，法律允许此类案件中对发行人、控股股东、承销商和会计师行使一定限度的私人诉讼权，个人股东对证券市场中的虚假或误导性披露的补救措施有着强烈的诉求。即便民众面对被告，也就是那些拥有更多的资源和经济实力的上市公司，这些受害的投资者还是继续向人民法院提起诉讼，相信法律等正式制度以及司法机构能够予以合法的补救措施，没有削弱向正式的司法机构寻求救济的意图。这说明，我国的司法改革长期以来是富有成效的，得到了老百姓的认可，民众相信法院机构能维护公平公正，相信社会主义法治力量。

第二章　新时代坚持全面依法治国重要地位

　　"立善法于天下，则天下治；立善法于一国，则一国治。"党的二十大报告指出了全面依法治国的重大意义："全面依法治国是国家治理的一场深刻革命，关系党执政兴国，关系人民幸福安康，关系党和国家长治久安"。这充分表明，以习近平同志为核心的党中央对全面依法治国高度重视，在治国理政中始终把法治建设置于事关根本的战略地位，从关系党和国家长治久安的战略高度来定位法治、布局法治、厉行法治，把全面依法治国放在党和国家事业发展全局中来谋划、来推进。因此，在法治轨道上全面建设社会主义现代化国家，就是要坚持走中国特色社会主义法治道路，建设中国特色社会主义法治体系、建设社会主义法治国家，更好发挥法治固根本、稳预期、利长远的保障作用。唯有如此，党和国家事业发展才能有根本性全局性长期性的制度保障，从而确保我国社会在深刻变革中既生机勃勃又井然有序。

一、全面依法治国的战略定位

　　中国特色社会主义道路是中国共产党经过 100 多年的探索和试错，最终选择的正确之路、发展之路、复兴之路，其中治国理政的基本方略就是全面依法治国。正如习近平总书记所指出的，"小智治事，中智治人，大智立法。治理一个国家、一个社会，关键是要立规矩、讲规矩、守规矩。法律是治国理政最大最重要的规矩。"①国家治理，必须追求社会最大公约数，通过全面依法治国，引导人民群众在党的领导之下制定规则、遵守规则，在全社会崇尚法律、厉行法治，从而实现国家长治久安。

（一）中国特色社会主义总布局的引领与规范

中国法治建设的一个重要起点是1997年召开的党的第十五次全国代表大会，在这次大会上，依法治国首次作为基本方略被郑重提出。随后，1999年全国人大通过的宪法修正案规定："中华人民共和国实行依法治国，建设社会主义法治国家"，郑重地将实行依法治国作为宪法的第五条第一款。党的第十六次全国代表大会就依法治国问题进行了延伸讨论和设计，形成了一系列关于依法治国的重要观点和政策方针，引领着法治思维和法治理念渗入社会生活的方方面面，逐渐成为一种社会普遍共识。2013年党的十八届三中全会通过《中共中央关于全面深化改革若干重大问题的决定》，明确提出要"推进法治中国建设"。一年后，党的十八届四中全会通过《关于全面推进依法治国若干重大问题的决定》，系统总结党领导人民走全面依法治国道路的经验和实践，展示了党始终坚持全面依法治国的决心。2017年召开党的第十九次全国代表大会，习近平总书记重申了"全面依法治国"，并提出2035年我国基本建成法治国家、法治政府、法治社会的目标。2022年召开党的第二十次全国代表大会，习近平总书记对全面依法治国作出了新部署，强调聚焦"坚持全面依法治国，推进法治中国建设"。不管是最初的"法治"与"法制"之辩，还是关于新时代全面依法治国如何承继和发展的讨论，我们都必须承认，全面依法治国在形成初期就背负着坚持中国特色社会主义法治道路、创新和发展治国理政基本方略的使命，彰显出党和国家对于如何巩固

---

① 中共中央文献研究室：《十八大以来重要文献选编》(中)，中央文献出版社2016年版，第182页。

执政基础、维护人民权益的最新认识。

1. 全面依法治国的逻辑起点

关于制度与经济之间的因果关系，理论界有着各种观点和流派，其中美国社会学家诺斯提出的观点就很有代表性，他认为制度对社会长期的经济绩效具有基础性的影响作用，[①] 这与主流的经济制度优劣挂钩个人和社会发展的认知不谋而合，也与近年来世界各国经济社会发展实践相互回应，互为验证。从管理学的角度来看，制度的价值不仅体现在为个人和社会发展提供保障，而且体现在制度的实际应用和执行效力，如果有令不行，则是一纸空文。作为一个社会的最大公约数，法律规范是制度范畴里最有代表性的表现形式，其是否能被遵循，事关一个社会的长治久安，事关人民群众的人心向背。正处于转型期的中国，正在持续推进和优化上层建筑范畴的规范化、制度化建设，为了确保这个进程的稳定性和可预期性，必须首先从完善法律体系入手，推动实现上层建筑特别是政治框架的优化和重构。为了国家的政治稳定、经济繁荣、社会和谐安宁，我们必须要构建完备的社会主义法律体系并有效实施，真正为公民和社会的进步提供有力的制度支撑。

中国的发展面临着机遇与挑战并存的严峻局面，时代的滚滚浪潮带来了依法治国新思维，并最终成为党领导和治理国家的基本方略。这既是党对于历史经验进行深刻总结后作出的重大抉择，也是结合当前形势的实际要求，为国家的长远发展作出的战略决策。实现中华民族伟大复兴，凝聚着亿万人民的共同心愿，从精神层面看，这是近代以来中华民族所孜孜以求的伟大梦想，是民心所向；从实践层面看，已经成为百年来无数炎黄子孙的奋斗目标，伴随着改革前进之路而倍显前程辉煌，是国运所在。回顾中华五千年的

---

① North Douglass C, *Institutions, Institutional Change and Economic Performance*, Cambridge University Press, 1990, p.107.

文明变迁，国运国势往往与法制兴衰息息相关，表现出一种显然的联系。战国时期诸子百家争鸣，其中法家代表人物韩非子就有一句名言，"国无常强，无常弱。奉法者强则国强，奉法者弱则国弱"①。这里说的奉法，首先要立法，其次是执法。从春秋战国400多年的诸国混战来看，法令行则国治，法令弛则国乱。其蕴藏的治理感悟，其实与习近平总书记强调的"大智立法"一脉相承，阐明法律是治国理政最重要的规矩。②为了解决我国在改革和发展中遇到的矛盾和问题，只有坚定不移地贯彻落实全面依法治国基本方略，才能契合党和国家着眼于长远的战略谋划，实现党和国家的长治久安，实现中华民族伟大复兴的中国梦。

（1）实现全面建成小康社会目标的时代呼声

法治是党对治国理政方式的全新认识和体悟，也是带领全国各族人民对治世安民之道的全新探索，凝聚了新中国成立以来党领导人民开创社会主义道路的经验和教训，为在新时代努力实现新发展奠定了坚实基础。承载着亿万人民的期待，全面建成小康社会成为党必须做好的历史答卷。为了更好地完成这一时代伟业，法治之治更凸显其重要地位，并由此顺应时代之需发展为全面依法治国理念。在党的十八大上，庄严宣示我国全面建成小康社会已经迈入决定性阶段，为了实现这一奋斗目标需要全国人民同心同德、共同前进。党的十八大以来，党中央全面审视世情、国情、党情，明确把全面建成小康社会列为全党上下的奋斗目标。为了打赢这场全面建成小康社会的攻坚战、决胜战，习近平总书记针对各种矛盾、问题以及风险挑战集中显现的全局情势，领导和带领全党大刀阔斧地对我国的法治建设进行了全面安排和规划，强调"人民群众对法治的要求越来越高，依法治国在党和国家工作全

---

① 王先慎：《韩非子集解》，中华书局2003年版，第31页。

② 中共中央纪律检查委员会、中共中央文献研究室：《习近平关于党风廉政建设和反腐败斗争论述摘编》，中央文献出版社、中国方正出版社2015年版，第132页。

局中的地位更加突出、作用更加重大"①。此后，依法治国的领导体制和工作机制得到进一步完善，依法执政、依法治国的能力和水平进一步提高，人民群众的法治思维、法治意识明显增强，遇事找法、讲理的新理念、新思维越来越为人民群众所接受与认同，中国特色社会主义法治体系日益完善，为全面建成小康社会营造了良好的社会氛围，提供了强有力的法治保障。由此可见，全面建成小康社会与全面依法治国具有内在逻辑规律，两者相辅相成、有机统一。为了保障全面建成小康社会的目标实现，必须选择全面依法治国的道路，促使法治思维和法治方式真正内化为党和政府的行动准则。同时，一旦崇尚法治、摒弃人治的理念为广大人民群众所认可和接受，势必在全面建成小康社会的进程中发挥保驾护航作用，致力于塑造稳定的社会环境，引领全社会逐渐形成明德崇法的思维共识。

（2）实现中华民族伟大复兴中国梦的必要前提

中华民族伟大复兴是全体中国人民的共同追求、共同目标，其植根于党领导人民不懈奋斗的百年历程，契合当前国情民心和历史阶段。这一宏伟愿景不仅将国家、民族和个人紧密相连，也为民主与法治融汇交织提供了时代机遇。习近平总书记曾经鞭辟入里地指出："全面推进依法治国，是着眼于实现中华民族伟大复兴中国梦、实现党和国家长治久安的长远考虑。"②

新时代的中国梦，其"基本内涵是实现国家富强、民族振兴、人民幸福"③，涵盖政治、经济、军事、文化等多个方面，涉及政府、社会、公民等多个层次。面对繁杂多变的国内外形势，面对层出不穷的发展中难题，如果

---

① 鞠成伟：《二中全会解读：把依法治国、依宪治国工作提高到新水平》，《瞭望》2018 年第 1 期。

② 中共中央文献研究室：《十八大以来重要文献选编》(中)，中央文献出版社 2016 年版，第 182 页。

③ 中共中央文献研究室：《习近平关于实现中华民族伟大复兴的中国梦论述摘编》，中央文献出版社 2013 年版，第 14 页。

要破题攻坚，就必须把法治路径与实现中国梦有机结合起来，通过克服发展中的难题，实现治国理政大业的新突破。一个国家的富强，不仅仅在于经济上的繁荣、政治上的凝聚，还要求法治上的强大。为了把这一点共识落到实处，党的十八届三中全会和四中全会连续聚焦法治中国的概念和我国法治建设的总目标，并就如何落实和推进法治建设作出了制度安排和总体设计，使法治体系与法治国家相辅相成，从而推进法治建设格局的形成。

实现中华民族伟大复兴，其基本立足点在于坚持以人民为中心，坚持人民主体地位，坚持执政为民，自觉做到一切为了人民、依靠人民，切实维护人民群众的根本利益，造福人民群众，并在改革实践中有获得感、幸福感、成就感。正是因为法治在我国各项事业中的作用越来越重要，政府的依法执政能力不断提高，司法公信力不断提升，人民群众尊法守法用法的意识不断增强，因而为实现民族复兴梦提供法治保障逐渐形成社会共识。只要我们坚持在法治轨道上前进，就能够拥有越来越多的幸福感、获得感、满足感、成就感，形成强大的政治合力，为实现中华民族伟大复兴的中国梦和建设法治强国汇聚磅礴力量。

2. 全面依法治国的创新所在

党的十八大以来，围绕全面依法治国这一重要主题，习近平总书记提出一系列新理念新思想新战略，直面新时代我国法治建设的短板和症结，极大地丰富和创新了中国特色社会主义法治理论，为新时代深化全面依法治国实践提供了指导思想和根本遵循。

（1）坚持以人民主体地位为核心价值

习近平总书记强调，"全面依法治国必须坚持以人民为中心，紧紧围绕人民主体地位深化法治实践。"[①] 这表明了党对全面依法治国的基本观点和看

① 《决胜全面建成小康社会　夺取新时代中国特色社会主义伟大胜利》，《人民日报》2017年10月28日。

法，概括来讲就是坚持以人民为中心的法治理念，其既是习近平总书记全面依法治国新理念新思想新战略的灵魂，更是对全面依法治国总体方向的把握和考量，凸显了社会主义法治的核心价值所在。

理念是行动的先导，为了把坚持以人民为中心的理念落到实处，在立法层面，就是在制定修改法律法规的过程中，真正反映人民群众的意志和愿望，契合宪法的原则和精神，符合我国的现阶段国情和实际。法律是治国重器，良法是善治前提。如何区分良法或恶法，就是要看是不是符合人民群众的意愿，能不能解决实际生活中的矛盾纠纷，可不可以促成善治的实现。在执法层面，习近平总书记强调，"要建设法治政府，推进依法行政，严格规范公正文明执法。"① 徒法不足以自行，纸面上的法律不会天然地成为全体公众的行动遵循，有赖于执法部门和工作人员的实施，这就需要法律得到公平公正的执行，使得人民群众的利益能在法治实践中得以维护。在司法层面，伴随着越来越多的利益纠纷以案件的形式进入司法渠道，解决好老百姓打官司难的问题，满足老百姓对公平正义的渴望，已经成为人民群众评判法治成效好坏的一个晴雨表。唯有始终坚持司法为民，改进司法作风，依法公正处理人民群众的诉求，才能实现法治为民的目标，让人民群众在每一个司法案件中感受到公平正义，避免不公正的司法行为损害人民权益、挫伤人民信心，伤害人民感情。

（2）坚持以党的领导为根本保证

党的十八届四中全会审议通过了《中共中央关于全面推进依法治国若干重大问题的决定》，强调中国特色社会主义最本质特征就是党的领导，社会主义法治最根本保证也是党的领导。进入新时代，国家发展处于新的历史

---

① 《决胜全面建成小康社会　夺取新时代中国特色社会主义伟大胜利》，《人民日报》2017年10月28日。

起点，面对全面建成小康社会、实现中华民族伟大复兴的历史重任，面对全面深化改革、完善和发展中国特色社会主义制度的时代使命，如何有效提高党的执政能力和执政水平，落到治国理政的实践中，就是要全面推进依法治国、加快建设社会主义法治国家。而要确保前进的方向不偏、路线不变、目标不移，其根本的保障只能是始终坚持党的领导毫不动摇、毫不松懈，这是中国前进发展的方向舵和定盘星。面对艰巨复杂的国内外形势，面对历史赋予的新任务，只有在党的领导下才能统筹社会力量、平衡社会利益、调节社会关系、规范社会行为，才能领导亿万人民行使好权利，通过法定程序达成最大社会公约数，切实保证制定的法律契合人民的根本利益，并在实施中真正为人民服务、为社会主义服务。

法治兴则国家兴，法治衰则国家乱。这么多年来党领导社会主义建设的经验总结，就是坚定不移全面推进依法治国，彻底摒弃人治的思维和理念，善于把法治思维和法治方式贯彻到工作的方方面面、各行各业，始终不渝地立善法、明司法、严执法、促守法，走出一条真正维护人民合法权益的路径。正如习近平总书记指出："党的领导和社会主义法治是一致的，社会主义法治必须坚持党的领导，党的领导必须依靠社会主义法治。"[①]在这一重大原则问题面前，必须时刻保持高度的政治清醒，深刻领会党的领导丝毫不能动摇的由来，自觉在工作中维护和捍卫党的领导的权威。

首先，党是我国法治建设事业的领导核心。相比较西方国家屡屡出现的金钱政治、民主乱象，以及困扰部分发展中国家的政治动荡、政府腐败等痼疾，中国之所以能长期保持发展和稳定，得益于党忠实履行作为人民利益的代表者和发言人的职责，得益于国家生活中真正奉行法治，使法律成为维

---

① 中共中央文献研究室：《习近平关于全面依法治国论述摘编》，中央文献出版社 2015 年版，第 36 页。

护人民利益的有力武器。正是中国特色社会主义建设的实践，用雄辩的事实证明党的领导与厉行法治密不可分。党的领导是厉行法治的前提和基础，唯有在党的领导下社会主义建设才能方向不动摇、不迷失。厉行法治是党的领导的表现和形式，唯有在厉行法治的道路上社会主义建设才能顺应民心、凝聚人心。习近平总书记曾经精辟阐明党与法的关系，指明"'党大还是法大'是一个政治陷阱，是一个伪命题"[①]。我们要认识到陷阱和伪命题的背后，是刻意的混淆概念，"把属于政治组织范畴的政党和属于制度范畴的法律两个差异性概念放在一起比较。"[②] 在社会主义的中国，党的领导和依法治国不是对立的，而是统一的，维护党的领导地位，其应有之义就是深入推进和贯彻实施依法治国基本方略。

其次，党是我国法治建设事业的坚定捍卫者。党政军民学，东西南北中，党是领导一切的。党和法的关系是一个根本问题，处理得好，则法治兴、党兴、国家兴；处理得不好，则法治衰、党衰、国家衰。抓住这个问题，就抓住了正确认识中国特色社会主义法治的入门钥匙。党的十八大以来，党中央推出了一系列决策部署，比如用更严格的要求、更科学的方法深化执法体制改革，健全法治执行机制，监督执法权力独立公正行使，其中很重要的一条原则就是坚定不移地奉行法治，在法治实践过程中始终坚持法律至上，时时刻刻注意维护和阐明法律的尊严和权威不可侵犯。

最后，党领导法治的目的是为人民服务。党的宗旨就是为人民服务，从不追求任何特殊利益。在成为执政党之后，党的工作重心之一就是重视法治建设，恪守法治为民、法治利民的基本原则，回应人民期待、化解人民心结，注重解决好人民群众最关心最直接最现实的利益问题。随着法治国家、

---

① 习近平：《坚定不移走中国特色社会主义法治道路，为全面建设社会主义现代化国家提供有力法治保障》，《求是》2021 年第 5 期。

② 冯玉军：《全面依法治国新征程》，中国人民大学出版社 2017 年版，第 76 页。

法治社会、法治政府建设的逐渐深入人心，越来越多的人民群众在参与法治建设的进程中深化了对法治精髓的认知。这也反过来增强了党领导全面推进依法治国的内在动力，丰富发展了社会主义法治理论宝库，提高了在法治实践中健全法治规范、维护法治权威的能力和水平，让法治真正成为了党和人民之治，成为了人们的一种信仰，为全面依法治国理念在实践中的产生与传播提供了根本保证。

（二）中国特色社会主义法治建设的目标与愿景

中国特色社会主义法治建设是习近平法治思想的重要内容，习近平总书记指出："全面推进依法治国涉及很多方面，在实际工作中必须有一个总揽全局、牵引各方的总抓手，这个总抓手就是建设中国特色社会主义法治体系。依法治国各项工作都要围绕这个总抓手来谋划、来推进。"① 因此，我国的法治建设必须以中国特色社会主义法治体系为突破口，从挖掘理论内涵和实践价值入手，为真正丰富和完善我国的法治实践提供必要的载体。具体而言，全面推进依法治国的意义在于一种原创性的思想，点明了中国特色社会主义法治建设的性质和方向，界定了法治建设进程中的工作重点和主要任务。在新的历史起点上，完善中国特色社会主义法治体系，对于全面依法治国具有纲举目张的重要意义，而如何在法治实践中完善法律表现形式，事关法律规范体系、法治实施体系、法治监督体系、法治保障体系、党内法规体系这五大体系之间的相互协调，唯有彼此相辅相成、相得益彰，才能为建设社会主义法治国家奠定前提和基础。

1. 全面贯彻宪法，履行宪法使命

习近平总书记指出："宪法是国家的根本法。法治权威能不能树立起来，

---

① 习近平：《关于〈中共中央关于全面推进依法治国若干重大问题的决定〉的说明》，《人民日报》2014 年 10 月 29 日。

首先要看宪法有没有权威。必须把宣传和树立宪法权威作为全面推进依法治国的重大事项抓紧抓好，切实在宪法实施和监督上下功夫。"[1] 在我国的法律体系中，宪法占据着最高的位阶，是国家的根本大法，是治国安邦的总章程，具有最高的法律地位，是制定其他法律的依据。社会主义法治建设的首要任务和基础性工作，就是要全面贯彻实施宪法，如果做不到，那就不是真正的法治，社会主义法治更加无从谈起。

根据我国宪法的规定，全国人大及其常委会负责对宪法实施的监督工作。党的十八大以来，全国人大及其常委会在这方面做出了很多探索，明确提出通过建设完备的法律体系推动宪法实施，完善以宪法为核心的中国特色社会主义法律体系，保证宪法确立的制度和原则得到全面贯彻落实，保障宪法和法律得到有效实施。健全宪法解释工作程序，做好宪法解释工作，努力实现宪法的稳定性和适应性的统一，推动宪法正确有效实施。加强法律备案审查能力建设，建立法规、规章等各类规范性文件备案审查衔接联动机制，把所有规范性文件纳入备案审查范围，实行有件必备、有备必审、有错必纠。根据宪法精神、有关法律原则和规定，全国人大常委会依法对若干重大问题作出决定，包括及时妥善处理辽宁拉票贿选案的有关问题，[2] 依法对香港特别行政区基本法第一百零四条作出解释，坚决反对"港独"行径，作出开展国家监察体制改革试点工作的决定等，均体现了这方面的变化和进步。

2. 良法促进发展，提高立法质量

党的二十大报告提出，要完善以宪法为核心的中国特色社会主义法律体

---

① 习近平：《关于〈中共中央关于全面推进依法治国若干重大问题的决定〉的说明》，《人民日报》2014 年 10 月 29 日。

② 2016 年在处理辽宁拉票贿选案涉及的有关问题时，全国人大常委会作出创制性安排，依法确定由辽宁省选举产生的 45 名全国人大代表当选无效，决定成立辽宁省十二届人大七次会议筹备组，由筹备组代行辽宁省人大常委会的部分职权。

系。经过长期努力，我国已经形成了中国特色社会主义法律体系，国家和社会生活各方面总体上实现了有法可依。新时代十年来，一批国家治理急需、满足人民日益增长的美好生活需要必备的法律相继出台或修改完善，后续的重点是加强重点领域、新兴领域、涉外领域的立法工作。习近平总书记指出："人民群众对立法的期盼，已经不是有没有，而是好不好、管用不管用、能不能解决实际问题。"① 所谓良法，就是一部法律从立法宗旨到具体条文，能够反映人民的真实意志，维护人民的根本利益，捍卫公平正义的价值需求，符合社会发展的科学规律，与我们所处的国情、社情、民情相互呼应，整体呈现出科学合理的体系，符合法定程序，具有程序正当性。我们必须抓住提高立法质量这个关键，恪守以民为本、立法为民理念，推进科学立法、民主立法，发挥立法机关在表达、平衡、调整社会利益方面的重要作用，使每一项立法都符合宪法精神、反映人民意志、得到人民拥护。

提高立法质量，很重要的一点就是真正遵循和把握立法规律。法律所规范调整的经济社会关系是客观的，有其内在规律性。毛泽东同志在 1954 年主持起草新中国第一部宪法时就讲过："搞宪法是搞科学。"在全面推进依法治国的进程中，首要就是强化科学立法理念，自觉遵循经济规律、自然规律、社会发展规律和立法活动规律，努力使制定出来的法律规范符合现实规律的要求，发挥立法的引领推动作用。随着时代的前进，社会主义法律体系必须随之不断丰富和发展。近年来，全国人大及其常委会着力加强和改进立法工作，完善立法目标任务、体制机制和方式方法，围绕协调推进"四个全面"战略布局，及时制定、调整全国人大常委会五年立法规划和年度立法工作计划，加强重点领域立法，编纂民法典，制定和修改国家安全法、反外国

---

① 《习近平在中国共产党第十八届中央委员会第四次全体会议上发表重要讲话》，《新华每日电讯》2014 年 10 月 24 日。

制裁法等 20 多部法律，制定和修改疫苗管理法、家庭教育促进法等，加强涉及改革的法律"立、改、废、释"工作，从法律制度上解决群众关心的突出问题，使得立法的引领和推动作用在法治实践中得到了充分体现。

（三）深化体制改革，实现公平正义

公正司法是维护社会公平正义的最后一道防线。习近平总书记早在 2012 年就提出："我们要依法公正对待人民群众的诉求，努力让人民群众在每一个司法案件中都能感受到公平正义，决不能让不公正的审判伤害人民群众感情、损害人民群众权益。"[1] 这是党中央第一次明确提出努力让人民群众在每一个司法案件中都感受到公平正义，振聋发聩，发人深省，彰显社会主义司法的崇高理想和核心要义。党的十八大以来，中央主导的一系列改革措施频密出台，共同指向一个目标，就是保障和促进司法公正。2013 年 11 月，党的十八届三中全会从确保依法独立公正行使审判权检察权等三个方面，提出 18 项司法改革任务。2014 年 10 月，党的十八届四中全会提出保证公正司法、提高司法公信力的六个方面 111 项改革部署。可以说，连续两次中央全会密集出台 129 项司法改革任务，为我们绘就了司法改革蓝图，一场广度、深度和力度都前所未有的司法体制改革有序展开。

党的十八大以来，一批历史积淀的冤错案件相继得到纠正，一系列顶层设计织密公平正义的制度机制体系，员额制改革让司法力量集中到办案一线，司法责任制改革实现"让审理者裁判、由裁判者负责"，中国特色社会主义司法制度正变得更加公正高效权威。关于司法工作，习近平总书记曾深刻指出："要懂得'100-1=0'的道理，一个错案的负面影响足以摧毁九十九个公正裁判积累起来的良好形象。执法司法中万分之一的失误，对当事人就是百分之

---

[1] 习近平：《在首都各界纪念现行宪法公布施行 30 周年大会上的讲话》，《人民日报》2012 年 12 月 5 日。

百的伤害。"① 司法公正总是借助个案进入人心。如果发生了冤假错案却迟迟得不到纠正，摆在司法公信面前的就是"100-1=0"的窘境。为了让人民群众在每一个司法案件中都感受到公平正义，落实好习近平总书记提出的"人民对美好生活的向往，就是我们的奋斗目标"，党中央领导推进了司法体制改革，推进司法公正，硬是闯过了三道关口：第一关就是司法机关依法独立公正行使职权关。党中央研究出台领导干部干预司法干部办案的登记制度，督促、引导各级党组织和领导干部支持政法单位开展工作，不干预办案、不打招呼、不过问案件，自觉在法治框架内履行职权，守护公平正义。第二关就是深化司法体制改革关。党中央下大决心出台解决司法地方化、行政化痼疾的政策组合，大刀阔斧改革长期以来备受诟病的一些体制机制顽症，要求司法机关按照权责统一、权力制约、公开公正、尊重程序的要求，重构司法权力运行机制，完善人权司法保障制度，确保依法独立公正行使审判权检察权。第三关就是牢固树立公平正义理念关。司法人员是把纸面上的法律变为现实生活中活的法律的执行者，肩上的责任很重大，必须忠于法律、捍卫法律、严格执法、敢于担当。新形势下，政法队伍肩负的任务更重，人民群众要求更高，当务之急仍然是在全面准确落实司法责任制上下功夫，加快构建科学合理、规范有序、权责一致的司法权运行新机制，强化对司法活动的制约监督，深化智慧司法建设，全面推进司法体系和司法能力的现代化。

二、全面依法治国，发挥法治保障作用

全面深化改革是实现全面依法治国的现实动力。同时，法治是公正之治、规则之治，是确保改革发展方向、打破改革深层壁垒、推进改革纵深发展的重要保障。中国法治的蓬勃发展，正是来自改革开放的实践，深化改革

---

① 《习近平出席中央政法工作会议并发表重要讲话》，《人民日报》2014 年 1 月 9 日。

催生出强劲的法治诉求。全面深化改革，意味着经济、政治、社会、文化等各领域在体制机制上的深层调整，其背后蕴含着对法治发展的深度需求，需要并行全面依法治国，有效发挥法治固根本、稳预期、利长远的保障作用，促进法治在全面深化改革中彰显引领、规范和保障功能。

（一）固根本

我国在社会主义法治建设和发展过程中，逐渐建立起一套与我国社会性质、根本制度相适应的法律规范体系，为经济发展创造了优良的制度环境，为社会资源、民主权利的公平划分提供了保障，为化解矛盾、解决纠纷提供了平和、理性的解决途径。1980 年，邓小平同志在总结党和国家正反两方面历史经验时深刻指出，"领导制度、组织制度问题更带有根本性、全局性、稳定性和长期性。"法治在国家和社会生活中拥有独特地位、权威和影响，得到广泛认同和普遍遵从。正是因为法治对于国家制度和治理体系具有"固根本"的保障作用，所以如果想要进一步推动经济社会全面发展，全面依法治国是最优解决路径，更是应对各种风险挑战、稳固社会主义事业的必由之路。

1. 确立新时代法治建设指导思想

马克思主义是人类优秀文化思想财富，它一经创立，就成为无产阶级的思想武器，成为无产阶级政党和社会主义事业的指导思想，马克思法治理论是其中的重要组成部分。与之相对应的资本主义法治理论较早地在英国思想家洛克的《政府论》《人类理解论》等作品有所体现，法国思想家孟德斯鸠则继承了洛克的思想，并在其《论法的精神》中对现代意义上的法治进行了描述，其中包含了公权力受制约、保护私人权利、司法公正和法律平等的内容。资本主义法治理论的提出，主要是为了反对封建专制、封建特权，虽然它在某种意义上促进了人类社会的文明与法治的发展，但实质上却是为了捍卫资本主义的权威与权益，仅保护少数人的权益。因此，它的存在是具有历史局限性的。与资本主义法治理论有着根本区别的是，马克思主义法治理论是以马克思恩格斯对人类发展规律的深入理解为前提，批判性借鉴资产阶级启蒙运动中所取得的法治文化后结出的理论硕果，根据唯物主义、历史唯物主义的方法和科学社会主义的原理，准确地认识了法的起源、本质和运行的规律，并根据社会主义的转型期和法律的本质特征，在实际工作中，对人权、自由、平等、民主等法治的本质特征进行了深入的论述，是一种符合人民根本利益的、符合人类社会发展基本法则的法治思想。

中国共产党自成立以来，就一直把马克思主义作为认识世界、把握规律、改造世界的强大思想武器，并将其同国情实际、文化传统、时代要求紧密结合，不断探索推进马克思主义中国化。正是因为坚持以马克思主义作为行动指南，并且将其与中国实际紧密结合，党才能排除万难，制定出正确的革命和建设路线、方针和政策。党的十八大以来，以习近平同志为核心的党中央从坚持和发展中国特色社会主义全局和战略高度，创造性提出了一系列具有原创性、标志性的全面依法治国新理念新思想新战略，科学回答了"为什么要推进全面依法治国、怎样推进全面依法治国"的重大理论和实践问题，其最重要的成果就是形成了习近平法治思想。

伟大时代诞生伟大理论，伟大理论引领伟大征程。作为马克思主义法治理论中国化的最新成果，习近平法治思想根植于中国特色社会主义法治理论的重大创新发展，以马克思主义的基本原则来审视、解读、引领时代，推进新时代的法治建设，深化了我们党对依法执政规律、社会主义法治建设规律、人类法治文明发展规律的认识，是新时代全面依法治国必须长期坚持的指导思想。"这一思想是新时代十年法治建设最重要的标志性成果，是我们党百年来提出的最全面、最系统、最科学的法治思想体系，是最具原创性的当代中国马克思主义法治理论、21 世纪马克思主义法治理论。"[①] 新征程上，

---

① 陈一新：《深入学习贯彻党的二十大精神　加快推进法治中国建设》，《民主与法制》周刊 2022 年第 42 期。

谱写全面依法治国新篇章，必须深入学习贯彻习近平法治思想，不断深化全面依法治国实践，筑法治之基、行法治之力、积法治之势，为全面建设社会主义现代化国家提供有力法治保障。

首先，习近平法治思想指明了全面依法治国的政治方向。习近平法治思想深刻回答了全面依法治国向哪里走、走什么路等重大问题，科学指明了中国特色社会主义法治的前进方向，中国特色社会主义法治道路是建设社会主义法治国家的唯一正确道路，坚持从中国国情和实际出发，走适合自己的法治道路，决不照搬别国模式和做法。习近平总书记指出："党领导人民治国理政，最重要的就是处理好各种复杂的政治关系，始终保持党和国家事业发展的正确政治方向。"我国社会主义法治之魂，就是党的领导。只有坚持党对全面依法治国的领导，健全党领导全面依法治国的制度机制，才能通过法治保障党的路线方针政策有效实施。全面依法治国最广泛、最深厚的基础是人民，只有深入把握习近平法治思想的科学体系和基本内容，才能坚持以人民为中心，坚持法治为了人民、依靠人民、造福人民、保护人民，不断增强人民群众获得感、幸福感、安全感。

其次，习近平法治思想强调了全面依法治国的重要地位。习近平法治思想深刻阐明了全面依法治国的重要意义、重要地位、重要作用，科学指明了全面依法治国在党和国家工作全局中的坐标定位。习近平总书记指出："发挥法治的引领、规范、保障作用，以深化依法治国实践检验法治建设成效，着力固根基、扬优势、补短板、强弱项"。全面依法治国作为中国特色社会主义的本质要求和重要保障，为党和国家事业发展提供根本性、全局性、长期性的制度保障。党确定法治作为治国理政的基本方式，就是重申了运用法治思维和法治手段巩固执政地位、改善执政方式、提高执政能力，保证党和国家长治久安。这是国家治理的一场深刻革命，必将在法治轨道上推进国家治理体系和治理能力现代化。

2. 保障新时期党的建设伟大工程

中国共产党的领导，是中国特色社会主义的最本质特征，是国家命运的根本所在。在我们这样一个幅员辽阔、人口众多的国家，几千年来的人治思想根深蒂固，想要推行法治，就必须依靠一支坚强的组织力量。全面依法治国和加强党的建设是本质上的统一，是辩证的统一。从本质上看，依法治国、党的建设这两者都是建设中国特色社会主义的重要内容，为全面深化改革、全面建成小康社会提供重要保证。从辩证上看，依法治国和党的建设具有内在联系，二者相互促进，相互保障，全面依法治国为加强党的建设提供重要的法治依据和法治保障，确保党的建设伟大工程在法治的轨道上稳步前进。

一是全面依法治国为坚持党的领导、巩固党的执政地位奠定了坚实的法治基础和法治保证。如何正确认识全面依法治国与加强党的建设的关系，在很大程度上就是一块思想认识的"试金石"。一些错误观点往往把全面依法治国与坚持党的领导对立起来，认为既然强调全面依法治国，那就必然削弱党的执政地位，甚至于否定党的领导的合法性。其实，我们应当清醒地认识到，上述观点将党的领导和法治割裂、对立开来，从而否定党的领导合法性，这种观点在思想上是错误的，在政治上是十分危险的。中国革命和建设的实践证明，党的领导是中国特色社会主义最本质的特征，是社会主义法治的最根本保证。全面依法治国与坚持党的领导是内在统一、密不可分，并无孰轻孰重之分。习近平总书记指出："党和法治的关系是法治建设的核心问题。"其中"最关键的是方向是不是正确"[①]，强调全面依法治国必须坚持党的领导，加强党的建设必须全面推进依法治国。从世界社会主义运动的历史来

---

① 中共中央文献研究室：《习近平关于全面依法治国论述摘编》，中央文献出版社 2015 年版，第 22—23 页。

看，良性的党与法的关系，可以使法治厉行、党的事业兴旺、国家富强；如果党与法关系混乱，就会导致法治废弛，党的事业颓败，国家衰落。苏联解体，就是殷鉴，值得我们所有人深思，并引以为戒。

二是全面依法治国为建立健全党内法规体系提供了法治环境和法治条件。全面依法治国的应有之义，就是对包括党在内的所有社会成员予以法治的规范和引领。因此，党应在宪法和法律的框架内开展活动，在遵循国家法律法规的前提下，严格遵守党自身的规章制度。正所谓国有国法，党有党规。为了凝聚全社会的最大共识，党领导人民制定各种法律规范，表现为统一的章程和规矩，形成统一的意志和力量。为了发挥党员的先锋模范作用，党一贯重视党的建设，致力于健全和完善党内规章，以体现党对全体党员的更严要求、更高标准，避免不良作风在党内蔓延。党内的法规体系作为中国特色社会主义法律体系的重要内容，与国家法律是有机统一关系，它的完善和有效实行，有助于在国家和社会层面树立法治理念，提高法治意识，营造良好的法治环境和浓郁的法治氛围，必将有力促进全面依法治国。

三是全面依法治国为彰显党章对全体党员的根本约束发挥了法治示范和法治引领作用。"党章是全党必须遵循的总章程，也是总规矩。"① 党章对党员和党的组织是一种刚性约束，必须不断提高党章在党内的权威，成为党员特别是党员领导干部必须遵循的党内规矩。全面依法治国强调国家和社会治理要以宪法和法律为准绳，依法执政、依法行政。党员和党的组织在国家和社会事务中按照宪法和法律行使执政权，在党内事务中就要按照党章和党内法规行使党员对党的权利与义务，而且首先要在党内依规依纪行使党员的权利和义务。此外，整肃党内风纪是全面从严治党的重要内容，也是全面依

---

① 《习近平在十八届中央纪委五次全会上发表重要讲话强调：深化改革巩固成果积极拓展，不断把反腐败斗争引向深入》，《人民日报》2015 年 1 月 14 日。

法治国的必然要求。作为执政党，最大的风险来自内部。权力无论掌握在谁手中，只要不受监督，都会导致滥用。一些党员私欲无限膨胀，无视党纪国法，滥用权力，违法乱纪，不仅给党和人民造成巨大损失，同时也严重损害党的形象，损害法律尊严。对于执政党来说，腐败是一个顽疾。因为执政，党员干部手中掌握了一定的权力，如果思想松懈、意志不够坚定，很容易被腐蚀，为了个人的私利而损害人民的利益。习近平总书记指出："当前腐败现象多发，滋生腐败的土壤存在，党风廉政建设和反腐败斗争形势依然严峻复杂，必须加大惩治腐败力度，更加科学有效地防止腐败。"① 有了法治的保障，有了全面从严治党的推进，党风廉政建设和反腐败斗争就一定能够取得预期的成效。

（二）稳预期

法治是保证整个社会成员的各项行为与活动的"稳预期"。正如毛泽东同志指出："用宪法这样一个根本大法的形式，把人民民主和社会主义原则固定下来，使全国人民有一条清楚的轨道，使全国人民感到有一条清楚的明确的和正确的道路可走，就可以提高全国人民的积极性。"邓小平同志指出，"为了保障人民民主，必须加强法制。必须使民主制度化、法律化，使这种制度和法律不因领导人的改变而改变，不因领导人的看法和注意力的改变而改变。"这里讲的实际上都是法治稳预期的功能。

党的十八大以来，党中央大力推进全面依法治国，加快建设社会主义法治国家，既是立足于解决当前矛盾和问题的现实考量，也是着眼于长远目标和发展的战略谋划。习近平同志指出："全面建成小康社会之后路该怎么走？如何跳出'历史周期率'、实现长期执政？如何实现党和国家长治久

---

① 中共中央纪律检查委员会、中共中央文献研究室：《习近平关于党风廉政建设和反腐败斗争论述摘编》，中央文献出版社、中国方正出版社2015年版，第17页。

安？这些都是需要我们深入思考的重大问题。""我们提出全面推进依法治国，坚定不移厉行法治，一个重要意图就是为子孙万代计、为长远发展谋。"在法治国家，不管是体制机制、行为准则，都必须由法律来决定或准许。若无法律根据，不能任意实施；不经历法律程序，任何人都不能擅自更改。

1. 提高法治思维和法治方式的应用能力

改革是社会主义的自我完善，为了保证改革不危及社会主义体制，不阻碍生产力发展，不破坏生产关系，就得用法治来予以规范和引导。回顾这些年来我们改革开放事业之所以不断深化，其重要的原因之一就是法治配套改革同步深化、有力支撑，杜绝了各种可能的杂音和误解，旗帜鲜明地捍卫和发展了社会主义。为了全面深化改革，法治的配套工作必须跟上，立法、执法、司法、守法四个基础工作必须齐头并进，加强建立健全法制观念，营造浓郁的法治氛围，使依法治国理念深入人心，全面落实法治要求，从制度上保障改革的不忘初心和顺利进行。当然，随着改革进入深水区和攻坚期，遇到的各种困难越来越多，涉及的体制机制问题越来越棘手，往往牵一发而动全身，容不得半点犹豫和失误，这就需要党和政府始终保持改革的定力和眼光，主动地用法律的思想和方法来推进各个方面的制度创新，以法治思维来看待和处理各种利益纷争，真正用好法律的刚性效力，稳妥解决争议，维护社会稳定，确保全面推进改革的各项战略措施得以落实。

2. 确保国家重大改革举措都能于法有据

凡是国家推行的重大改革都要做到于法有据，确保各项改革在法治轨道上推进，这是我国改革开放不断深化、健康发展的重要保证和基本经验。一方面，科学立法是处理改革与法治关系的重要环节。没有科学完备的法律法规，深化改革就缺乏明确的方向和行动的规范，而完善立法就为深化改革提供了法治保证，使改革举措获得法治支持。另一方面，改革方案的设计、改革措施的出台、改革任务的推进都要以立法为先，实现改革方案和立法方案的顶层设计的有机统一，及时提出立法需求和立法建议，有利于提出切实可行、依据充分的改革举措，为在法治框架内顺利推进改革奠定坚实的基础。随着改革进入攻坚期和深水区，社会关注度高，改革难度加大，如果我们真正把法治纳入全面深化改革的总布局当中，一体筹划、一体部署、一体推进，就等于是给改革安装了一扇安全阀门，疏浚了一条畅通渠道，这样就可以有效抵御改革中可能出现的一些风险，化解在深化改革中出现的一些矛盾，保证全面深化改革的行稳而致远。

3. 推动法治领域各项改革持续深入发展

法治领域的改革是全面深化改革的重要方面，其能否顺利推进关系到其他改革能否获得法治支持和保障。全面依法治国提出和部署了法治领域的改革，明确了法治领域改革的目标和原则，这本身就提供了全面深化改革的保障。法治领域的改革独具特色，影响深远。其一，法治领域的改革涉及立法、执法、司法等各个领域，涉及面广，触及上层建筑、国家治理的核心部门，它的推进对经济、政治、文化、社会、生态文明等各个领域都具有示范作用和保障作用。其二，法治领域改革的主体主要是公、检、法等国家政权机关和强力部门，因为涉及实际利益，很容易被自己的权力所束缚，甚至在一些特定的问题上，还会为了一些特定的事情而讨价还价。因而改革难度大，影响深远，需要走顶层设计的道路。其三，法治领域改革的显著特点是很多问题都涉及法律规定，这些法律规定直接影响到其他各个领域的改革，只有推进法治领域的改革，才有可能继续全面深化改革。全面依法治国的战略性举措确立了法治建设的要求、原则和路径，必将推动我国法治建设的全面深化。

（三）利长远

法律是国之重器，一举一动都牵涉甚广，影响深远。国内外的历史和教训显示，法治昌盛，民族兴旺，法治衰落，国家混乱，法治的状况，在很大程度上投射出民众的政权的态度与期许。全面依法治国，既是着眼于当前党和国家发展面临重大问题的战略决策，更是立足于实现国家长治久安所作的深谋远虑。在丰富的法治实践之中，必须考虑将党的最低纲领和最高纲领有机结合起来，不仅要完成当前历史阶段的任务，同时还要牢牢记住党的最高利益和长远理想，将目前的工作与终极目标相结合。对于所有的法治工作者而言，不把眼前的工作做好，党的事业就没有根基；如果不坚持共产主义远大目标，就会使党在前进中丧失理想信念，二者是统一的、不可分割的。在深刻认识和领会全面依法治国的现实意义的同时，更要深刻认识和切实领会全面依法治国的立足长远，为子孙万代计、为长远发展谋。

2021 年，我国已顺利实现第一个百年奋斗目标，全面建成了小康社会，但这只是中国特色社会主义事业的阶段性目标，还要在 2050 年左右实现第二个百年奋斗目标，即把我国建设成为富强、民主、文明、和谐美丽的社会主义现代化国家。在今后的发展进程中，必然经历更加难以预料的风险和困难，前进的道路不可能是坦途，必将更加曲折和艰辛，如果不早做谋划，不发挥法治建设的作用，就难以应对各种风险，甚至无法实现第二个百年奋斗目标。法治思维和依法治理的突出特点，是基于长远和稳定的治理理念和治理模式，不是通过应急的政策措施，而是通过长期起作用的法律和制度治理国家，管理社会事务，使子孙后代在稳定的法治框架下施展自己的才华，实现民族的理想。

跳出"历史周期率"要从法治做起。兴衰起落，周而复始，这是中国几千年封建社会发展的一般进程，是统治者难以逾越的兴衰怪圈。毛泽东同志在深入研究中国历史与现实的基础上，对这一"历史周期率"做出了科学的解答。有没有民主、是否实行真正的民主，是能否跳出这一"历史周期率"的根本性问题。中国历代统治者没有跳出"历史周期率"，在于中国古代缺乏民主制度，缺乏民主作风。党提出只有依靠民主才能彻底摆脱"历史周期率"，是具有真知灼见的探索。通过深入总结历史经验，邓小平同志对如何摆脱"历史周期率"这个问题做了更深入的解答，并指出："领导制度、政治制度问题更带有根本性、全局性、稳定性和战略性。这种制度问题，关系到党和国家是否改变颜色，必须引起全党的高度重视。"[①]习近平法治思想是对中国共产党执政规律、社会主义建设规律和人类社会发展规律的又一次实践和探索。从民主到制度再到法治，这一理念的发展历程，对法治的角色与定位都有了较深的认识。民主、制度、法治三者有机结合，在治理国家上表现出了本质上的一致性。与传统的民主与制度相比，法治具有长期性、稳定性、权威性等特点，它既能打破"历史周期率"，又能为后代提供长远的发展规划。

三、全面依法治国，保证国家长治久安

我国改革已进入攻坚期和深水区，各种社会矛盾凸显，党除了面对来自国际上的风险挑战，还要承担起建设现代化强国的繁重任务。当前小康社会已经全面建成，广大群众人居环境逐步改善，民主法治观念增强，公民政治参与意愿显著放大，个人权利意识普遍提高。为了实现我国和平发展的战略目标，必须在当前改革的关键时期，紧随时代发展潮流，做好、用好依法治国，回应人民对公平正义的不断追求，发挥法治的引领和规范作用，不仅利在当下，更是福泽后世。

（一）治国理政的基本方式

治国理政是每一个国家的执政党所面临的必修课程，考验着执政党的能力和担当。不管是政治导向还是政策指引，从思想内化教育到外化式的国民动员，从政治、经济、文化到军事、外交，都是治国理政实践的生动写照。

---

① 《邓小平文选》第 2 卷，人民出版社 1994 年版，第 333 页。

这一系列措施的有效运行，无一例外地都要求国家政权有系统性、综合性思维，能够将法律制度、伦理道德、党规党纪、法规规章、民俗民约等纳入考量的范畴。

1. 法治方式是治国理政的最佳方式

法治作为法律至上的治国方式，是中国人民在长期历史实践的基础上探索出的最符合时代需要和时代未来发展方向的治国准则，也是最值得信赖、值得依靠的理政策略。在治国理政上，人民群众期盼的是确定性和可预见性，集中反映在崇尚"规矩"上，反对因人而异，而"规矩"则主要以法律的形式表现。因此，立规矩、讲规矩、守规矩就成为了"牛鼻子""药方子"和"衣领子"。所谓良法方可善治，就是因为法治是宏观、稳定和持久的，从古今中外的实践来看，的确是治国理政的有效形式，表现出无可超越的有效性。推行全面依法治国，就是把治国理政的执政思想和大政方针至于公开之中，确立其权威地位，能够持续稳定运行而不受领导集团更新迭代的影响，因此才可能形成制度化、规范化的社会运行模式，进而实现法治中国建设，切实保障国家的安定有序、维护社会大局稳定、提升人民的归属感和获得感。绵延不绝的国家治理历史传承告诉我们，法治昌明造就河清海晏，法治松懈招致内忧外患。

2. 良法善治是治国理政的重要内容

何谓良法？完备的法律制度和以保障人民权益为第一追求的内涵，是良法之必需。法律制度是法治的基础，法治建设以完备的法律制度为先决条件。形式上，良法是指法律体系的覆盖面广泛、法律逻辑严谨、内部结构科学合理；实质上，良法的有序运行必须遵循党的绝对领导、科学民主原则，经过法定程序立法，所制定的法律法规要以国家的根本利益为出发点，以最广大人民群众的共同意志为主要内容。国家是人民的国家，这就意味着立法活动要始终围绕"人"这个核心展开，因此人权应当成为关注的首要内容。

除此之外，良法还兼顾对社会发展的导向作用，因此立法必须符合经济社会发展规律和现代化发展的需要。除非我们打造好良法这个框架，否则善治就无法顺利有效施行。

何谓善治？云梦睡虎地秦简中记载有秦代法令："凡良吏者，明法律令，事无不能也"。若要以法治为治国理政之依托，仅依靠作为文字的法律条文是远远不足的，还应当有良好的治理模式。法治既要让国家机器正常有效运作，同时也要加强对于权力运行的制约与监督。法治成效的真正展现需要以实施作为前提要件。法治的实施首先就需要有一个良好的善治主体，这就需要建立一个内部机构机制合理科学的国家机关——政府。一个好的政府要具备维护国家领土完整和主权的能力，能让国家在危机四伏的国际环境中平稳运行，并从中为人民谋福利。一个好的政府要始终有为人民服务的决心和毅力，让国家真正成为人人共享共治的民主法治国度。

历史经验表明，法治之发展越健全，权力之运行就越规范。作为人民民主专政的社会主义国家，根本法及其"子法"在同一法域内存在法律位阶关系，这种纵横交错的法律体系让法律的实施系统高效。如果要想实现法律运行模式的长期稳定，首先就是着重加强有根本性地位的宪法和法律权威，使得自觉维护其权威就是对社会成员整体意志的捍卫，保证其顺利实施就是将国家意志向社会客观现实的转化，通过国家的强制力保障，使得个人的合法权益不允许随意受到他人的侵害，人民能够自由、安全的生活和生产，充分行使宪法赋予的经济、文化、社会等方面的各项权利，促进人民的生活富足安宁和谐，人民的归属感、幸福感进一步提升。这里特别需要强调的是宪法处于法治体系金字塔的顶端，起着重要的指导、引领作用。良法善治之所以是法治重要内容，其中蕴含着一个朴素的目标，就是宪法、法律权威得到社会成员的普遍尊重，以言代法、以权压法等罔顾法律尊严的恶象被自觉抵制，各项权利和责任都能通过外化的措施落到实处，如此，真正的法治就能实现。

（二）监督权力的顶层设计

滥用问题与权力行使相伴相生，制约和监督权力行使者才能确保国家公共权力不会成为阶级特权，这已经成为现代国家法治进程中对于国家权力配置和运作的共同认知。不加强对权力行使者的约束，权力滥用不仅会泛滥直至演变为特权现象，根植于此的贪腐问题更是破坏国家法治的元凶利刃，国家公权被异化，嬗变为奴役人民的黑手。从历史实践的经验教训来看，权力常常是一把双刃剑，如果能保证权力在法治范围内行使则利国利民，而偏离法治轨道的肆意妄为则会带来无法想象的祸患。权力是人民赋予国家的，权力的行使势必是为了人民的共同利益，因此法律必须将权力交给国家政权机关来行使。为了真正把权力关进制度的铁笼子，就要从立法的层面提前设定好行使的权力范畴，不忘制约权力这个先决条件，搭建限制权力行使的法制框架，为行使手段设定范围和规则，在行使的过程中广泛吸纳社会主体参与监督，为人民群众提供方便、充足的救济渠道。

1. 符合中国具体国情

自中国共产党成立以来，党的革命之路筚路蓝缕、险阻万千，只为探索出真正为人民服务的执政道路，将依法治国确定为治国方略正是这些探索中极重要的一步。建国 70 余年执政的探索和实践，为进一步优化执政方式积累了宝贵的经验，但不可忽视的是仍然存在许多问题，亟待解决。依法治国要求党和人民的一切行动都要以法律规定为行为准绳，具体而言就是立法机关依法立法、行政机关依法行政、司法机关依法司法、人民群众依法守法。在我国这样一个社会主义国家，中国共产党是执政党，国家机关工作人员及领导干部的人员组成中党员占据了绝对地位，全面依法治国能否得到贯彻与执行，绕不开的就是执政党的态度和举措。我国能否真正推行全面依法治国，是否真正畅通法治治国渠道，关键就在于党领导下的党员干部群体能否始终如一的坚持依法执政，其决策方式是否依法、合理、严谨。"依法执政进程决定依法治国进程，依法执政水平决定法治国家水平，没有依法执政，就没有依法治国"。① 据此，我们强调全面依法治国必须在全社会推崇尊法守法，既不再只是意味着仅仅是公民个人对法律的敬畏，对法治运行规则的服从，还意味着执政党及其党员干部群体发自内心的对社会民意规律的遵从，自觉地为权力的行使拴上辔头，不是为权力所迷失，而是能够驾驭权力，这将在本质上影响到未来一切执政实践行动决策的科学合理性。

2. 巩固党的执政地位

依法执政与党的执政的合理性密切相关。从马克思主义角度看，所谓"合理"之真正内涵，系其遵循着相关法律，在宪法体系范围和法律范围之内活动。我们强调全面依法治国必须突出权力的行使获得依法授权，就是要求诸如政府及其职能部门之类的具体执政者，在依法作出决策等法律行为之前，均须获得相应具体法律制度层面的正式授权，并且严格而有效地按照法定形式去合法行使该相关权力。如果一旦故意或人为地超出其该授权规定范围，相关的当事人要为此承担不当用权的法律责任。就党长期领导革命和建设的历史来看，之所以党领导全面依法治国深得民心，实际上就是指来自广大人民群众对党自身及其组织成员行为、执政活动和活动结果的认同。如果党的长期执政的合理性脱离执政的效率，相关制度的完善科学性也将逐渐缺失；而如果相关制度效率性低下，也同样可能直接反作用于执政合理性持续降低。建设社会主义国家，必须而且只能把法治作为市场经济运作及其规律活动的唯一而根本的遵循，对执政机构效率最大化的过度追求，必然严重损害合理性，而对执政合理性的过分强调，则可能以牺牲执政效率为代价。由此看来，为了把贯彻法治原则作为一切人民主体共同自觉地接受的行为规

---

① 邓世豹：《没有依法执政就没有依法治国》，《南方日报》2014 年 12 月 8 日。

则，我们还要追求执政方式合理性与效率性之间的最佳政治利益平衡点，这必将成为所有国家执政党孜孜不倦试图解决的核心问题。

依法执政关乎党的执政的可行性。毋庸讳言，现实中某些与依法执政相背离的现象仍然存在，贪污腐败、官僚主义等问题还在全面依法治国的前进道路上有所出现。在社会主义市场经济政治语境下，执政党自身要想方法如何执好政、长期稳健执政，亟待解决的相关法律问题还很多。但最根本的问题还是怎样得到人民群众的广泛支持理解与认可，并以此为根基，贯彻实施执政党的政治纲领。法律是在一定时期社会政治经济的土壤上自发产生的，是在社会成员共同参与社会化长期生产实践生活中逐步演化来的，各种自然条件和历史社会发展运动规律也与其有着直接的逻辑联系。当然，法律本身只是在现存条件下人们对规律认识的反映。正因如此，认识的局限性导致制定出的法律必然存在缺陷，漏洞与滞后不可避免，其中的非科学性当然也无可避免。虽然不能说"依法"就是完全按客观、科学规律要求办事，但自觉依法仍然是作为执政党尊重客观规律原则的一种重要阶段性表现，即以当代马克思主义世界观为治国思维，以辩证唯物主义法为政治认识的前提。如果我们连法律精神都无法充分遵循，那尊重事实和准确掌握社会规律就更完全无从谈起，那么执政过程就必然失去了可行性，最终丧失人民的信任，丧失执政合理性的根基。

3. 改善依法执政方式

在计划经济时代，执政党几乎被等同于一般国家权力机关，集一切社会组织形式和社会事务机构的双重职能于一身，直接对政治、经济、文化、民生事项行使国家权力，表现为一个执政党在实际上包揽起整个国家事务之管理权。这种传统的执政模式直接导致了三种结果：其一，执政党深陷具体工作事务和部门业务工作之中，无暇顾及顶层路线方针政策的制定、管理约束政党成员、敦促其加强自身建设以在社会中发挥先锋模范作用。而且如果党的各级组织直接参与经济事务与社会管理，就必然难以避免大量贪腐现象的产生，各级党组织和领导干部受到权力的侵蚀，政党的基柱被逐渐蛀空。其二，执政党自身与地方政权机关工作的严重混同，还会反过来妨碍整个国家政权机关公正、独立、有序地工作，使得各级国家机关、社会组织单位真正内在动力显得不足。各级基层党组织过度插手基层政权和机关管理的某些具体的事务，也最容易出现领导政策出多门、多头领导的状况。久而久之，所有社会组织和政府机构都会不自觉的依赖执政党，责任和权力一同推给执政党，使各级党组织面临巨大的执政压力。其三，各级党组织及其自身能力无法胜任社会日益紧张复杂的各项行政管理业务及日常社会服务管理服务工作。越俎代庖的后果就是本能管好的事情也无法做到，更何况那些多余的、不应当由其插手的事务。这无疑容易造成少数党组织领导和多数人民群众内部的尖锐对立，甚至直接被推至当代社会尖锐矛盾的风口浪尖上。一言而以蔽之，"因为一个社会政党的组织形态一旦被国家化、行政化，就必然和许多普通的社会成员一起形成起管理与被管理、命令执行与服从之间的上下级和隶属关系，会经常因社会不同阶级利益群体对世间各种纷乱繁杂社会事物关系的复杂理解差异和应对处置策略不同等，而导致经常性、反复地在政治上同一般普通群众一样处于紧张状态甚至处于对立矛盾状态中，因此它也会逐步失去作为一个政党组织形式和广大普通的社会成员站在一起、争取基于共同政治利益基础而具有的生机勃勃发展的地缘政治优势基础和持久社会活力。"①

以依法执政为前提，不仅要求思路上的转变，还要求方式上的转变，即从传统意义上的"领导党"转向现代意义上的"执政党"。两者在内涵上天差地别，"领导党"指党作为领导国家行政、社会生活的中枢系统存在，它

---

① 张恒山：《中国共产党依法执政与执政体制创新》，《中共中央党校学报》2010 年第 1 期。

决定的是社会整体发展走向、关键抉择和政治策略，为国家行政组织输送政治人才资源。"执政党"指党作为国家政治生活方面的核心，是根植于国家政权和行政机关有序展开的政治力量。无数来自国内外真实的社会历史事实已经一再的证明，以从严执政作为主要执政理论遵循，应通过强化党本身的民主执政职能，从而全面实现坚持党对一切国家事务和广大人民生活的坚强领导，将对人民的全面领导工作寓于党的民主、科学执政之中，使二者水乳交融。党的政治领导权作为一种"潜在的政治权力"，必须经过向人大代表权力转化的这个过程后，才能真正具有国家权力的特殊性质。因为人大是人民意志的集中体现。党的领导意志应该通过建立国家权力机关并上升转化为一套国家法律法规，才能完全交于国家政府机关去组织执行，如此才能使执政党和国家机关都各司其职各守其所，才能使主要依靠党的政策治国转变为主要依靠法律治国。

4. 提高执政能力水平

习近平总书记多次强调，依宪治国是依法治国的前提，依宪执政是依法执政的关键，党要更好履行执政兴国的责任，必须"依据宪法治国理政"①。我国现行宪法体制源于党长期领导革命运动和民主建设的实践，符合中华传统法治文化，具有十分鲜明的政治制度特色。我国的宪法完全由中国共产党组织、领导人民自己制定，其中充分体现了独立自主的政策主张和人民共同根本利益要求这两者的有机协调统一。党要坚持严格依宪执政，始终自觉担负起宪法赋予执政党的法律职责功能和历史使命，就应以坚持宪法精神、树立法治价值为道德准则，切实确保全党在宪法范围领域内正常活动，将新形势下党领导的全面执政理论优势以及中国特色社会主义制度优势，进一步转

---

① 中共中央文献研究室：《十八大以来重要文献选编》(中)，中央文献出版社 2016 年版，第 142 页。

化为加强国家治理建设的有力精神助推剂，使社会主义建设理论组织创新、制度安排创新以及活动实践方法创新再向前进一步，提高党在基层人民群众队伍中的组织公信力，切实践行为人民服务的宗旨。

习近平总书记曾指出，要全面推动并尽快形成一套党内基本法规，使其与国家重要的地方法律法规"相辅相成、相互促进、相互保障"①。体系科学完备、运转严密有效完整的党内政策法规体系，既是新时代中国特色社会主义法治体系建设不可或缺的主要成分，也是社会主义法治体系鲜明的制度特色之一。推进完善新型现代化国家民主法制治理新模式，离不开党在改革的过程中全面推行科学依法执政，自然也要求我国加快推动建立科学严密的党内生活组织法规体系。

党的十八大以来，党中央始终以自觉遵守党章法规制度为思想理论的根本，依据当代社会的实际、政治原则需求和现实条件等进行综合慎重考量，先后组织起草制定、修订完善了两百多部有关党内法规，使我国党内法规体系的建设能够及时更新，有效衔接中国特色社会主义法律体系，形成了一整套以全面维护党中央权威为核心思想、以落实党章的若干具体条文以及配套的若干规范性文件为主体的党内法规体系。在新形势下，广大党员干部必须带头坚持依法、自觉懂法以及有事依法，通过学习贯彻党内法规，提升规范化履职、依法办事的能力素养。这些重要的党内改革举措，在实践中起着推动、健全、完善加强党的领导的内部机构和治理体制，推动从严治党的全覆盖过程走向制度化、规范化和程序化，积极有效规范与约束党员干部的各类行为，使新时期广大党员队伍尤其是党员干部具备应有的现代化科学法治思维、素质水平，有效提升党在治国理政领域走向科学化、民主化、法治化的

①　中共中央文献研究室：《习近平关于全面依法治国论述摘编》，中央文献出版社 2015 年版，第 112 页。

能力水平。

四、全面依法治国，推进国家治理现代化

马克思主义实践观认为，理论来自实践，最终也当回归到实践，由实践来检验，在实践中获得认可。全面依法治国重大理论具有良好的理论根基和深厚的理论内涵，若仅纸上谈兵或束之高阁则毫无意义，所有的结论无论在理论上如何论证其重要性或必要性，都不如将其付诸实践，增强人民的获得感，真切感受到效果。所以要实现全面依法治国，必须实现国家治理的现代化，有效应对外部挑战，改善人民生活。

（一）国家治理目标的一次深刻变革

全面推进依法治国之所以被称为"变革"，是因为它发生在国家治理的范围内，属于国家政治制度改革的范畴。从历史逻辑而言，变革是一种从内部到外部的重大改变，这与从旧的数量到新的数量的转变不同。全面依法治国是一场深刻的国家治理变革，表现在党的基本理念、方略和基本方法的根本变革。这意味着，在宪法的框架和法治的轨道上，党通过改革来影响上层建筑，积极推进政治制度的变革。

1. 意味着国家治理目标与时俱进

在传统社会中，统治者追求的方向是社会平稳运作，以达到稳固统治秩序的目标。儒家言："以著其义，以考其信，著有过，刑仁讲让，示民有常。……是谓小康"。因此，"君君、臣臣、父父、子子"的统治秩序是传统社会的金科玉律，其鲜明特征是以礼为准则，划分了人群之间亲缘上的远近与社会地位的高低，各阶层人士依礼而行，从而追求天下安定，世道太平，构筑起牢固的礼法秩序。战国诸子百家中的法家提出"法治"、儒家提倡"人治"，在观点上有着很大的差异，其实在本质上具有相似性。"天下之事，无大小皆决于上"，"事在四方，要在中央；圣人执要，四方来效"，诸如此

类的观点表明的是一种集权秩序的形成。无论是从刑事政策还是国家政策的角度回溯，脱胎于影响中国至今的儒家文化的"德主刑辅"传统治理观念一以贯之，三纲五常、以礼为先、礼刑并用借助科举制等思想禁锢措施被绝对化为永恒不变的真理，形成了统治中国长达两千多年的封建正统治理思想。

进入中国特色社会主义新时代，为了实现中华民族伟大复兴，必须彻底摆脱传统治理观念的束缚，向"以人为本"的方向发展转变，追求公平正义和人民权利，促进社会的全面发展。具体而言，就是要坚持以"法律权威"替代"权力至上"，解决"权大"还是"法大"的问题，实现从"维护公权"到"保障私权"的转变，追求"权力本位"到"权利本位"的转型，维护人民民生权益，追求人权、平等、公正的社会价值。鉴于"权利本位"只有体现在"以人民为中心"的治理理念之中，才能实现思维上"结果导向"转变到"过程导向"，表现出当代国家治理崇尚"公平正义"的依法治国理念。故而全面依法治国强调实现正当程序为法治的核心理念，通过正当程序约束公权力，使得公权力不再出现权力滥用，并实现人民参与权、监督权，从而保障决策、执法结果的公正性，最终体现"看得见的公正"。

习近平总书记指出，新中国成立特别是改革开放以来，我国经济社会发展取得重大成绩和显著进步，我国主要社会矛盾已转变为人民日益增长的美好生活需要和不平衡不充分发展之间的矛盾。这种需要中必然包含了人民群众对公平正义、民主法治的向往。根据马斯洛需求层次理论，这属于较高层次的个人追求，只有当社会进步到一定程度时才会出现。换一种角度看，这也是社会发展到相应程度之后，国家治理方式更加注重对人权充分保障的体现。鉴于当前法治发展的阶段性，当务之急就是自觉践行"法律面前人人平等"的原则，让立法、执法、司法等程序赢得人民的广泛理解和支持，并鼓励人民参与其中，这样才能汲取广大人民智慧，依靠人民力量，使人民的意志得以充分实现。

2. 标志着国家治理方式深刻革命

西汉时期，董仲舒提出的"罢黜百家、独尊儒术"，儒家学说成为千年封建社会的治理底色。儒家学说以德治天下，以"道德"为基础的社会秩序、国家治理秩序得以建立，再辅以"法"的规则，体现的仍然是一种人治。当然，封建君主的统治思维绝不是仅仅依靠儒家，法家主张的"法治"也曾为众多朝代的手段之一。西汉初年萧何所制定的律法即有浓厚的法家思想。究其根本，法家提倡的"法治"仍然是为君权服务，有其固有的局限性。

与传统社会治理方式相比较，现代社会治理方式更加依赖于法治思维与法治方式。就我国而言，经历传统人治方式转向现代法治方式转型，走上全面依法治国的道路，运用法治思维分析并处理问题，称得上一场"法律的革命"。全面依法治国是法律上层建筑的重大变革，是具有政治体制改革性质的"法律革命"。党的十八大以来，习近平总书记站在党和国家重大战略布局的新高度，从多个视角对全面依法治国的基本性质及其意义进行了精辟阐释，有四点需要把握：其一，遵循法律思维的客观规律，保证法律行为的合理性。其二，运用法律方法，使思维方式在合法框架里运行。其三，严格遵循法律规则和程序，保障程序合法，并以此为根本追求结果正义。其四，体现法律的价值取向，保证行为目的正当化。

党的十八届四中全会提出了180多项重要改革举措，处处关系要害所在，体现出党改革的决心和实践力度。法治领域的改革涉及面广、公权力大、关注度高，一旦推行必将受到人民的广泛关注，且改革本身难度极大，更需要自我革新的胸襟。具体到治理方式，首先是职权法定，国家机关和工作人员应严格死守法无授权不可为、法定职责必须为的底线。任何机关和个人做出任何行使国家权力的行为，都必须要有法定的授权和依据，否则就要为其不当行为承担相应的法律责任。其次是程序正当，公权力的行使必须在法定的正当程序之内，这样才能让公众相信超越程序的行为属于无效，并追究其相关法律责任。再次是公平正义，法律从制定到付诸实施的每一环节都必须追求公平正义。近年偶有为了维护个案社会效果的稳定，牺牲一般法律规则的现象，这不仅是对法律底线的突破，还将损害人们对法律规则的预期，终将使国家和社会秩序受损。最后，也是最重要的保障权利，畅通各种权利救济渠道，这是现代社会法治追求的终极价值和目标。

（二）推进国家治理现代化的重要方面

当前，我国正处在新的历史阶段，面临百年未有之大变局，依法治国是实现国家治理现代化的一种重要手段和根本方法，具有引领、规范、推动、保障等功能。

1. 奠定健全国家治理体系的制度基础

国家治理体系是党领导人民治理国家的制度体系，包括中国特色社会主义建设各领域体制机制、法律法规安排，实质上是一个有机、协调、动态和整体的制度运行体系。为了巩固和完善中国特色社会主义制度，当务之急是持续健全系统完备、科学规范、运行高效的国家治理体系。

国家治理体系自身包含完备的法治体系。习近平总书记指出，法治体系在国家治理体系中是"骨干工程"[①]。国家治理体系的制度属性决定了法治体系必须成为国家治理体系的重要组成部分。新中国成立70余年，涵盖各领域的法律法规逐步具备系统性、完整性，形成了以宪法为总领的中国特色社会主义法律体系。这一独有的、充满社会主义特色的法律体系，标志着党和国家事业的各个领域基本实现了有法可依，表明以宪法为核心、以广泛覆盖各领域的法律体系为基础的国家法律制度体系已经基本形成。党的十八大之后，我国加快重点领域立法工作，累计制定或修改法律、法规近百部、地方

---

① 中共中央文献研究室：《十八大以来重要文献选编》（中），中央文献出版社2016年版，第187页。

性法规数千部，构建起更加完备的中国特色社会主义法律体系和框架。随着全面依法治国的不断推进，系统完备的法治框架和体系将为社会主义法治国家建设及国家治理体系奠定完善的法治基础。

国家治理体系布局依托法治的制度保障。习近平总书记指出，"依法治国所发挥的关键作用，就是通过法治化实现国家治理的规范化和程序化，即'实体和程序的全面制度化'。"① 中国特色社会主义事业总体布局已有序开展，全面推进依法治国是健全法律制度本身的需要，还广泛涉及构成中国特色社会主义制度和运作机制的各个领域，特别需要反映社会各领域全面深化改革，对提高法治水平的要求。具体而言，立法与改革的进程不可分割，立法需以改革为导向，改革需以法律为底线，创新社会治理体制、正确处理政府和市场的关系、推进行政体制改革，等等，都需要立法工作进一步完善、修正。随着改革不断推进，党中央将全面推进依法治国作为有机统一的"四个全面"战略布局之一，置于更高的地位，充分发挥全面推进依法治国的保障作用，在社会层面推动全面深化改革，在党内推动全面从严治党。这一战略决断紧扣中国特色社会主义总体布局，与重大改革重点领域立法任务部署相互呼应，充分体现了全面依法治国作为保障手段对中国特色社会主义战略重点及战略全局的重要意义。

2. 有效提高国家治理能力的综合能级

国家治理能力，指国家行政机构以自身治理体系为依托，治理国家社会所有事务的能力。国家治理能力的强弱，往往用来评判不同治理体系的优劣性。推进国家治理能力现代化，意味着要使国家治理体系中的一切制度、机制，都以推动经济社会持续发展、人民物质生活水平日渐提高、综合国力不

---

① 中共中央文献研究室：《习近平关于全面依法治国论述摘编》，中央文献出版社 2015 年版，第 33 页。

断增强为核心要务。进入新时代，人民群众物质文化生活水平不断提高，高等教育的普及使国民素质普遍提升，公平、正义等价值理念日益成为人民美好生活中不可或缺的元素，人民的法律观念普遍落地生根，对司法领域的公平公正产生了更高的要求。这不仅是对司法机关的考验，更是对我国治理能力的大考。建设法治国家的要求要落到实处，法治政府和法治社会建设需要同步推进，促进三者相互协调、相辅相成。建设法治政府，要善于运用法治思维、方式约束行政权力，正确处理政府、市场和社会三者的关系，将以往的官本位思想摒弃，实现三者有序运作、良性互动，建设法治社会，形成社会遵守法律、信仰法律、维护法律，以及运用法律维护自身权益的法治氛围。党和政府依托法治体系科学谋划、统筹协调，建设法治国家，从而实现党领导人民治理国家的能力和水平系统推进。

习近平总书记提出了人类命运共同体的设想，这标志着中国共产党在带领中国走向崛起后，将为人类文明做出新的更大贡献作为了自己新的目标。中国要走向世界以及以负责任的大国形象参与国际事务，"必须善于运用法治"，运用好法治手段、传播好中国声音、提升中国国际形象、讲好中国故事，增强我国在国际社会的话语权和影响力。"加强涉外法律工作"成为党对全面推进依法治国领导的重要战略举措，迈进新时代必须适应全面对外开放产生的要求，并依托法治提高我国参与全球治理能力。全球治理需要运用法治思维，妥善处理国际关系等外交事务。只有提高法治意识，完善涉外法律法规建设，运用法律手段积极推动国际治理体系的变革，才能奠定我国在全球治理变革进程中的主导地位与角色，从单纯的参与角色演变为推动乃至引领角色。

综上所述，我国社会主要矛盾的变化，改革和发展的深水区，以及日益深入的国际治理，都对我们的治理能力提出了更高的要求。我们要善于运用法律思维，把"依法治国"战略转变成国家治理能力的强力推进。

第三章　新时代坚持全面依法治国工作布局

习近平总书记指出："全面依法治国是一个系统工程，必须统筹兼顾、把握重点、整体谋划，更加注重系统性、整体性、协同性。"① 新时代坚持全面依法治国工作布局是要坚持、推进、落实全面依法治国的整体性、系统性、全面性的发展道路，其实质是对全面依法治国进行战略布局，从而不断推进新时代全面依法治国的深入开展。习近平法治思想作为全面依法治国的根本指导思想，深刻回答了全面依法治国如何谋篇布局的问题，科学指明了中国特色社会主义法治的战略布局，② 对建设社会主义法治国家的战略布局进行了系统论述和阐释。③ 对此，本章从推进国家治理体系和治理能力现代化，建设中国特色社会主义法治体系以及坚持依法治国、坚持依法执政、依法行政共同推进，坚持法治国家、法治政府、法治社会一体建设三个方面探讨新时代坚持全面依法治国的工作布局和战略布局。

一、坚持在法治轨道上推进国家治理体系和治理能力现代化

党的十八届三中全会首次正式提出"推进国家治理体系和治理能力现代

---

① 习近平：《加强党对全面依法治国的领导》，《前线》2019 年第 3 期。
② 王晨：《坚持以习近平法治思想为指导　谱写新时代全面依法治国新篇章》，《中国法学》2021 年第 1 期。
③ 蒋传光：《习近平总书记关于全面依法治国的战略布局》，《法制与社会发展》2021 年第 2 期。

化"的重大命题。国家治理体系，是党领导人民管理国家的制度体系，包括经济、政治、文化、社会、生态文明和党的建设等各领域的体制、机制和法律法规安排；国家治理能力，是运用国家制度管理社会各方面事务的能力，包括改革发展稳定、内政外交国防、治党治国治军等各个方面的能力。① 无疑，"国家治理体系和治理能力现代化"是全新的政治理念，表明我们党对社会政治发展规律有了更为深刻的新认识，是马克思主义国家理论的重要创新，也是中国共产党从革命党转向执政党的重要理论标志。② 自十八届三中全会以来，"党不断推动全面深化改革向广度和深度进军，中国特色社会主义制度更加成熟更加定型，国家治理体系和治理能力现代化水平不断提高"③。党的二十大上，习近平总书记指出，将"国家治理体系和治理能力现代化深入推进"作为未来五年全面建设社会主义现代化国家开局起步的主要目标任务之一。④ 进而言之，如何进一步推进国家治理体系和治理能力现代化成为重大理论与实践课题。

（一）国家治理体系和治理能力现代化的提出与重大意义

2013 年 11 月 12 日，十八届三中全会审议通过的《中共中央关于全面深化改革若干重大问题的决定》中指出："全面深化改革的总目标是完善和发展中国特色社会主义制度，推进国家治理体系和治理能力现代化。"⑤ 十八届三中全会首次正式提出"推进国家治理体系和治理能力现代化"的重大命

---

① 江必新：《推进国家治理体系和治理能力现代化》，《光明日报》2013 年 11 月 15 日。

② 俞可平：《推进国家治理体系和治理能力现代化》，《前线》2014 年第 1 期。

③《中共中央关于党的百年奋斗重大成就和历史经验的决议》，《人民日报》2021 年 11 月 17 日。

④ 习近平：《高举中国特色社会主义伟大旗帜　为全面建设社会主义现代化国家而团结奋斗》，《人民日报》2022 年 10 月 26 日。

⑤《中共中央关于全面深化改革若干重大问题的决定》，《人民日报》2013 年 11 月 16 日。

题，并将其作为"全面深化改革的总目标"，这具有极为深远的重大意义。

2014 年 10 月 23 日，十八届四中全会审议通过的《中共中央关于全面推进依法治国若干重大问题的决定》提出："促进国家治理体系和治理能力现代化。"① 习近平总书记在《关于〈中共中央关于全面推进依法治国若干重大问题的决定〉的说明》中特别指出："坚持改革方向、问题导向，适应推进国家治理体系和治理能力现代化要求，直面法治建设领域突出问题，回应人民群众期待，力争提出对依法治国具有重要意义的改革举措。"② 这表明在推进国家治理体系和治理能力现代化进程中，我们需要直面一些挑战，并努力予以解决。

2015 年 10 月 29 日，十八届五中全会审议通过的《中共中央关于制定国民经济和社会发展第十三个五年规划的建议》中指出，在"十三五"时期，"国家治理体系和治理能力现代化取得重大进展"③。

2017 年 10 月 18 日，习近平总书记在党的十九大上指出："从二〇三五年到本世纪中叶"，要"实现国家治理体系和治理能力现代化"④。这其实指明了实现国家治理体系和治理能力现代化的时间节点。

2019 年 9 月 24 日，习近平总书记在十九届中央政治局第十七次集体学习时再次强调："到本世纪中叶'实现国家治理体系和治理能力现代化'。"⑤

---

① 《中共中央关于全面推进依法治国若干重大问题的决定》，《人民日报》2014 年 10 月 29 日。

② 习近平：《关于〈中共中央关于全面推进依法治国若干重大问题的决定〉的说明》，《人民日报》2014 年 10 月 29 日。

③ 《中共中央关于制定国民经济和社会发展第十三个五年规划的建议》，《人民日报》2015 年 11 月 4 日。

④ 习近平：《决胜全面建成小康社会　夺取新时代中国特色社会主义伟大胜利——在中国共产党第十九次全国代表大会上的报告》，《人民日报》2017 年 10 月 28 日。

⑤ 习近平：《坚持、完善和发展中国特色社会主义国家制度与法律制度》，《求知》2020 年第 1 期。

2019 年 10 月 31 日，十九届四中全会审议通过的《中共中央关于坚持和完善中国特色社会主义制度　推进国家治理体系和治理能力现代化若干重大问题的决定》中提出"推进国家治理体系和治理能力现代化的总体目标"，即"到二〇三五年，各方面制度更加完善，基本实现国家治理体系和治理能力现代化；到新中国成立一百年时，全面实现国家治理体系和治理能力现代化"①。十九届四中全会专门就"推进国家治理体系和治理能力现代化若"等重大问题进行战略部署，这为"推进国家治理体系和治理能力现代化作出总体擘画"②。

2020 年 10 月 29 日，十九届五中全会审议通过的《中共中央关于制定国民经济和社会发展第十四个五年规划和二〇三五年远景目标的建议》中再次提出，到 2035 年"基本实现国家治理体系和治理能力现代化"③。

2021 年 11 月 11 日，十九届六中全会审议通过的《中共中央关于党的百年奋斗重大成就和历史经验的决议》又再次强调："从二〇三五年到本世纪中叶把我国建成社会主义现代化强国"，"实现国家治理体系和治理能力现代化"④。

总之，当前世界发展局势正经历"百年未有之大变局"，在这一时代背景下，从提出"推进国家治理体系和治理能力现代化"到明确"实现国家治理体系和治理能力现代化"具有极为深远的意义。当然，我们也必须认识到，"深化党和国家机构改革是推进国家治理体系和治理能力现代化的一场

---

① 《中共中央关于坚持和完善中国特色社会主义制度　推进国家治理体系和治理能力现代化若干重大问题的决定》，《人民日报》2019 年 11 月 6 日。

②④ 《中共中央关于党的百年奋斗重大成就和历史经验的决议》，《人民日报》2021 年 11 月 17 日。

③ 《中共中央关于制定国民经济和社会发展第十四个五年规划和二〇三五年远景目标的建议》，《人民日报》2020 年 11 月 4 日。

深刻变革，是关系党和国家事业全局的重大政治任务"①，这是一项面临诸多挑战的系统性工程。习近平总书记指出："我们要打赢防范化解重大风险攻坚战，必须坚持和完善中国特色社会主义制度、推进国家治理体系和治理能力现代化，运用制度威力应对风险挑战的冲击。"② 因此，"推进国家治理体系和治理能力现代化"是应对风险挑战的制度保障，也是全面建设社会主义现代化国家的重要基石，更是新时代坚持全面依法治国的关键内容。

（二）在法治轨道上推进国家治理体系和治理能力现代化

国家治理体系和治理能力现代化是新时代全面依法治国的重要表征，如何推进国家治理体系和治理能力现代化是一个重大的课题。习近平总书记指出："法治是国家治理体系和治理能力的重要依托。只有全面依法治国才能有效保障国家治理体系的系统性、规范性、协调性，才能最大限度凝聚社会共识。"③ 因此，"在法治轨道上推进国家治理体系和治理能力现代化"深刻地指明了国家治理体系和治理能力现代化的基本路径，"坚持在法治轨道上推进国家治理体系和治理能力现代化，是习近平法治思想的核心命题之一，是推进国家治理法治化的科学理论指引"④。可见，法治化既是国家治理现代化的重要内容和必然要求，也是国家治理现代化的关键支撑和有力保障。⑤ 申言之，实现国家治理体系和治理能力现代化必须坚持全面依法治国，坚持在法治轨道上推进国家治理体系和治理能力现代化，这主要从以下五个方面

---

① 《中共中央印发〈深化党和国家机构改革方案〉》，《人民日报》2018 年 3 月 22 日。

② 习近平：《关于〈中共中央关于坚持和完善中国特色社会主义制度　推进国家治理体系和治理能力现代化若干重大问题的决定〉的说明》，《人民日报》2019 年 11 月 6 日。

③ 习近平：《坚定不移走中国特色社会主义法治道路　为全面建设社会主义现代化国家提供有力法治保障》，《实践（党的教育版）》2021 年第 3 期。

④ 李林：《坚持在法治轨道上推进国家治理体系和治理能力现代化》，《暨南学报（哲学社会科学版）》2021 年第 1 期。

⑤ 李洪雷：《论在法治轨道上推进国家治理体系和治理能力现代化》，《广东社会科学》2022 年第 4 期。

展开:

1. 提高党依法治国、依法执政能力

习近平总书记指出:"宪法规定了党总揽全局、协调各方的领导地位。要进一步推进党的领导入法入规,善于使党的主张通过法定程序成为国家意志、转化为法律法规,推进党的领导制度化、法治化、规范化。各级党组织和党员、干部要强化依法治国、依法执政观念,提高运用法治思维和法治方式深化改革、推动发展、化解矛盾、维护稳定、应对风险的能力。"[①] 因此,国家治理体系和治理能力现代化的核心环节是提升依法治国、依法执政的能力,这其实也是全面依法治国的题中应有之义。

2. 用法治保障人民当家作主

习近平总书记指出:"要坚持和完善人民当家作主制度体系,健全社会公平正义法治保障制度,保证人民在党的领导下通过各种途径和形式依法管理国家事务、管理经济和文化事业、管理社会事务,使法律及其实施有效体现人民意志、保障人民权益、激发人民创造力。"[②] 显然,立足于"以人民为中心"思想,"依法治国和国家治理两者都必须在中国共产党领导下并通过主权国家来推进和实行;两者都坚持人民当家作主,以人民为中心,人民是依法治国和国家治理的主体,而不是被治理、被管理、被管控的客体"[③]。

3. 坚持和完善中国特色社会主义法治体系

习近平总书记指出:"建设中国特色社会主义法治体系、建设社会主义法治国家是实现国家治理体系和治理能力现代化的必然要求,也是全面深

---

①② 习近平:《推进全面依法治国,发挥法治在国家治理体系和治理能力现代化中的积极作用》,《中国人大》2020 年第 22 期。

③ 李林:《坚持在法治轨道上推进国家治理体系和治理能力现代化》,《暨南学报(哲学社会科学版)》2021 年第 1 期。

化改革的必然要求,有利于在法治轨道上推进国家治理体系和治理能力现代化,有利于在全面深化改革总体框架内全面推进依法治国各项工作,有利于在法治轨道上不断深化改革。"①因此,在法治轨道上推进国家治理体系和治理能力现代化首先需要坚持和完善中国特色社会主义法治体系,只有构建完备的中国特色社会主义法治体系才能不断推进国家治理体系和治理能力现代化。

4. 更好发挥法治对改革发展稳定的引领、规范、保障作用

习近平总书记指出:"统筹推进'五位一体'总体布局、协调推进'四个全面'战略布局,要发挥法治的引领、规范、保障作用,以深化依法治国实践检验法治建设成效,着力固根基、扬优势、补短板、强弱项,推动各方面制度更加成熟、更加定型,逐步实现国家治理制度化、程序化、规范化、法治化。"②2021 年 1 月 1 日,中共中央印发的《法治中国建设规划(2020—2025 年)》中指出,"当今世界正经历百年未有之大变局,我国正处于实现中华民族伟大复兴关键时期,改革发展稳定任务艰巨繁重"。因此,在推进国家治理体系和治理能力现代化进程中,应当充分发挥法治的"引领、规范、保障作用"。

5. 建设高素质法治工作队伍

习近平总书记强调:"坚持建设德才兼备的高素质法治工作队伍。"③从广义上看,法治队伍既包括专门的法治队伍,如立法人员、行政执法人员、司法人员等政法干警、纪检监察机关的执法办案人员,也包括律师等法律服

---

① 习近平:《关于〈中共中央关于全面推进依法治国若干重大问题的决定〉的说明》,《人民日报》2014 年 10 月 29 日。

② 习近平:《推进全面依法治国,发挥法治在国家治理体系和治理能力现代化中的积极作用》,《中国人大》2020 年第 22 期。

③ 习近平:《坚定不移走中国特色社会主义法治道路 为全面建设社会主义现代化国家提供有力法治保障》,《实践(党的教育版)》2021 年第 3 期。

务工作者和高校法学教师、学术科研机构的法学专家、学者。[①] 上述各支队伍共同努力、相辅相成，既是新时代坚持全面依法治国的重要力量，也是共同推进国家治理体系和治理能力现代化的重要力量。

二、坚持建设中国特色社会主义法治体系

中国特色社会主义法治体系，是指立足中国国情和实际，适应全面深化改革和推进国家治理现代化需要，集中体现中国人民意志和社会主义属性的法治诸要素、结构、功能、过程内在协调统一的有机综合体。[②] 显然，中国特色社会主义法治体系是中国特色社会主义制度的重要组成部分，"建设中国特色社会主义法治体系，是习近平法治思想提出的具有原创性、时代性的概念和理论，是以习近平同志为核心的党中央为新时代全面依法治国设定的总目标和总抓手。"[③] 党的十八大以来，"中国特色社会主义法治体系不断健全"[④]。党的十九大以来，"全面依法治国总体格局基本形成"，这要求我们必须加快中国特色社会主义法治体系建设。党的二十大上，习近平总书记指出："中国特色社会主义法治体系更加完善"作为未来五年全面建设社会主义现代化国家的主要目标任务之一。[⑤]

（一）建设中国特色社会主义法治体系的提出与重大意义

2014 年 10 月 23 日，十八届四中全会审议通过的《中共中央关于全面推进依法治国若干重大问题的决定》中指出："全面推进依法治国，总目标

---

① 景汉朝：《坚持建设德才兼备的高素质法治工作队伍》，《人民日报》2021 年 3 月 22 日。

② 江必新：《怎样建设中国特色社会主义法治体系——认真学习党的十八届四中全会〈决定〉》，《领导科学论坛》2014 年第 22 期。

③ 徐显明：《论坚持建设中国特色社会主义法治体系》，《中国法律评论》2021 年第 2 期。

④ 《中共中央关于党的百年奋斗重大成就和历史经验的决议》，《人民日报》2021 年 11 月 17 日。

⑤ 习近平：《高举中国特色社会主义伟大旗帜 为全面建设社会主义现代化国家而团结奋斗》，《人民日报》2022 年 10 月 26 日。

是建设中国特色社会主义法治体系，建设社会主义法治国家。"①十八届四中全会正式提出"中国特色社会主义法治体系"的重要概念，而且作为全面推进依法治国的"总目标"，可以说"这个总目标是贯穿党的十八届四中全会《决定》全篇的一条主线，也是全面依法治国必须长期坚持的主题"②。因此，"党的十八届四中全会在理论上的重大贡献，就在它首次宣布和论证了中国特色社会主义法治体系和科学内涵，并提出了它的构成要素。"③

2017年10月18日，习近平总书记作十九大报告时指出："明确全面推进依法治国总目标是建设中国特色社会主义法治体系、建设社会主义法治国家。"④

2019年10月31日，十九届四中全会审议通过《中共中央关于坚持和完善中国特色社会主义制度　推进国家治理体系和治理能力现代化若干重大问题的决定》中指出："建设中国特色社会主义法治体系、建设社会主义法治国家是坚持和发展中国特色社会主义的内在要求。"并且明确提出从"健全保证宪法全面实施的体制机制""完善立法体制机制""健全社会公平正义法治保障制度""加强对法律实施的监督"四个方面"坚持和完善中国特色社会主义法治体系"⑤。

2020年2月5日，习近平总书记在中央全面依法治国委员会第三次会议

---

① 《中共中央关于全面推进依法治国若干重大问题的决定》，《人民日报》2014年10月29日。

② 徐显明：《论坚持建设中国特色社会主义法治体系》，《中国法律评论》2021年第2期。

③ 李龙：《中国特色社会主义法治体系的理论基础、指导思想和基本构成》，《中国法学》2015年第5期。

④ 习近平：《决胜全面建成小康社会　夺取新时代中国特色社会主义伟大胜利——在中国共产党第十九次全国代表大会上的报告》，《人民日报》2017年10月28日。

⑤ 《中共中央关于坚持和完善中国特色社会主义制度　推进国家治理体系和治理能力现代化若干重大问题的决定》，《人民日报》2019年11月6日。

上指出："坚持和完善中国特色社会主义法治体系。"①

　　2021年1月1日，中共中央印发的《法治中国建设规划（2020—2025年）》在第三至第七部分分别为"建设完备的法律规范体系，以良法促进发展、保障善治""建设高效的法治实施体系，深入推进严格执法、公正司法、全民守法""建设严密的法治监督体系，切实加强对立法、执法、司法工作的监督""建设有力的法治保障体系，筑牢法治中国建设的坚实后盾""建设完善的党内法规体系，坚定不移推进依规治党"，这无疑进一步明确了建设中国特色社会主义法治体系的主要任务。

　　2021年11月11日，十九届六中全会再次明确提出："全面推进依法治国总目标是建设中国特色社会主义法治体系、建设社会主义法治国家。"②

　　概言之，建设中国特色社会主义法治体系的提出与发展具有非常重要的现实意义和理论价值。习近平总书记指出："中国特色社会主义法治体系是推进全面依法治国的总抓手。"③可以说，中国特色社会主义法治体系是法学中一个统领性概念，是依法治国的总目标，是中国特色社会主义理论体系的法律表现形式，它生动地反映了中国法治各环节操作规范化、有序化的程度，表明了中国法治结构严谨运转协调的和谐状态。④具体而言，第一，建设中国特色社会主义法治体系是坚持和发展中国特色社会主义的重要保障。"中国特色社会主义法治体系，是中国特色社会主义制度的重要组成部分，

---

　　①　习近平：《推进全面依法治国，发挥法治在国家治理体系和治理能力现代化中的积极作用》，《中国人大》2020年第22期。

　　②　《中共中央关于党的百年奋斗重大成就和历史经验的决议》，《人民日报》2021年11月17日。

　　③　习近平：《坚定不移走中国特色社会主义法治道路　为全面建设社会主义现代化国家提供有力法治保障》，《实践（党的教育版）》2021年第3期。

　　④　李龙：《中国特色社会主义法治体系的理论基础、指导思想和基本构成》，《中国法学》2015年第5期。

本质上是中国特色社会主义制度的法律表现形式。"①第二，建设中国特色社会主义法治体系将促进和引领国家治理体系和治理能力的现代化。"法治与国家治理息息相关，法治体系与国家治理体系相得益彰，推进国家治理现代化必然要求推进国家治理法治化。"②第三，在推进全面依法治国工作进程中，建设中国特色社会主义法治体系是实现全面依法治国的"总目标"和"总抓手"。可以说，"中国特色社会主义法治体系是建设社会主义法治国家的前提和基础，是中国特色社会主义制度的法律表现形式，对全面推进依法治国具有纲举目张的重大意义。"③

（二）建设中国特色社会主义法治体系的工作任务

建设中国特色社会主义法治体系是一个宏大的工程，绝非一蹴而就的事业。习近平总书记指出："我国法治体系还存在一些短板和不足，主要是：法律规范体系不够完备，重点领域、新兴领域相关法律制度存在薄弱点和空白区；法治实施体系不够高效，执法司法职权运行机制不够科学；法治监督体系不够严密，各方面监督没有真正形成合力；法治保障体系不够有力，法治专门队伍建设有待加强；涉外法治短板比较明显，等等。"④可见，"我国法治体系还存在一些短板和不足"，这些"短板和不足"是中国特色社会主义法治体系建设中需要攻克的难点。那么，如何科学地解决中国特色社会主义法治体系在建设中的"短板和不足"？习近平总书记指出："建设中国特色社会主义法治体系，要顺应事业发展需要，坚持系统观念，全面加以推进。"⑤具体而言，就是要从"坚持法治体系建设正确方向""加快重点领域立

① 李晓寒：《如何充分认识"坚持建设中国特色社会主义法治体系"》，《党课参考》2021年第1期。

② 张文显：《建设中国特色社会主义法治体系》，《法学研究》2014年第6期。

③ 马怀德：《坚持建设中国特色社会主义法治体系》，《旗帜》2021年第1期。

④⑤ 习近平：《坚持走中国特色社会主义法治道路　更好推进中国特色社会主义法治体系建设》，《中国人大》2022年第4期。

法""深化法治领域改革""运用法治手段开展国际斗争""加强法治理论研究和宣传"五个方面推进中国特色社会主义法治体系建设。

1. 坚持法治体系建设正确方向

建设中国特色社会主义法治体系首要遵循的原则是坚持法治体系建设正确方向，这是因为党的领导是建设中国特色社会主义法治体系核心要义之一。习近平总书记指出："全面推进依法治国这件大事能不能办好，最关键的是方向是不是正确、政治保证是不是坚强有力，具体讲就是要坚持党的领导，坚持中国特色社会主义制度，贯彻中国特色社会主义法治理论。"[1] 究其原因，"建设中国特色社会主义法治体系是一个庞大的系统性工程，涉及党和国家、社会治理各方面。只有在党的领导下，中国特色社会主义法治体系建设才能顺利进行。党的领导能够保证中国特色社会主义法治体系建设始终以人民为中心。"[2] 因此，坚持法治体系建设正确方向既是中国特色社会主义法治体系的本质属性要求，也是中国特色社会主义法治体系不断前进的保障。

2. 加快重点领域立法

中国特色社会主义法治体系是以完备的法律规范体系为前提基础的。科学完备、统一权威的法律规范体系，是建设中国特色社会主义法治体系的制度基础。[3] 随着我国经济社会的不断发展，我国的法律规范体系也呈现出一定的滞后性，加大立法工作具有紧迫性。习近平总书记指出："要加强国家安全、科技创新、公共卫生、生物安全、生态文明、防范风险等重要领域立

---

① 习近平：《坚持走中国特色社会主义法治道路　更好推进中国特色社会主义法治体系建设》，《中国人大》2022 年第 4 期。

② 周叶中：《中国特色社会主义法治体系的鲜明特点和突出优势》，《红旗文稿》2022 年第 4 期。

③ 马怀德：《坚持建设中国特色社会主义法治体系》，《旗帜》2021 年第 1 期。

法，加快数字经济、互联网金融、人工智能、大数据、云计算等领域立法步伐，努力健全国家治理急需、满足人民日益增长的美好生活需要必备的法律制度。"①

总体而言，当前我们需要加强重点领域、民生领域、新兴领域以及涉外领域的立法建设。国家安全领域属于重点立法领域，近年来国家安全领域立法工作不断推进，在传统安全和非传统安全领域实行了一系列卓有成效的做法，包括制定修改《中华人民共和国国家安全法》《中华人民共和国反恐怖主义法》《中华人民共和国反间谍法》《中华人民共和国境外非政府组织境内活动管理法》等。目前我国涉及国家安全的法律法规已达 200 余部，国家安全领域的专门立法多达数十部，为维护国家安全、建设中国特色社会主义法治体系提供有力保障。② 民生领域立法最能体现"以人民为中心"的思想，习近平总书记特别提出："要聚焦人民群众急盼，加强民生领域立法。对人民群众反映强烈的电信网络诈骗、新型毒品犯罪和'邪教式'追星、'饭圈'乱象、'阴阳合同'等娱乐圈突出问题，要从完善法律入手进行规制，补齐监管漏洞和短板，决不能放任不管。"③ 网络领域属于新兴立法领域，随着互联网的急速发展，如何有效治理互联网成为近年来的重要议题，依法治网是网络文明建设的重要保障。因此，当前新兴领域的立法主要集中在与互联网有关的领域，如数字经济、互联网金融、大数据、云计算、人工智能等。④

---

①③ 习近平：《坚持走中国特色社会主义法治道路　更好推进中国特色社会主义法治体系建设》，《中国人大》2022 年第 4 期。

② 李晓寒：《如何充分认识"坚持建设中国特色社会主义法治体系"》，《党课参考》2021年第 1 期。

④ 喻中：《论建设中国特色社会主义法治体系的三个维度》，《行政法学研究》2023 年第2 期。

但也必须指出，我国法治体系还存在一些短板和不足，如法律规范体系不够完备，重点领域、新兴领域相关法律制度存在薄弱点和空白区，① 尤其是基于互联网发展的特性，相关立法空白亟需填补。

3. 深化法治领域改革

习近平总书记指出："要围绕让人民群众在每一项法律制度、每一个执法决定、每一宗司法案件中都感受到公平正义这个目标，深化司法体制综合配套改革，加快建设公正高效权威的社会主义司法制度。"② 因此，深化法治领域改革具有现实性和紧迫性。在建设中国特色社会主义法治体系进程中，应当处理好改革与立法的关系，具体而言，对实践证明已经比较成熟的改革经验和行之有效的改革举措，要及时上升为法律；对部门间争议较大的重要立法事项，要加快推动和协调，不能久拖不决；对实践条件还不成熟、需要先行先试的，要按照法定程序作出授权，不允许随意突破法律或者简单以现行法律没有依据为由迟滞改革；对不适应改革要求的现行法律法规，要及时修改或废止，不能让一些过时的法律条款成为改革的"绊马索"。③

4. 运用法治手段开展国际斗争

习近平总书记指出："党的十八大以来，我们统筹推进国内法治和涉外法治，运用法治方式维护国家和人民利益能力明显提升。要坚持统筹推进国内法治和涉外法治，按照急用先行原则，加强涉外领域立法，进一步完善反制裁、反干涉、反制'长臂管辖'法律法规，推动我国法域外适用的法律体

---

① 张文显：《全面推进中国特色社会主义法治体系更加完善》，《法制与社会发展》2023 年第 1 期。

② 习近平：《坚持走中国特色社会主义法治道路　更好推进中国特色社会主义法治体系建设》，《中国人大》2022 年第 4 期。

③ 马怀德：《坚持建设中国特色社会主义法治体系》，《旗帜》2021 年第 1 期。

系建设。要把拓展执法司法合作纳入双边多边关系建设的重要议题，延伸保护我国海外利益的安全链。要加强涉外法治人才建设。"① 应该说，改革开放以来，我国涉外法律工作取得长足进步，保障了改革开放有序进行，维护了国家主权、安全和发展利益以及中外当事人的合法权益，促进了经济社会健康发展。在改革开放向纵深推进的新形势下，涉外法律工作既是国家自身法治建设和现代化建设必不可少的重要组成部分，又是中国积极参与全球治理的现实需求。② 因此，今后我们应当进一步加强涉外法治建设，充分运用法治方式维护国家和人民利益。

5. 加强法治理论研究和宣传

习近平总书记指出："要加强对我国法治的原创性概念、判断、范畴、理论的研究，加强中国特色法学学科体系、学术体系、话语体系建设。要把新时代中国特色社会主义法治思想落实到各法学学科的教材编写和教学工作中，推动进教材、进课堂、进头脑，努力培养造就更多具有坚定理想信念、强烈家国情怀、扎实法学根底的法治人才。"③ 习近平总书记还强调："汲取中华传统法律文化精华，吸收借鉴人类法治文明有益成果，坚决抵制西方错误思潮错误观点影响，加快建设中国特色社会主义法治体系。"④ 因此，在中国特色社会主义法治体系建设进程中，我们一方面要进一步加强法治理论研究和宣传，另一方面要明辨人类的文明成果与西方的错误思潮，积极构建"新时代中国法治话语体系"⑤。

---

①③ 习近平：《坚持走中国特色社会主义法治道路　更好推进中国特色社会主义法治体系建设》，《中国人大》2022 年第 4 期。

② 黄进：《习近平全球治理与国际法治思想研究》，《中国法学》2017 年第 5 期。

④ 习近平：《推进全面依法治国，发挥法治在国家治理体系和治理能力现代化中的积极作用》，《中国人大》2020 年第 22 期。

⑤ 高志刚：《构建新时代中国法治话语体系》，《中国社会科学报》2022 年 11 月 2 日。

三、坚持依法治国、依法执政、依法行政共同推进，坚持法治国家、法治政府、法治社会一体建设

习近平总书记指出："准确把握全面推进依法治国工作布局，坚持依法治国、依法执政、依法行政共同推进，坚持法治国家、法治政府、法治社会一体建设。"[①] 党的二十大上，习近平总书记又强调："坚持全面依法治国，推进法治中国建设"，需要"坚持依法治国、依法执政、依法行政共同推进，坚持法治国家、法治政府、法治社会一体建设"[②]。理论上而言，"坚持全面推进依法治国，应坚持依法治国、依法执政、依法行政共同推进，坚持法治国家、法治政府、法治社会一体建设"的工作布局，也被称为"三个共同推进"和"三个一体建设"理论，无疑这一理论"为我们从全局上、整体上把握全面依法治国提供了科学指引"[③]。

（一）"三个共同推进"和"三个一体建设"的提出与理解

1. "三个共同推进"和"三个一体建设"的提出与重大意义

2012 年 12 月 4 日，习近平总书记在首都各界纪念现行宪法公布施行 30 周年大会上提出："坚持依法治国、依法执政、依法行政共同推进，坚持法治国家、法治政府、法治社会一体建设"[④]。在此次大会上，习近平总书记创新性地提出了"坚持依法治国、依法执政、依法行政共同推进，坚持法治国家、法治政府、法治社会一体建设"，为建设法治中国指明了方向。

---

① 习近平：《加快建设社会主义法治国家》，《理论学习》2015 年第 2 期。

② 习近平：《高举中国特色社会主义伟大旗帜　为全面建设社会主义现代化国家而团结奋斗》，《人民日报》2022 年 10 月 26 日。

③ 熊选国：《坚持依法治国、依法执政、依法行政共同推进，法治国家、法治政府、法治社会一体建设》，《中国司法》2021 年第 4 期。

④ 习近平：《在首都各界纪念现行宪法公布施行 30 周年大会上的讲话》，《人民日报》2012 年 12 月 5 日。

2013 年 2 月 23 日，习近平总书记在中共中央政治局第四次集体学习时强调："坚持依法治国、依法执政、依法行政共同推进，坚持法治国家、法治政府、法治社会一体建设，不断开创依法治国新局面。"[①]

2013 年 11 月 12 日，十八届三中全会审议通过的《中共中央关于全面深化改革若干重大问题的决定》中指出："建设法治中国，必须坚持依法治国、依法执政、依法行政共同推进，坚持法治国家、法治政府、法治社会一体建设。"[②] 这指出了"三个共同推进"和"三个一体建设"与建设法治中国的密切关系。

2014 年 10 月 23 日，十八届四中全会审议通过的《中共中央关于全面推进依法治国若干重大问题的决定》提出："坚持依法治国、依法执政、依法行政共同推进，坚持法治国家、法治政府、法治社会一体建设。"[③]

2015 年 10 月 29 日，十八届五中全会审议通过的《中共中央关于制定国民经济和社会发展第十三个五年规划的建议》中多处提到"依法治国""依法执政""法治国家""法治政府""法治社会"。例如，"实现全面建成小康社会奋斗目标"，必须"坚持依法治国"的原则，"加快建设法治经济和法治社会，把经济社会发展纳入法治轨道"；"十三五"时期经济社会发展的主要目标包括"法治政府基本建成"[④]。

2017 年 10 月 18 日，习近平总书记作十九大报告时强调："坚持依法治国、依法执政、依法行政共同推进，坚持法治国家、法治政府、法治社会一

---

① 《习近平在中共中央政治局第四次集体学习时强调　依法治国依法执政依法行政共同推进　法治国家法治政府法治社会一体建设》，《党建》2013 年第 3 期。

② 《中共中央关于全面深化改革若干重大问题的决定》，《人民日报》2013 年 11 月 16 日。

③ 《中共中央关于全面推进依法治国若干重大问题的决定》，《人民日报》2014 年 10 月 29 日。

④ 《中共中央关于制定国民经济和社会发展第十三个五年规划的建议》，《人民日报》2015 年 11 月 4 日。

体建设"①。

2018 年 3 月 21 日，根据中共中央印发的《深化党和国家机构改革方案》，组建中央全面依法治国委员会，其主要职责是，统筹协调全面依法治国工作，坚持依法治国、依法执政、依法行政共同推进，坚持法治国家、法治政府、法治社会一体建设等。②无疑，党中央全面依法治国委员会的建立将极大地推进全面依法治国建设。

2018 年 8 月 24 日，习近平总书记在中央全面依法治国委员会第一次会议上指出全面依法治国的"十个坚持"，其中第五项为"坚持依法治国、依法执政、依法行政共同推进，法治国家、法治政府、法治社会一体建设"③。

2020 年 11 月，习近平总书记在中央全面依法治国工作会议上强调："坚持依法治国、依法执政、依法行政共同推进，法治国家、法治政府、法治社会一体建设。"④

2021 年 1 月 1 日，中共中央印发的《法治中国建设规划（2020—2025年）》在法治中国建设的主要原则中提出，"坚持依法治国、依法执政、依法行政共同推进，坚持法治国家、法治政府、法治社会一体建设"。

2021 年 11 月 11 日，十九届六中全会审议通过的《中共中央关于党的百年奋斗重大成就和历史经验的决议》中指出："必须坚持中国特色社会主义法治道路，贯彻中国特色社会主义法治理论，坚持依法治国、依法执政、依法行政共同推进，坚持法治国家、法治政府、法治社会一体建设，全面增强

---

① 习近平：《决胜全面建成小康社会　夺取新时代中国特色社会主义伟大胜利——在中国共产党第十九次全国代表大会上的报告》，《人民日报》2017 年 10 月 28 日。

② 《中共中央印发〈深化党和国家机构改革方案〉》，《人民日报》2018 年 3 月 22 日。

③ 习近平：《加强党对全面依法治国的领导》，《前线》2019 年第 3 期。

④ 习近平：《坚定不移走中国特色社会主义法治道路　为全面建设社会主义现代化国家提供有力法治保障》，《实践（党的教育版）》2021 年第 3 期。

全社会尊法学法守法用法意识和能力。"①

显然，我们将"坚持依法治国、依法执政、依法行政共同推进，坚持法治国家、法治政府、法治社会一体建设"确定为全面依法治国的工作布局，这是在深刻把握社会主义法治建设所处历史方位、治国理政实践需要的基础上的重大理论和实践创新，为我们在艰巨繁重的法治建设任务中把握整体工作格局提供了根本遵循。②因此，在新时代坚持全面依法治国的进程中，切实遵循"三个共同推进"和"三个一体建设"，既是全面依法治国建设的题中应有之义，也是全面依法治国建设的必然要求。

2."三个共同推进"和"三个一体建设"的理解

习近平总书记指出："全面依法治国是一个系统工程，要整体谋划，更加注重系统性、整体性、协同性。"③全面推进依法治国是一项宏大的系统工程，需要"整体谋划"，进行战略布局，"坚持依法治国、依法执政、依法行政共同推进，坚持法治国家、法治政府、法治社会一体建设"是"全面依法治国是一个系统工程"的必然要求和逻辑结果。

"三个共同推进"和"三个一体建设"之间的关系可以从两个方面予以理解：一方面，"三个共同推进"和"三个一体建设"立意有所不同。"依法治国、依法执政、依法行政"强调的是"共同推进"，突出的是一致性；"法治国家、法治政府、法治社会"强调的是"一体建设"，突出的是整体性。另一方面，"共同推进"和"一体建设"这两个方面又具有辩证关系，二者各有侧重、互相联系、相辅相成、互相促进、协调共进。无疑，提出"坚持

---

① 《中共中央关于党的百年奋斗重大成就和历史经验的决议》，《人民日报》2021年11月17日。

② 熊选国：《坚持依法治国、依法执政、依法行政共同推进，法治国家、法治政府、法治社会一体建设》，《中国司法》2021年第4期。

③ 习近平：《坚定不移走中国特色社会主义法治道路 为全面建设社会主义现代化国家提供有力法治保障》，《实践（党的教育版）》2021年第3期。

依法治国、依法执政、依法行政共同推进，坚持法治国家、法治政府、法治社会一体建设"工作布局具有深远的意义。随着全面深化改革的深入，改革进入攻坚期和深水区，更多深层次的体制机制问题暴露出来，许多都是涉及利益关系和权力格局调整的"硬骨头"，这些对统筹谋划、协调推进的要求更高，法治建设必须回应这一现实问题。① 因此，坚持"三个共同推进"和"三个一体建设"就是针对以往法治建设中存在的"碎片化""板块化""分散化"等问题，努力消除法治领域出现的"部门保护主义""地方保护主义"和各自为政、相互区隔等现象，构建完整统一、相互配合、公正高效的现代化国家法治机器。② 进而言之，坚持"三个共同推进"和"三个一体建设"体现了将全面依法治国放在党和国家工作大局中思考谋划的全局思维，③ 是"法治中国"的内涵所在，体现了我们党对法治建设规律认识的深化，是中国特色社会主义法治理论的新发展。④

那么，如何"坚持依法治国、依法执政、依法行政共同推进，坚持法治国家、法治政府、法治社会一体建设"？ 2014 年 10 月 23 日，习近平总书记在党的十八届四中全会第二次全体会议上指出："在共同推进上着力，在一体建设上用劲。"⑤ 在"共同"上下功夫，就要求在法治中国目标引导下，按照"紧密联系、相辅相成"的要求，做到依法治国、依法执政、依法行政共同推进、协调发展。很难想象"各拉各的调，各吹各的号"能够建成法治中

---

① 江必新、黄明慧：《习近平法治思想中的法治政府建设理论研究》，《行政法学研究》2021 年第 4 期。

② 李林：《新时代坚定不移走中国特色社会主义法治道路》，《中国法学》2019 年第 3 期。

③ 熊选国：《坚持依法治国、依法执政、依法行政共同推进，法治国家、法治政府、法治社会一体建设》，《中国司法》2021 年第 4 期。

④ 王晨：《在全面依法治国实践中担当尽责沿着中国特色社会主义法治道路阔步前进》，《中国法学》2019 年第 6 期。

⑤ 习近平：《加快建设社会主义法治国家》，《理论学习》2015 年第 2 期。

国；在"一体"上做文章，就是要在理念上把法治国家、法治政府、法治社会当作一个整体来认识，不能割裂三者之间的关系。① 质言之，在全面推进依法治国进程中，应遵循统筹兼顾的原则，共同推进依法治国、依法执政、依法行政，一体建设法治国家、法治政府、法治社会，避免出现顾此失彼、厚此薄彼、各自为政、各行其是的问题。

（二）坚持依法治国、依法执政、依法行政共同推进

1. 坚持依法治国、依法执政、依法行政共同推进的内涵

"坚持依法治国、依法执政、依法行政共同推进"是新时代坚持全面依法治国的重要工作布局，"依法治国、依法执政、依法行政"三者具有怎样的关系，如何理解"共同推进"，这是我们正确"坚持依法治国、依法执政、依法行政共同推进"的重要前提。

习近平总书记指出："依法治国、依法执政、依法行政是一个有机整体。"② 习近平总书记还指出："依法治国是党领导人民治理国家的基本方略、依法执政是党治国理政的基本方式，不断推进社会主义法治建设。"③ 这指明了依法治国、依法执政、依法行政三者之间具有的密切关联，从国家、执政党、政府的结构关系上讲，法治包含着国家、政党、政府与法律的结构关系，以及对待法律的行为状态。就国家而言，广大人民运用并依照法律治国理政，即实行依法治国；就执政党而言，运用法治的方式来执掌国家政权、治国理政，即依法执政；就政府而言，依照法律行使国家行政权力，严格依照实体法和程序法的规定作出行政行为，即依法行政。④ 因此，依法治国、

---

① 马怀德：《习近平法治思想中法治政府理论的核心命题》，《行政法学研究》2020 年第 6 期。

② 习近平：《加强党对全面依法治国的领导》，《前线》2019 年第 3 期。

③ 习近平：《坚定不移走中国特色社会主义法治道路　为全面建设社会主义现代化国家提供有力法治保障》，《实践（党的教育版）》2021 年第 3 期。

④ 卓泽渊：《全面推进依法治国的总体思路——习近平总书记相关论述的学理阐释》，《法学杂志》2016 年第 1 期。

依法执政、依法行政三者虽有所侧重，但在核心内涵上具有统一性，在价值目标上具有一体性，在成效上具有相关性，在总体方向上具有一致性，[①] 依法治国、依法执政、依法行政统一于中国特色社会主义法治建设事业中，将依法治国、依法执政、依法行政作为"一个有机整体"予以共同推进，是非常必要的。申言之，在共同推进依法治国、依法执政、依法行政的进程中，如何准确把握依法治国、依法执政、依法行政三者之间的关系，是非常重要的理论与实践课题。从某种意义上说，"坚持依法治国、依法执政、依法行政"与"共同推进"之间的关联性在于：依法治国、依法执政、依法行政三者的整体关系是以"共同推进"为基本原则。

习近平总书记指出："依法治国是我国宪法确定的治理国家的基本方略，而能不能做到依法治国，关键在于党能不能坚持依法执政，各级政府能不能依法行政。"[②] 作为"一个有机整体"，依法治国、依法执政、依法行政三者具有"总分关系"，依法治国表现在政党行动上是依法执政；依法治国表现在政府行动上是依法行政。在共同推进依法治国、依法执政、依法行政时，党要坚持依法执政和各级政府要坚持依法行政是关键。因此，依法治国、依法执政、依法行政具有辩证关系，依法治国蕴含了对依法执政和依法行政的基本要求，而依法执政和依法行政其实是党和政府两个关键主体践行依法治国基本要求的具体体现。[③]

2. 依法治国及其推进方案

我国确立依法治国基本方略有两个重要的标志：一是 1997 年党的十五

---

① 参见卓泽渊：《全面推进依法治国的总体思路——习近平总书记相关论述的学理阐释》，《法学杂志》2016 年第 1 期；江必新、黄明慧：《习近平法治思想基本特征刍论》，《中南大学学报（社会科学版）》2021 年第 1 期；江必新、龙峰：《"依法治国、依法执政、依法行政共同推进"的目标要求与实现路径》，《求索》2022 年第 2 期。

② 习近平：《加快建设社会主义法治国家》，《理论学习》2015 年第 2 期。

③ 江必新、龙峰：《"依法治国、依法执政、依法行政共同推进"的目标要求与实现路径》，《求索》2022 年第 2 期。

大第一次正式提出将依法治国作为党领导人民治理国家的基本方略；二是1999年《宪法修正案》第13条规定："宪法第五条增加一款，作为第一款，规定：'中华人民共和国实行依法治国，建设社会主义法治国家。'"那么，何为依法治国？党的十五大指出："依法治国，就是广大人民群众在党的领导下，依照宪法和法律规定，通过各种途径和形式管理国家事务，管理经济文化事业，管理社会事务，保证国家各项工作都依法进行，逐步实现社会主义民主的制度化、法律化，使这种制度和法律不因领导人的改变而改变，不因领导人看法和注意力的改变而改变。"① 质言之，依法治国的核心是反对人治，实行法治。依法治国的"治"，主要是指"管理""治理""规制"以及必要的"奖励"和"惩罚""整治"，决不能把"治"直接等同于惩罚和整治。法治是法律之治、制度之治、程序之治、规则之治，其核心要义是要依法设定权力、规范权力、制约权力、监督权力。②

从历史发展上看，"我们党高度重视法治建设。长期以来，特别是党的十一届三中全会以来，我们党深刻总结我国社会主义法治建设的成功经验和深刻教训，提出为了保障人民民主，必须加强法治，必须使民主制度化、法律化，把依法治国确定为党领导人民治理国家的基本方略，把依法执政确定为党治国理政的基本方式，积极建设社会主义法治，取得历史性成就。"③ 尤其是党的十八大以来，党中央更是加大依法治国建设的力度，党的十八届四中全会审议通过《中共中央关于全面推进依法治国若干重大问题的决定》以及党的十九届三中全会召开后党中央组建中央全面依法治国委员会，都充分

---

① 江泽民：《高举邓小平理论伟大旗帜　把建设有中国特色社会主义事业全面推向二十一世纪》，《人民论坛》1997年第10期。

② 李林：《习近平全面依法治国思想的理论逻辑与创新发展》，《法学研究》2016年第2期。

③ 《中共中央关于全面推进依法治国若干重大问题的决定》，《人民日报》2014年10月29日。

表明我国依法治国建设不断取得重大进展和成就，迈向新的发展阶段。

依法治国是一项极为宏大的系统工程，涉及法治建设的各个方面，因而需要运用系统思维、战略思维，进行统筹规划、有序全面推进。习近平总书记指出："全面推进依法治国，必须从目前法治工作基本格局出发，突出重点任务，扎实有序推进。"① 十八届四中全会提出在 7 个方面全面推进依法治国：第一，坚持走中国特色社会主义法治道路，建设中国特色社会主义法治体系；第二，完善以宪法为核心的中国特色社会主义法律体系，加强宪法实施；第三，深入推进依法行政，加快建设法治政府；第四，保证公正司法，提高司法公信力；第五，增强全民法治观念，推进法治社会建设；第六，加强法治工作队伍建设；第七，加强和改进党对全面推进依法治国的领导。②

3. 依法执政及其推进方案

依法执政的基本内涵是：党依照宪法和法律执掌国家政权、领导国家政权、运用国家政权，实现党的执政宗旨、执政目标和执政任务；依法支持和督促国家机关依法行使国家权力、履行国家职能，以确保国家机关活动的民主性、合法性、公正性、权威性；依法治国理政，如审议重要立法，审议人大常委会和政府工作报告，制定国防外交基本方针，以及管理属于党和国家机关共同负责的事项等。③ 质言之，依法执政，就是要以法治的理念、法治的体制、法治的程序保证党领导人民有效治理国家。④

从历史发展来看，党中央一直加强依法执政建设。2013 年，习近平总书记在中共中央政治局第四次集体学习时强调："我们党是执政党，坚持依

---

① 习近平：《加快建设社会主义法治国家》，《理论学习》2015 年第 2 期。

② 《中共中央关于全面推进依法治国若干重大问题的决定》，《人民日报》2014 年 10 月 29 日。

③ 张文显：《全面推进依法治国的伟大纲领——对十八届四中全会精神的认知与解读》，《法制与社会发展》2015 年第 1 期。

④ 李林：《当代中国的依法治国与依法执政》，《学术探索》2011 年第 2 期。

法执政，对全面推进依法治国具有重大作用。要坚持党的领导、人民当家作主、依法治国有机统一，把党的领导贯彻到依法治国全过程。各级党组织必须坚持在宪法和法律范围内活动。各级领导干部要带头依法办事，带头遵守法律。各级组织部门要把能不能依法办事、遵守法律作为考察识别干部的重要条件。"①2014 年，十八届四中全会明确提出，"把依法执政确定为党治国理政的基本方式"②，同时进一步丰富和明确了"依法执政"的内涵与要求，"依法执政，既要求党依据宪法法律治国理政，也要求党依据党内法规管党治党。必须坚持党领导立法、保证执法、支持司法、带头守法"③。2018 年，习近平总书记在中央全面依法治国委员会第一次会议上指出："要善于运用制度和法律治理国家，提高党科学执政、民主执政、依法执政水平。"④2021 年，十九届六中全会指出，要提高"依法执政水平"。⑤可以说，依法执政是我们党领导人民长期探索治国之道、不断深化对共产党执政规律认识的重大战略抉择，⑥依法治国的关键是依法执政。因此，在共同推进依法治国、依法执政、依法行政进程中，依法执政至为关键。

依法执政目的的实现需要采取有效路径，党中央一直高度重视实现依法执政，尤其是强调依法执政首先要做到依宪执政。2014 年，十八届四中全会专门提出了"三个统一"和"四个善于"的依法执政的具体新路径。"三个统一"表现为：一是把依法治国基本方略同依法执政基本方式统一起来；二

---

① 《习近平在中共中央政治局第四次集体学习时强调　依法治国依法执政依法行政共同推进　法治国家法治政府法治社会一体建设》，《党建》2013 年第 3 期。

②③ 《中共中央关于全面推进依法治国若干重大问题的决定》，《人民日报》2014 年 10 月29 日。

④ 习近平：《加强党对全面依法治国的领导》，《前线》2019 年第 3 期。

⑤ 《中共中央关于党的百年奋斗重大成就和历史经验的决议》，《人民日报》2021 年 11月 17 日。

⑥ 熊选国：《坚持依法治国、依法执政、依法行政共同推进，法治国家、法治政府、法治社会一体建设》，《中国司法》2021 年第 4 期。

是把党总揽全局、协调各方同人大、政府、政协、审判机关、检察机关依法依章程履行职能、开展工作统一起来；三是把党领导人民制定和实施宪法法律同党坚持在宪法法律范围内活动统一起来。"四个善于"表现为：一是善于使党的主张通过法定程序成为国家意志；二是善于使党组织推荐的人选通过法定程序成为国家政权机关的领导人员；三是善于通过国家政权机关实施党对国家和社会的领导；四是善于运用民主集中制原则维护中央权威、维护全党全国团结统一。①

4. 依法行政及其推进方案

2020 年 11 月，习近平总书记在中央全面依法治国工作会议上指出："行政执法工作面广量大，一头连着政府，一头连着群众，直接关系群众对党和政府的信任、对法治的信心。要推进严格规范公正文明执法，提高司法公信力。近年来，我们整治执法不规范、乱作为等问题，取得很大成效。同时，一些地方运动式、'一刀切'执法问题仍时有发生，执法不作为问题突出。强调严格执法，让违法者敬法畏法，但绝不是暴力执法、过激执法，要让执法既有力度又有温度。要加强省市县乡四级全覆盖的行政执法协调监督工作体系建设，强化全方位、全流程监督，提高执法质量。"② 在现代社会，行政机关往往掌握了最重要的公共权力，"各级政府和行政机关工作人员拥有配置资源和管理社会的广泛权力，极易成为围猎目标，堕化成滋生各种权力寻租和贪污腐化现象的温床"。③ 因此，依法行政是维护人民利益的必然要求，也是"以人民为中心"思想的必然要求。质言之，依法行政就是各级政府在

---

① 《中共中央关于全面推进依法治国若干重大问题的决定》，《人民日报》2014 年 10 月 29 日。

② 习近平：《坚定不移走中国特色社会主义法治道路　为全面建设社会主义现代化国家提供有力法治保障》，《实践（党的教育版）》2021 年第 3 期。

③ 江必新、龙峰：《"依法治国、依法执政、依法行政共同推进"的目标要求与实现路径》，《求索》2022 年第 2 期。

党的领导下、在法治轨道上开展工作，创新执法体制，完善执法程序，推进综合执法，严格执法责任，建立权责统一、权威高效的依法行政体制。① 可以说，依法行政在全面推进依法治国系统工程中的地位与作用是关键性的，因为"法律的生命力在于实施，法律的权威也在于实施"。因此，在共同推进依法治国、依法执政、依法行政进程中，政府理应率先垂范，这是推进全面依法治国的客观要求。

在推进依法行政的进程中，依法行政的目标和基本要求是首先需要明确的。2004 年 3 月 22 日，国务院发布的《全面推进依法行政实施纲要》明确提出了全面推进依法行政的七项目标和依法行政的六项基本要求。其中，全面推进依法行政的七项目标为：第一，政企分开、政事分开，政府与市场、政府与社会的关系基本理顺，政府的经济调节、市场监管、社会管理和公共服务职能基本到位。第二，提出法律议案、地方性法规草案，制定行政法规、规章、规范性文件等制度建设符合宪法和法律规定的权限和程序，充分反映客观规律和最广大人民的根本利益，为社会主义物质文明、政治文明和精神文明协调发展提供制度保障。第三，法律、法规、规章得到全面、正确实施，法制统一，政令畅通，公民、法人和其他组织合法的权利和利益得到切实保护，违法行为得到及时纠正、制裁，经济社会秩序得到有效维护。第四，科学化、民主化、规范化的行政决策机制和制度基本形成，人民群众的要求、意愿得到及时反映。第五，高效、便捷、成本低廉的防范、化解社会矛盾的机制基本形成，社会矛盾得到有效防范和化解。第六，行政权力与责任紧密挂钩、与行政权力主体利益彻底脱钩。第七，行政机关工作人员特别是各级领导干部依法行政的观念明显提高，尊重法律、崇尚法律、遵守法律

---

① 张文显：《全面推进依法治国的伟大纲领——对十八届四中全会精神的认知与解读》，《法制与社会发展》2015 年第 1 期。

的氛围基本形成；依法行政的能力明显增强，善于运用法律手段管理经济、文化和社会事务，能够依法妥善处理各种社会矛盾。依法行政的六项基本要求为：一是合法行政；二是合理行政；三是程序正当；四是高效便民；五是诚实守信；六是权责统一。需要指出的是，2008 年 5 月 12 日，国务院发布了《国务院关于加强市县政府依法行政的决定》，从而进一步明确了市县政府依法行政的基本要求等问题。

当前，全面落实依法行政任重道远。依法行政目的的实现需要采取有效的路径。习近平总书记指出："执法是行政机关履行政府职能、管理经济社会事务的主要方式，各级政府必须依法全面履行职能，坚持法定职责必须为、法无授权不可为，健全依法决策机制，完善执法程序，严格执法责任，做到严格规范公正文明执法。"[①] 这为依法行政的实现路径指明了方向。在建设依法行政的具体路径上，2004 年《全面推进依法行政实施纲要》提出了全面推进依法行政的八个发展方面：第一，转变政府职能，深化行政管理体制改革；第二，建立健全科学民主决策机制；第三，提高制度建设质量；第四，理顺行政执法体制，加快行政程序建设，规范行政执法行为；第五，积极探索高效、便捷和成本低廉的防范、化解社会矛盾的机制；第六，完善行政监督制度和机制，强化对行政行为的监督；第七，不断提高行政机关工作人员依法行政的观念和能力；第八，提高认识，明确责任，切实加强对推进依法行政工作的领导。近年来，有研究者探讨了依法行政的实现路径，具体而言：第一，用法治给行政权力定规矩、划界限；第二，规范重大行政决策程序规范；第三，深化行政体制改革，加快转变政府职能；第四，推进严格规范公正文明执法；第五，以公开促公正，以透明促廉洁；第六，完善预防性法律制度；第七，严格规范行政自由裁量权；第八，普法工作要在针对性

---

① 习近平：《加快建设社会主义法治国家》，《理论学习》2015 年第 2 期。

和实效性上下功夫。①

（三）坚持法治国家、法治政府、法治社会一体建设

1. 坚持法治国家、法治政府、法治社会一体建设的内涵

"坚持法治国家、法治政府、法治社会一体建设"是新时代坚持全面依法治国的重要工作布局。2020 年 10 月 29 日，十九届五中全会审议通过的《中共中央关于制定国民经济和社会发展第十四个五年规划和二〇三五年远景目标的建议》中指出，到 2035 年"基本建成法治国家、法治政府、法治社会"②。那么，"法治国家、法治政府、法治社会"三者具有怎样的关系，如何理解"共同推进"，这是我们正确理解"坚持法治国家、法治政府、法治社会一体建设"的重要前提。

习近平总书记多次在重要会议上深刻解读了"坚持法治国家、法治政府、法治社会一体建设"的内涵。2014 年 10 月 23 日，习近平总书记在党的十八届四中全会第二次全体会议上指出："法治国家、法治政府、法治社会三者各有侧重、相辅相成。全面推进依法治国需要全社会共同参与，需要全社会法治观念增强，必须在全社会弘扬社会主义法治精神，建设社会主义法治文化。要在全社会树立法律权威，使人民认识到法律既是保障自身权利的有力武器，也是必须遵守的行为规范，培育社会成员办事依法、遇事找法、解决问题靠法的良好环境，自觉抵制违法行为，自觉维护法治权威。"③2017 年 10 月 18 日，在中国共产党第十九次全国代表大会上，习近平总书记总结过去五年民主法治建设的重大成绩时指出，"法治国家、法治政府、法治社

---

① 江必新、龙峰：《"依法治国、依法执政、依法行政共同推进"的目标要求与实现路径》，《求索》2022 年第 2 期。

② 《中共中央关于制定国民经济和社会发展第十四个五年规划和二〇三五年远景目标的建议》，《人民日报》2020 年 11 月 4 日。

③ 习近平：《加快建设社会主义法治国家》，《理论学习》2015 年第 2 期。

会建设相互促进"①，这里采用了"法治国家、法治政府、法治社会建设相互促进"的表述。"一体建设"把法治建设活动和过程视为一个有机整体，强调的是法治国家、法治政府、法治社会建设的整体性、系统性、不可分割性和同步性；"相互促进"把法治建设视为一个由各个部分组成的法治系统，突显的是法治国家、法治政府、法治社会建设过程中，三者之间的关联关系和互动关系，强调的是协同性、相互性、联动性和动态实施性。②2018 年 8 月 24 日，习近平总书记在中央全面依法治国委员会第一次会议上指出："法治国家、法治政府、法治社会三者各有侧重、相辅相成，法治国家是法治建设的目标，法治政府是建设法治国家的主体，法治社会是构筑法治国家的基础。"③2020 年 11 月 16 日，习近平总书记在中央全面依法治国工作会议上强调："法治国家、法治政府、法治社会相辅相成，法治国家是法治建设的目标，法治政府是建设法治国家的重点，法治社会是构筑法治国家的基础。"④

在"坚持法治国家、法治政府、法治社会一体建设"中，"法治国家、法治政府、法治社会"缺少任何一个方面，都无法有效推进全面依法治国，三者构成了法治中国建设的三个基石。当然，从一定意义上说，法治国家是由法治政府与法治社会所构成，三者属于"一体双翼"的关系。一方面，法治国家、法治政府、法治社会三者各有侧重。法治国家是指国家政权运行的法治化，法治政府是指行政权力运作的法治化，而法治社会是指社会体系运转的法治化。⑤另一方面，法治国家、法治政府、法治社会三者虽各有侧

---

① 习近平：《决胜全面建成小康社会　夺取新时代中国特色社会主义伟大胜利——在中国共产党第十九次全国代表大会上的报告》，《人民日报》2017 年 10 月 28 日。

② 李林：《以十九大精神引领法治社会建设新征程》，《法治社会》2018 年第 2 期。

③ 习近平：《加强党对全面依法治国的领导》，《前线》2019 年第 3 期。

④ 习近平：《坚定不移走中国特色社会主义法治道路　为全面建设社会主义现代化国家提供有力法治保障》，《实践（党的教育版）》2021 年第 3 期。

⑤ 张鸣起：《论一体建设法治社会》，《中国法学》2016 年第 4 期。

重，但都非常重要，三者相互联系、相辅相成、相互支撑、相互强化、不可割裂，而"不存在主次关系"，需"一体建设""协调推进"，即"法治国家、法治政府与法治社会要一体建设而非分体建设、要同步建设而非分步骤建设"①。质言之，法治国家、法治政府、法治社会三者是一个统一体，"统一于法治中国的框架之中"②，"共同构成法治中国建设的重要内容"③。

2. 法治国家及其建设路径

法治国家是现代社会在政治法律制度上的一种模式选择，是近代以来一种最进步最文明的政治法律制度类型，它具有全局性、根本性、规范性、长期性等四个基本特性，具有一系列明确具体的标志和要求。④ 一个成熟的法治国家通常包括五个方面的要素：第一，法律之治。法治成为治国理政的基本方式，基本的政治关系、经济关系、社会关系等纳入法律调整和法治轨道，实现民主政治法治化、市场经济法治化、社会管理法治化。第二，程序之治。程序给人信心，程序保证效率，程序减少失误。第三，人民主体，法治为了人民、依靠人民、造福人民、保护人民，法律为人民所掌握、所遵守、所运用。第四，有限政府，即职能和权力受到限制的政府。第五，良法善治，这是法治国家的最高境界。⑤ 简言之，法治国家是指国家的法治化状态。⑥ 因此，法治国家建设所要求的是体现和实现法律至上、执政党必须依

---

① 张鸣起：《论一体建设法治社会》，《中国法学》2016 年第 4 期。
② 江必新、黄明慧：《习近平法治思想中的法治政府建设理论研究》，《行政法学研究》2021 年第 4 期。
③ 李林：《中国特色社会主义法治强国之路——全面依法治国的战略布局和系统思维》，《人民论坛·学术前沿》2015 年第 13 期。
④ 莫于川：《法治国家、法治政府、法治社会一体建设的标准问题研究——兼论我国法制良善化、精细化发展的时代任务》，《法学杂志》2013 年第 6 期。
⑤ 张文显：《全面推进依法治国的伟大纲领——对十八届四中全会精神的认知与解读》，《法制与社会发展》2015 年第 1 期。
⑥ 卓泽渊：《略论法治国家与法治社会》，《法治社会》2017 年第 3 期。

法执政、国家权力必须依法行使。① 其中，法治国家的重心在于规范和制约公权力的运行。

"法治中国"与"法治国家"是怎样的关系，这是值得探讨的重要问题。十八届四中全会提出："全党同志必须更加自觉地坚持依法治国、更加扎实地推进依法治国，努力实现国家各项工作法治化，向着建设法治中国不断前进。"② 由此可见，"建设法治中国"是法治国家的升级版，即不仅要建设法治国家，还要建设法治政府、法治军队、法治社会、法治经济；不仅要推进依法治国，还要推进依法执政、依法行政、依法自治；不仅要搞好国家法治，还要搞好地方法治、部门法治、社会法治，促进国家法治、地方法治、部门法治和社会法治的协调发展；不仅要推进法律制度硬实力建设，还要推进法治文化软实力建设；不仅要致力于国内法治建设，还要统筹国内法治和国际法治两个大局，推动国际关系法治化和全球治理民主化。③

如何建设法治国家？习近平总书记在党的十八届四中全会第二次全体会议上指出加快建设社会主义法治国家应从五个方面展开：第一，必须坚持中国共产党的领导。党的领导是中国特色社会主义最本质的特征，是社会主义法治最根本的保证。第二，必须坚持人民主体地位。我国社会主义制度保证了人民当家作主的主体地位，也保证了人民在全面推进依法治国中的主体地位。第三，必须坚持法律面前人人平等。平等是社会主义法律的基本属性，是社会主义法治的基本要求。第四，必须坚持依法治国和以德治国相结合。法律是成文的道德，道德是内心的法律，法律和道德都具有规范社会行为、

---

① 卓泽渊：《2035 年远景目标与法治国家法治政府法治社会建设》，《人民论坛·学术前沿》2021 年第 3 期。

② 《中共中央关于全面推进依法治国若干重大问题的决定》，《人民日报》2014 年 10 月 29 日。

③ 张文显：《治国理政的法治理念和法治思维》，《中国社会科学》2017 年第 4 期。

维护社会秩序的作用。第五，必须坚持从中国实际出发。走什么样的法治道路、建设什么样的法治体系，是由一个国家的基本国情决定的。①

3. 法治政府及其建设路径

在"坚持法治国家、法治政府、法治社会一体建设"语境下，法治政府主要是指国家行政权力运作的法治化。习近平总书记在浙江工作期间率先在省域层面对法治建设的战略布局进行探索，作出建设"法治浙江"的重大决策。②2004 年国务院政府工作报告首次提出"法治政府"概念。③同年，国务院印发的《全面推进依法行政实施纲要的通知》确立了建设法治政府的目标。此后，十八届三中全会提出："必须切实转变政府职能，深化行政体制改革，创新行政管理方式，增强政府公信力和执行力，建设法治政府和服务型政府。"④十八届四中全会又指出："中国特色社会主义法律体系已经形成，法治政府建设稳步推进，司法体制不断完善，全社会法治观念明显增强。"⑤

坚持法治国家、法治政府、法治社会一体建设中，法治政府建设至为重要。习近平总书记指出："推进全面依法治国，法治政府建设是重点任务和主体工程，对法治国家、法治社会建设具有示范带动作用，要率先突破。"⑥2021 年 8 月，中共中央、国务院印发的《法治政府建设实施纲要（2021—2025 年）》中指出："法治政府建设是全面依法治国的重点任务和主体工程，是推进国家治理体系和治理能力现代化的重要支撑。"可见，建设

---

① 习近平：《加快建设社会主义法治国家》，《理论学习》2015 年第 2 期。

② 马怀德：《论习近平法治思想中的法治政府理论》，《政法论坛》2020 年第 6 期。

③ 江必新、黄明慧：《习近平法治思想中的法治政府建设理论研究》，《行政法学研究》2021 年第 4 期。

④ 《中共中央关于全面深化改革若干重大问题的决定》，《人民日报》2013 年 11 月 16 日。

⑤ 《中共中央关于全面推进依法治国若干重大问题的决定》，《人民日报》2014 年 10 月 29 日。

⑥ 习近平：《坚定不移走中国特色社会主义法治道路　为全面建设社会主义现代化国家提供有力法治保障》，《实践（党的教育版）》2021 年第 3 期。

法治政府在"坚持法治国家、法治政府、法治社会一体建设"中处于中心环节，是主体工程和核心任务，发挥着枢纽功能和示范带动作用。改革开放以来，我国在推进依法行政、建设法治政府方面取得了重大成就，为全面推进依法治国、加快建设社会主义法治国家打下了坚实基础。[①]质言之，法治政府是依法治国的关键，没有法治政府，就无法落实依法治国各项要求，也不可能建成法治国家和法治社会，更谈不上国家治理体系和治理能力现代化。[②]

推进法治政府建设需要明确建设目标或标准。对此，十八届四中全会明确提出了法治政府的六项核心目标：职能科学、权责法定、执法严明、公开公正、廉洁高效、守法诚信。[③]2015 年 12 月，中共中央、国务院印发的《法治政府建设实施纲要（2015—2020 年）》重申了法治政府的上述六大标准。显然，这六条标准既遵循了法治政府的一般规律和普遍标准，又突出了在当代中国建设法治政府的问题导向。[④]

当前，法治政府建设处于关键阶段。2020 年 11 月，习近平总书记在中央全面依法治国工作会议上指出："现在，法治政府建设还有一些难啃的硬骨头，依法行政观念不牢固、行政决策合法性审查走形式等问题还没有根本解决。要用法治给行政权力定规矩、划界限，规范行政决策程序，健全政府守信践诺机制，提高依法行政水平。要根据新发展阶段的特点，围绕推动高质量发展、构建新发展格局，加快转变政府职能，加快打造市场化、法治化、国际化营商环境，打破行业垄断和地方保护，打通经济循环堵点，推动

---

① 莫于川：《法治国家、法治政府、法治社会一体建设的标准问题研究——兼论我国法制良善化、精细化发展的时代任务》，《法学杂志》2013 年第 6 期。

② 马怀德：《习近平法治思想中法治政府理论的核心命题》，《行政法学研究》2020 年第 6 期。

③ 《中共中央关于全面推进依法治国若干重大问题的决定》，《人民日报》2014 年 10 月 29 日。

④ 张文显：《习近平法治思想研究（下）——习近平全面依法治国的核心观点》，《法制与社会发展》2016 年第 4 期。

形成全国统一、公平竞争、规范有序的市场体系。"①《法治政府建设实施纲要
（2021—2025 年）》又提出法治政府建设的十项主要任务：第一，深入学习
贯彻习近平法治思想，努力实现法治政府建设全面突破；第二，健全政府机
构职能体系，推动更好发挥政府作用；第三，健全依法行政制度体系，加快
推进政府治理规范化程序化法治化；第四，健全行政决策制度体系，不断提
升行政决策公信力和执行力；第五，健全行政执法工作体系，全面推进严格
规范公正文明执法；第六，健全突发事件应对体系，依法预防处置重大突发
事件；第七，健全社会矛盾纠纷行政预防调处化解体系，不断促进社会公平
正义；第八，健全行政权力制约和监督体系，促进行政权力规范透明运行；
第九，健全法治政府建设科技保障体系，全面建设数字法治政府；第十，加
强党的领导，完善法治政府建设推进机制。可见，法治政府建设是一项宏大
的系统工程，需要从各个方面有序展开。其中，依法行政是法治政府建设的
重要动力，建设法治政府必须坚持依法行政，依法行政与法治政府可以理解
为手段与目的的关系。

4. 法治社会及其建设路径

2012 年，习近平总书记在首都各界纪念现行宪法公布施行 30 周年大会
上指出："坚持法治国家、法治政府、法治社会一体建设。"② 法治社会首次被
作为一个有别于法治国家的概念鲜明地提出来。③ 法治社会是相对于人治社
会而言的，它主要是指社会的法治化状态，换言之，"法治社会"是指社会
的一种存在形式，一种社会类型。④ 对于法治社会的定义，法学理论界有三

① 习近平：《坚定不移走中国特色社会主义法治道路　为全面建设社会主义现代化国家提
供有力法治保障》，《实践（党的教育版）》2021 年第 3 期。
② 习近平：《在首都各界纪念现行宪法公布施行 30 周年大会上的讲话》，《人民日报》2012
年 12 月 5 日。
③ 张鸣起：《论一体建设法治社会》，《中国法学》2016 年第 4 期。
④ 郭道晖：《论法治社会及其与法治国家的关系》，《中共中央党校学报》2015 年第 1 期。

种观点：一是法治社会是相对法治经济、法治政治、法治文化、法治生态而存在的领域；二是法治社会是相对于法治国家、法治政府、法治政党而存在的领域；三是法治社会是相对于法治国家、法治政府而存在的领域。① 在"坚持法治国家、法治政府、法治社会一体建设"中，法治社会主要是相对于法治国家、法治政府而存在的领域。申言之，法治社会是法治国家、法治政府建设的基础和依托，法治国家、法治政府建设必须筑牢法治社会根基。② 法治社会、法治国家、法治政府三者相辅相成、相互依存、相互支撑。

显然，推进法治社会建设需要明确法治社会的目标。2020 年 12 月 7 日，中共中央印发的《法治社会建设实施纲要（2020—2025 年）》中指出：到 2025 年，"八五"普法规划实施完成，法治观念深入人心，社会领域制度规范更加健全，社会主义核心价值观要求融入法治建设和社会治理成效显著，公民、法人和其他组织合法权益得到切实保障，社会治理法治化水平显著提高，形成符合国情、体现时代特征、人民群众满意的法治社会建设生动局面，为 2035 年基本建成法治社会奠定坚实基础。这指出了法治社会建设的目标。

那么，如何推进法治社会建设？对此，十八届四中全会审议通过的《中共中央关于全面推进依法治国若干重大问题的决定》提出推进法治社会建设的四项路径：第一，推动全社会树立法治意识；第二，推进多层次多领域依法治理；第三，建设完备的法律服务体系；第四，健全依法维权和化解纠纷机制。③《法治社会建设实施纲要（2020—2025 年）》具体从五个方面阐释

---

① 张鸣起：《论一体建设法治社会》，《中国法学》2016 年第 4 期。

② 孙培军：《如何充分认识"坚持依法治国、依法执政、依法行政共同推进，法治国家、法治政府、法治社会一体建设"》，《党课参考》2021 年第 1 期。

③《中共中央关于全面推进依法治国若干重大问题的决定》，《人民日报》2014 年 10 月 29 日。

了法治社会的建设路径：第一，推动全社会增强法治观念；第二，健全社会领域制度规范；第三，加强权利保护；第四，推进社会治理法治化；第五，依法治理网络空间。需要指出的是，全民守法在法治社会建设中发挥着关键作用。习近平总书记指出："全民守法是法治社会的基础工程。普法工作要紧跟时代，在针对性和实效性上下功夫，落实'谁执法谁普法'普法责任制，特别是要加强青少年法治教育，不断提升全体公民法治意识和法治素养，使法治成为社会共识和基本准则。要强化依法治理，培育全社会办事依法、遇事找法、解决问题用法、化解矛盾靠法的法治环境。"① 因此，全面守法在法治社会建设中起到根基性作用。

---

① 习近平：《坚定不移走中国特色社会主义法治道路　为全面建设社会主义现代化国家提供有力法治保障》，《实践（党的教育版）》2021 年第 3 期。

第四章　新时代坚持全面依法治国重点任务

一、坚持依宪治国、依宪执政

全面贯彻实施宪法，是全面依法治国、建设社会主义法治国家的首要任务和基础性工作。要坚持依宪治国、依宪执政，更好展现国家根本法的作用。宪法是国家的根本大法，这已成为现代民主法治国家的共识。与其他普通法律所不同的是，宪法所规定的，都是国家最根本、最重要的问题，包括国家制度、社会制度、公民的基本权利和义务、国家机构的组织和权限等。在法律所调整的各种社会关系中，宪法所调整的是最重要、最根本的社会关系，而这种社会关系又是由国家的性质和根本制度决定的，并体现了调整国家权力与公民权利的根本价值理念和制度安排。它的终极价值目标，就在于通过对国家权力的规范，达到保障公民权利的目的。列宁指出："什么是宪法？宪法就是一张写着人民权利的纸。真正承认这些权利的保证在哪里呢？在于人民意识到并且善于争取这些权利的各阶级的力量。"[①] 通过对政府权力的规范与限制，来保障公民法律上的权利与自由，这也被认为是制定宪法的基本政治目的。在我国，保障公民权利与自由，也是现行宪法的一个显著特征。习近平总书记指出："宪法是治国安邦的总章程，是党和人民意志

---

① 《列宁全集》第9卷，人民出版社1959年版，第448页。

的集中体现，具有最高的法律地位、法律权威、法律效力。"① 具体表现在：
（1）宪法第二章对公民的基本权利作了专章规定；（2）这些规定明确了公
民在国家中的地位，为公民与国家之间和公民相互之间的关系确立了准则；
（3）它有关公民权利的规定，成为普通法律的立法依据；（4）规定国家机构
的组织活动原则，防止国家权力的滥用，保障公民权利自由的切实实现。

习近平总书记指出："我们讲依宪治国、依宪执政，同西方所谓'宪政'
有着本质区别，不能把二者混为一谈。"② 在我国，党领导人民制定宪法法
律，领导人民实施宪法法律，党自身要在宪法法律范围内活动。全国各族人
民、一切国家机关和武装力量、各政党和社会团体、各企事业单位组织，都
必须以宪法为根本的活动准则，都负有维护宪法尊严、保证宪法实施的职
责。坚持依宪治国、依宪执政，就包括坚持宪法确定的中国共产党领导地位
不动摇，坚持宪法确定的人民民主专政的国体和人民代表大会制度的政体不
动摇。我国宪法与外国宪法相比较，一个最大的特色是明确地规定了国家的
根本任务、发展道路、奋斗目标，经济建设、政治建设、文化建设、社会建
设、生态文明建设和国家各方面事业在宪法中都有体现、都有要求。一段时
间以来，有的人认为我们的宪法不如外国宪法，甚至经常拿外国"宪政"模
式来套我们自己的制度。③ 对此，习近平总书记明确指出："这不符合我国历
史和实际，也解决不了中国问题。实践是检验真理的唯一标准。经过长期努
力，我们已经成功开辟、坚持、拓展了中国特色社会主义政治发展道路和中
国特色社会主义法治道路。当代中国宪法制度已经并将更好展现国家根本法

---

① 习近平：《论坚持全面依法治国》，中央文献出版社 2020 年版，第 126 页。
② 习近平：《坚定不移走中国特色社会主义法治道路　为全面建设社会主义现代化国家提
供有力法治保障》，载《求是》2021 年第 5 期。
③ 《习近平法治思想概论》编写组：《习近平法治思想概论》，高等教育出版社 2021 年版，
第 133 页。

的力量、更好发挥国家根本法的作用。"①

（一）宪法的生命和权威在于实施

"好的宪法，贵在实施。否则，宪法如果得不到充分实施，那么，法典写得再美妙，亦属徒然。"②有学者指出："长期以来，无论在直观上，还是参照法治评估数据，我国法律被遵守的情况都低于立法预期。不把宪法和法律当回事、不给宪法和法律'留面子'的事例经常出现。"③为此，习近平总书记强调："宪法法律实施要体现'严'字当头。必须加强宪法和法律实施，维护社会主义法制的统一、尊严、权威，形成人们不愿违法、不能违法、不敢违法的法治环境，做到有法必依、执法必严、违法必究。"④应当做到严格依宪立法、严格执法、严格司法、严格监督。全面贯彻实施宪法，对整个法律体系的实施和法治权威具有决定性意义。

我们可以看到，在现实生活中，一些部门只将宪法当作一部高不可攀的法，不少群众认为宪法与普通百姓的关系不大，加上宪法所确立的某些基本原则和基本制度缺乏相应的法律规范加以细化，致使宪法被人戏称为"闲法"，当作"摆设"。⑤对此，习近平总书记明确指出："法治权威能不能树立起来，首先要看宪法有没有权威，必须把宣传和树立宪法权威作为全面依法治国的重大事项抓紧抓好，切实在宪法实施和监督上下功夫。"⑥宪法权威就是宪法得到全社会普遍认同、自觉遵守、有效维护的一种理念、文化与力

---

① 习近平：《论坚持全面依法治国》，中央文献出版社 2020 年版，第 216 页。

② 许崇德：《中华人民共和国宪法史》，福建人民出版社 2003 年版，第 884 页。

③⑤ 张文显：《习近平法治思想研究（下）——习近平全面依法治国的核心观点》，《法制与社会发展》2016 年第 4 期。

④ 《习近平关于全面依法治国论述摘编》，中央文献出版社 2015 年版，第 44—45 页。

⑥ 习近平：《关于〈中共中央关于全面推进依法治国若干重大问题的决定〉的说明》，载《〈中共中央关于全面推进依法治国若干重大问题的决定〉辅导读本》，人民出版社 2014 年版，第 54 页。

量，表现为宪法至上，所有公权力、政党活动都需要受宪法约束。① 习近平总书记 2012 年 12 月 4 日在首都各界纪念现行宪法公布施行 30 周年大会上的讲话中曾指出："我们要坚持不懈抓好宪法实施工作，把全面贯彻实施宪法提高到一个新水平。"把全面贯彻实施宪法提高到一个新水平，既要求党坚持依法治国、依法执政，自觉在宪法法律范围内活动，又要发挥好各级党组织和广大党员、干部在依法治国中的核心作用和先锋模范作用。习近平总书记指出："我们要增强依法执政意识，坚持以法治的理念、法治的体制、法治的程序开展工作，改进党的领导方式和执政方式，推进依法执政制度化、规范化、程序化。"②

（二）宪法是党长期执政的根本法律依据

我国宪法确认了中国共产党的执政地位，确认了党在国家政权结构中总揽全局、协调各方的核心地位，这是中国特色社会主义制度的最大优势，是社会主义法治最根本的保证。实践表明，党的领导、人民当家作主、依法治国完全可以有机统一起来。我们一直强调，党领导人民制定宪法法律，领导人民实施宪法法律，党自身必须在宪法法律范围内活动。这是我们党深刻总结新中国成立以来正反两方面历史经验特别是"文化大革命"惨痛教训之后得出的重要结论，是我们党治国理政必须遵循的一项重要原则。③ 要把权力坚决关进宪法和法律的笼子里，任何组织或者个人，都不得有超越宪法和法律的特权，一切违反宪法和法律的行为，都必须予以追究。实践证明，宪法权威与国家前途、人民命运息息相关。党领导人民治国理政，必须维护宪法权威，保障宪法实施。只要我们切实尊重和有效实施宪法，人民当家作主就有保证，党和国家事业就能顺利发展。反之，如果宪法受到漠视、削弱甚至

---

① 韩大元：《维护宪法法律权威》，《北京日报》2014 年 10 月 27 日。
② 习近平：《加快建设社会主义法治国家》，《求是》2015 年第 1 期。
③ 习近平：《论坚持全面依法治国》，中央文献出版社 2020 年版，第 201 页。

破坏，人民权利和自由就无法保证，党和国家事业就会遭受挫折。①

新时代中国特色社会主义发展，对我们党依宪治国、依宪执政提出了新的更高要求。对此，习近平总书记指出："我们要坚持党领导立法、保证执法、支持司法、带头守法，把依法治国、依法执政、依法行政统一起来，把党总揽全局、协调各方同人大、政府、政协、监察机关、审判机关、检察机关依法依章程履行职能、开展工作统一起来，把党领导人民制定和实施宪法法律同党坚持在宪法法律范围内活动统一起来。"②"党和法的关系是政治和法治关系的集中反映。法治当中有政治，没有脱离政治的法治。我们说不存在'党大还是法大'的问题，是把党作为一个执政整体而言的，是指党的执政地位和领导地位而言的，具体到每个党政组织、每个领导干部，就必须服从和遵守宪法法律，就不能以党自居，就不能把党的领导作为个人以言代法、以权压法、徇私枉法的挡箭牌。"③中国特色社会主义法治体系是由完备的法律规范体系、高效的法治实施体系、严密的法治监督体系、有力的法治保障体系和完善的党内法规体系共同构成的，这就要求我们的党善于使人民的主张通过法定程序成为国家意志，善于使党组织推荐的人选通过法定程序成为国家政权机关的领导人员，善于通过国家政权机关实施对国家和社会的领导，善于运用民主集中制原则维护中央权威、维护全党全国团结统一。

（三）健全宪法实施和监督制度

党的十八届四中全会通过的《中共中央关于全面推进依法治国若干重大问题的决定》（以下简称"《十八届四中决定》"）明确要求，完善以宪法为

---

①② 李林：《习近平全面依法治国思想的理论逻辑与创新发展》，《法学研究》2016 年第 2 期。

③ 江必新：《习近平全面依法治国新理念新思想新战略对法治理论的发展》，《法学杂志》2020 年第 5 期。

核心的中国特色社会主义法律体系，加强宪法实施。使每一项立法都符合宪法精神、反映人民意志、得到人民拥护。要把全面贯彻实施宪法提高到一个新水平，就必须健全宪法实施和监督制度。习近平总书记在首都各界纪念现行宪法公布施行 30 周年大会上的讲话中指出："在充分肯定成绩的同时，我们也要看到存在的不足，主要表现在：保证宪法实施的监督机制和具体制度还不健全。"对此情况，党的十八届四中全会在十八届三中全会"要进一步健全宪法实施监督机制和程序"基础上，又进一步决定"完善全国人大及其常委会宪法监督制度，健全宪法解释程序机制。加强备案审查制度和能力建设，把所有规范性文件纳入备案审查范围，依法撤销和纠正违宪违法的规范性文件，禁止地方制发带有立法性质的文件。"合法性审查成为重大行政决策的必经程序，国家工作人员的"权由法定、权依法使、法定职责必须为、法无授权不可为"等法治理念也将得到明显增强。

（四）加强宪法宣传教育

习近平总书记指出："宪法宣传教育是法治建设一项基础性工作。"[①] "法立于上，教弘于下。"为了在全社会普遍开展宪法教育，弘扬宪法精神，《十八届四中决定》还明确规定，将每年的 12 月 4 日定为国家宪法日；建立宪法宣誓制度，凡经人大及其常委会选举或者决定任命的国家工作人员正式就职时公开向宪法宣誓。

各级党政机关、社会团体、企事业单位要运用国家宪法日活动、宪法宣誓等载体，推动宪法法律进机关、进社会组织、进学校、进企业、进社区、进乡村、进军营，使人人都了解宪法、熟悉宪法、尊崇宪法。通过经常性、定时定期的升国旗、奏唱国歌等仪式，深化人们对宪法的信仰。这也是将爱国主义教育和宪法教育有机融合，以宪法教育激发各族人民群众爱国、爱

---

① 习近平：《论坚持全面依法治国》，中央文献出版社 2020 年版，第 205 页。

党、爱中国特色社会主义的热情的重要形式。通过对各级人大及其常委会选举或者决定任命的国家工作人员举办宪法宣誓、颁发宪法仪式，以强化国家工作人员对"中华人民共和国的一切权力属于人民。人民行使国家权力的机关是全国人民代表大会和地方各级人民代表大会"的认知。国家工作人员具体行使党的执政权和国家立法权、行政权、监察权、司法权，是全面依法治国的关键，在很大程度上决定着全面依法治国的方向、道路、进度。国家工作人员要牢记职权法定，明白权力来自哪里、界线划在哪里，做到法定职责必须为、法无授权不可为。①

加强宪法宣传教育，必须抓住领导干部这个"关键少数"。党政主要负责人作为推进法治建设第一责任人，应当切实履行依法治国重要组织者、推动者和实践者的职责，贯彻落实党中央关于法治建设的重大决策部署，统筹推进科学立法、严格执法、公正司法、全民守法，自觉运用法治思维和法治方式深化改革、推动发展、化解矛盾、维护稳定，对法治建设重要工作亲自部署、重大问题亲自过问、重点环节亲自协调、重要任务亲自督办，把本地区各项工作纳入法治化轨道。②强化国家工作人员宪法法律之上的观念，严格依照法定权限、规则、程序行使权力、履行职责，做到不以言代法、以权压法、徇私枉法，全心全意为人民服务，也是全面依法治国的题中之义。通过不断完善国家工作人员学习宪法法律制度，把宪法纳入各级领导干部学法清单，作为领导干部学法的基本任务、法治素养评估和年度述法的基本内容，推动领导干部加强宪法学习，增强宪法意识，促进领导干部带头以宪法为根本活动准则，带头尊崇宪法、学习宪法、遵守宪法、维护宪法、运用宪法。近年来，各地各部门认真落实国家工作人员学法用法制度，推动领导干

---

① 习近平：《论坚持全面依法治国》，中央文献出版社 2020 年版，第 141 页。
② 参见 2016 年 12 月 14 日《中共中央办公厅　国务院办公厅印发〈党政主要负责人履行推进法治建设第一责任人职责规定〉》第 4 条规定。

部发挥"关键少数"的示范带头作用，国家工作人员依法办事意识和能力显著提高。县以上各级政府普遍推行法律顾问和公职律师制度，截至目前，全国共有公职律师 6.1 万人。①

加强宪法宣传教育，还必须抓住青少年这个群体。为深入贯彻党的十八届四中全会关于"将法治教育纳入国民教育体系，从青少年抓起，在中小学设立法治知识课程"的要求，在国民教育体系中系统规划和科学安排法治教育的目标定位、原则要求和实施路径，由教育部、司法部、全国普法办于 2016 年 6 月 28 日联合制定发布了《青少年法治教育大纲》，其中的"工作要求"中明确提出：以宪法教育为核心，以权利义务教育为本位。法治教育要以宪法教育和公民基本权利义务教育为重点，覆盖各教育阶段，形成层次递进、结构合理、螺旋上升的法治教育体系。要将宪法教育贯穿始终，培养和增强青少年的国家观念和公民意识；将权利义务教育贯穿始终，使青少年牢固树立有权利就有义务、有权力就有责任的观念。目的是引导青少年从小掌握宪法法律知识、树立宪法法律意识、养成尊法守法的习惯。

目前，全国共建立青少年法治教育实践基地 3 万余个。中小学法治副校长、法治辅导员配备率达 98.1%。② 政府、司法机关、学校、社会和家庭共同参与的青少年法治教育格局正在形成，青少年依法保护自身合法权益和用法律规范自身行为的意识、能力明显增强。

（五）加强宪法理论研究

宪法学作为法学体系的重要组成部分，具有政治性、学术性和实践性的特点。坚持以习近平法治思想为指导，立足我国国情和实际，加强对我国宪法历史、宪法制度、宪法文化、宪法精神、宪法实施监督的理论，凝练我国

---

①② 赵婕：《全民普法让法治成为社会共识》，《法治日报》2022 年 2 月 10 日。

宪法的时代特色和实践特色，形成中国特色社会主义宪法理论和宪法话语体系，为全面贯彻实施宪法凝聚思想共识提供理论支撑。[①]加强宪法理论研究，已成为中国法学教育的共识。

为了深入贯彻习近平新时代中国特色社会主义思想，以习近平法治思想为指导进一步规范宪法学教学工作，教育部于2021年10月29日印发了《普通高等学校宪法学教学重点指南》（以下简称"《指南》"），该《指南》明确了宪法学教学的四大基本原则：（1）坚定宪法自信。坚持宪法确认的中国特色社会主义道路、理论、制度和文化，明确国家的根本任务和奋斗目标，体现宪法精神、原则、要义，准确阐述我国宪法的历史逻辑、理论逻辑、实践逻辑以及三者的辩证统一关系。（2）凸显中国特色。立足我国宪法实践，系统总结党的十八大以来推进全面依法治国的新实践，特别是宪法实施的新成就新经验，提炼规律性认识，丰富宪法学理论，凝练我国宪法的时代特色和实践特色，形成中国特色社会主义宪法理论和宪法话语体系。（3）体现学科进展。梳理分析宪法学理论研究的最新进展，采用成熟定型的、具有普遍共识的学识和解释，充分反映本学科本领域的最新研究成果，着力推进以中国特色社会主义法治理论为指导的宪法学学科体系、学术体系、教材体系、话语体系建设。（4）注重分析借鉴。坚持以我为主、为我所用，运用马克思主义立场观点方法，分析研究、吸收借鉴中华优秀的法治文明成果和其他国家和民族法治文明的优秀成果，深入剖析和批判西方"宪政""多党制""三权鼎立""司法独立"等错误思潮、错误观点，使学生树立科学的宪法观。

《指南》同时也明确了"教学重点"是：（1）基础理论。全面介绍宪法的基础理论，兼顾普遍性和特殊性，将宪法的一般原理与中国特色紧密结

[①] 《习近平法治思想概论》编写组：《习近平法治思想概论》，高等教育出版社2021年版，第142页。

合。帮助学生重点掌握宪法序言的内容与效力，宪法确认的国家指导思想、发展道路、奋斗目标、根本任务、宪法基本原则等内容，了解我国宪法的根本特征和核心精神。（2）国家制度。系统阐述支撑中国特色社会主义制度的根本制度、基本制度、重要制度。帮助学生重点掌握"中国共产党领导"的宪法含义，理解为什么中国共产党领导是中国特色社会主义最本质的特征，理解人民民主专政作为国体的规范内涵，理解为什么人民代表大会制度是国家根本政治制度。（3）基本权利。深入阐述基本权利的基础理论，坚持以人民为中心，坚持以人权的普遍性与特殊性相结合为原则。帮助学生重点掌握"国家尊重和保障人权"的宪法意义和法治实践要求，理解基本权利的规范建构，熟悉基本权利体系中的分类和内容。了解人权发展史，树立马克思主义人权观，坚定推动中国人权事业不断进步的信念。（4）基本义务。与基本权利相对应，深入阐述我国宪法中公民基本义务的独特性，强调公民在国家中所应承担的基本义务是社会主义宪法的重要组成部分。帮助学生重点掌握基本义务的概念和基本义务的宪法落实，理解基本权利与基本义务相统一的关系等内容。（5）国家机构。深入阐发宪法中规定国家机构的科学内涵，提炼我国国家权力配置的一般原理和制度运行机制。帮助学生重点掌握全国人大及其常委会的职权及与其他国家机构之间的关系。（6）宪法实施。深入阐述我国宪法实施的特色，阐明中国宪法实施的体制机制。帮助学生重点掌握我国合宪性审查制度的特点和制度逻辑，理解宪法实施与宪法监督、宪法解释之间的关系。

广大法学研究者和法学教育者，必须坚持以中国宪法文本为中心，准确阐述宪法的规范内涵及其学理，为法治实践中的宪法问题提供解决方案，加强我国宪法和宪法理论的对外宣传工作，让世界各国人民更深入理解我国宪法，提升我国宪法话语权和影响力，提供科学有效、系统完备的学理支持具有十分重要的现实意义。

二、全面推进科学立法、严格执法、公正司法、全民守法

"科学立法、严格执法、公正司法、全民守法"是全面依法治国的关键环节，更是解决好立法、执法、司法、守法中存在的突出矛盾和问题的重点任务。2020 年 11 月，党的历史上首次召开中央全面依法治国工作会议，习近平法治思想被确定为全面依法治国的指导思想。"科学立法、严格执法、公正司法、全民守法"新十六字社会主义法治建设方针作为习近平法治思想的重要组成部分，是新时代社会主义法治国家建设的指导方针，也是落实全面依法治国战略的基本要求。

（一）十六字方针是习近平法治思想的重要内容

党的十八大以来，面对复杂的国内外形势和繁重的社会主义现代化建设任务，以习近平同志为核心的党中央领导人民科学总结治国理政规律，从坚持和发展中国特色社会主义战略高度定位法治工作，围绕坚持全面依法治国发表了一系列重要论述，深刻回答了新时代为什么实行全面依法治国、怎样实行全面依法治国等一系列重大问题，形成了习近平法治思想。习近平法治思想内涵丰富、论述深刻、逻辑严密、系统完备，是马克思主义法治理论中国化最新成果，是习近平新时代中国特色社会主义思想的重要组成部分。"科学立法、严格执法、公正司法、全民守法"的法治建设十六字方针与习近平法治思想的诞生密不可分，是习近平总书记对如何建设法治国家所提出的明确分工和具体任务。

"科学立法、严格执法、公正司法、全民守法"是习近平法治思想的核心要义之一。2020 年 11 月，习近平总书记在中央全面依法治国工作会议上对当前和今后一个时期推进全面依法治国的重点工作提出了"十一个坚持"的要求：一是坚持党对全面依法治国的领导。二是坚持以人民为中心。三是坚持中国特色社会主义法治道路。四是坚持依宪治国、依宪执政。五是坚持

在法治轨道上推进国家治理体系和治理能力现代化。六是坚持建设中国特色社会主义法治体系。七是坚持依法治国、依法执政、依法行政共同推进，法治国家、法治政府、法治社会一体建设。八是坚持全面推进科学立法、严格执法、公正司法、全民守法。九是坚持统筹推进国内法治和涉外法治。十是坚持建设德才兼备的高素质法治工作队伍。十一是坚持抓住领导干部这个"关键少数"。"十一个坚持"是习近平法治思想的核心要义，前三个坚持回答了"依法治国的基本遵循"，后八个坚持则回答了"如何全面实现依法治国"，其中第八个坚持要求"全面推进科学立法、严格执法、公正司法、全民守法"，这是习近平法治思想对依法治国工作布局的明确要求，也是新时代建设社会主义法治国家的重点任务。

习近平总书记明确指出全面依法治国是一个系统工程，要整体谋划，更加注重系统性、整体性、协同性。[1] 习近平法治思想对如何建设社会主义法治国家提出了科学严密的阐释，可以概括为"三位一体、四个环节、五大体系"。"三位一体"是指"法治国家、法治政府、法治社会一体建设"，"四个环节"是指"科学立法、严格执法、公正司法、全民守法"，"五大体系"是指"完备的法律规范体系、高效的法治实施体系、严密的法治监督体系、有力的法治保障体系、完善的党内法规体系共同构成中国特色社会主义法治体系"。"四个环节"全面对应立法、执法、司法和守法这四个法治建设指标，是对法治工作和法治规律的科学总结和提炼，体现了习近平总书记对法治国家建设的整体谋划。

（二）十六字方针是一个逻辑严密的体系

新时代法治建设十六字方针是对我国改革开放初期社会主义法制建设十六字方针的创新和发展。在不同的社会发展阶段，法治建设的重心是有所

---

① 习近平：《论坚持全面依法治国》，中央文献出版社 2020 年版，第 4 页。

不同的。1978 年，邓小平同志在党的十一届三中全会前召开的中央工作会议上首先提出"有法可依、有法必依、执法必严、违法必究"的十六字方针。①党的十五大要求社会主义法制建设要坚持"有法可依、有法必依、执法必严、违法必究"十六字方针，对改革开放后的社会主义法制建设起到了十分重要的指导意义。党的十八大以来，以习近平同志为核心的党中央把全面依法治国纳入"四个全面"战略布局，在新形势下对依法治国战略需求做出全新判断，提出新时代法治建设的"科学立法、严格执法、公正司法、全民守法"新十六字方针。这个转变体现了从立法导向的法制建设向以法治国家为目标的法治建设的转变，是形式法治向实质法治的深刻转型，实现了社会主义法治理念和实践的跨越式发展。新十六字方针是在法制建设十六字方针基础上的继承和超越，仍然以立法、司法、执法和守法作为四个基本环节，尊重了改革开放以来所形成的法治文化和制度传统，具有坚实的社会实践和理论基础。

新时代法治建设十六字方针确立了依法治国新阶段的四大目标。改革开放 40 多年的法治建设取得令人瞩目的成就，中国特色社会主义法律体系基本建成，法治理念逐步深入人心，依法治国的实践和制度探索取得长足进步。可以说，现在国家层面和社会生活各方面总体上都实现了有法可依，这是我们取得的重大成就。同时，我们也要看到，实践是法律的基础，法律要随着实践发展而发展。转变经济发展方式，扩大社会主义民主，维护社会公平正义，推进行政体制改革，保障和改善民生，加强和创新社会管理，增强全民法治观念，都会对立法、执法、司法和守法提出新的要求。新十六字方针正是党中央基于法治建设所处阶段的判断，对新时代法治建设提出的四个具体目标，也是对我国法治建设实践经验充分总结基础上的价值体系。与法

① 《邓小平文选》第 2 卷，人民出版社 1983 年版，第 146 页。

治建设十六字方针不同的是，新十六字方针对法治建设各环节提出更高的要求，科学立法对立法技术提出更高要求，它要求立法活动和立法效果体现公平、平等、民主、科学、法治的价值理念，要立良善之法；严格执法是对法律实施中执法不严、程序不全问题的回应，是法律权威和实施效率的保障；公正是对司法的价值要求，是党中央提出的建设公正、高效、权威的司法体制的基本目标，旨在实现"努力让人民群众在每一个司法案件中感受到公平正义"的要求；全民守法解决了守法主体的范围问题，体现了法律的普适性原则，强调了社会主义法律平等适用的要求，它是科学立法、严格执法、公正司法价值目标实现后的最优状态，又为科学立法、严格执法、公正司法更好地实现提供价值共识、文化土壤。当然，新十六字方针给立法、执法、司法和守法加上特定的限定词，更是对新时代社会主义法治建设目标的明确表达。

新时代法治建设十六字方针内含法律运行的逻辑体系。新十六字方针覆盖法律运行的立法、执法、司法和守法四个主要环节，抓住了新时代法治建设的主要矛盾，既体现了法治建设各环节的全面性，又符合我国法律运行的基本逻辑规律。立法、执法、司法和守法是一个一体推进、具有层次性和有机联系的整体。

（三）坚持全面依法治国，必须科学立法

依法治国，首先要有法可依。古人说："国无常治，又无常乱，法令行则国治，法令弛则国乱。"立法是法治建设的起始环节，科学立法确保有法可依基础上所立之法是"良法""善法"，实现真正的良法之治，是现代法治思想最基本的要求。习近平总书记高度重视立法质量，曾深刻地指出："我们在立法领域面临着一些突出问题，比如立法质量需要进一步提高，有的法律法规全面反映客观规律和人民意愿不够，解决实际问题有效性不足，针对性、可操作性不强；立法效率需要进一步提高。还有就是立法工作中部门化

倾向、争权诿责现象较为突出，有的立法实际上成了一种利益博弈，不是久拖不决，就是制定的法律法规不大管用，一些地方利用法规实行地方保护主义，对全国形成统一开放、竞争有序的市场秩序造成障碍，损害国家法治统一。"对此，习近平总书记明确指出："推进科学立法、民主立法，是提高立法质量的根本途径。科学立法的核心在于尊重和体现客观规律，民主立法的核心在于为了人民、依靠人民。要完善科学立法、民主立法机制，创新公众参与立法方式，广泛听取各方面意见和建议。"[①]2019年11月2日，习近平总书记来到全国人大常委会法工委2015年在上海市长宁区虹桥街道设立的第一个基层立法联系点考察并提出全过程人民民主的重要理念。经过两年多的发展，这个"民意直通车"平台在实践中不断丰富拓展着全过程人民民主的内涵，不仅是直通国家立法机构的意见征集平台，还成为更多政府部门、司法机构、基层社区、社会力量实现共商共议、共治共享的资源枢纽。截至目前，该基层立法联系点共完成67部法律草案的意见征询工作，提出意见建议1363条，其中101条被采纳，成为践行全过程人民民主理念的鲜活样本。[②]笔者调研发现"立法直通车"现已覆盖上海全部16个区。[③]

党的十八大以来，我们深化对民主政治发展规律的认识，提出全过程人民民主的重大理念。我国全过程人民民主不仅有完整的制度程序，而且有完整的参与实践。习近平总书记指出："民主不是装饰品，不是用来做摆设的，而是要用来解决人民需要解决的问题的。我国全过程人民民主实现了过程民主和成果民主、程序民主和实质民主、直接民主和间接民主、人民民主和国

---

① 习近平：《关于〈中共中央关于全面推进依法治国若干重大问题的决定〉的说明》，载《中共中央关于全面推进依法治国若干问题的决定》（辅导读本）人民出版社2014年版，第54页。

② 祝越、周辰：《虹桥基层立法联系点，从"立法直通车"到"治理大载体"》，《文汇报》2022年3月8日，第2版。

③ 《上海：全过程人民民主深入城市肌理》，新华社2022年3月22日。

家意志相统一，是全链条、全方位、全覆盖的民主，是最广泛、最真实、最管用的社会主义民主。"①我们要继续推进全过程人民民主建设，把人民当家作主具体地、现实地体现到党治国理政的政策措施上来，具体地、现实地体现到党和国家机关各个层级工作上来，具体地、现实地体现到实现人民对美好生活向往的工作上来。要加强党对立法工作的集中统一领导，完善党委领导、人大主导、政府依托、各方参与的立法工作格局。要把改革发展决策同立法决策更好结合起来，既通过深化改革完善法治，又通过更完善的法治保障各领域改革创新，确保国家发展、重大改革于法有据。

以立法科学化为目标，关注社会立法需求，运用科学的立法技术，全面提高立法质量。党的十九大报告明确指出："推进科学立法、民主立法、依法立法，以良法促进发展、保障善治。"科学立法要求立法过程和方法均应科学化，一是体现立法效率，立法机关应以党和国家的重大发展战略和社会发展涉及的突出问题为导向，加强重点领域立法，适当赋予地方灵活的立法权，及时制定和修改反映党和国家发展需求、人民群众关切的法律。二是充分反映民意，积极拓展人民群众参与立法的路径和渠道，立法过程充分听取人民群众的意见，确保法律规定符合广大人民群众的利益。三是依法立法，严格按照法定程序开展立法活动，以宪法规定为立法准则，下位法不得与上位法冲突，保证立法活动的合法性。2020 年 11 月 19 日全国人大常委会栗战书委员长在第二十六次全国地方立法工作座谈会上指出：维护国家法治统一，处理好上位法和下位法关系，国家立法和地方立法既要相互补充、支持，又要协调统一，做到科学完备，确保地方性法规和国家法律、行政法规协调一致、有效衔接。②我国实行一元两级多层次的立法体制，对于国家法

---

① 习近平：《在中央人大工作会议上的讲话》，《求是》2022 年第 5 期。
② 栗战书：《认真学习贯彻习近平法治思想 为全面建设社会主义现代化国家提供法律保障》，《人民日报》2020 年 11 月 20 日。

律专属立法事项地方立法不能涉及。根据《立法法》的规定，地方立法的范围在于执行法律、行政法规需要作出具体规定的事项和属于地方性事务需要制定地方性法规的事项，设区的市的地方立法权严格限定在城乡建设与管理、环境保护、历史文化保护等方面。①

2018 年 5 月，中共中央印发了《社会主义核心价值观融入法治建设立法修法规划》（以下简称"《规划》"），该《规划》明确指出，推动社会主义核心价值观入法入规，必须遵循的原则是：坚持党的领导、坚持价值引领、坚持立法为民、坚持问题导向，坚持统筹推进。《规划》明确了六个方面的主要任务：（1）以保护产权、维护契约、统一市场、平等交换、公平竞争等为基本导向，完善社会主义市场经济法律制度；（2）坚持和巩固人民主体地位，推进社会主义民主政治法治化；（3）发挥先进文化育人化人作用，建立健全文化法律制度；（4）着眼人民最关心最直接最现实的利益问题，加快完善民生法律制度；（5）促进人与自然和谐发展，建立严格严密的生态文明法律制度；（6）加强道德领域突出问题专项立法，把一些基本道德要求及时上升为法律规范。

（四）坚持全面依法治国，必须严格执法

如果有了法令而得不到切实的实施，或者实施不力，搞得有法不依、执法不严、违法不究，那制定再多法令也无济于事。严格执法可以确保体现人民意志的法律能够有效贯彻，维护法律的权威性，也是对科学立法的有效保障。习近平总书记明确指出："现在，我们社会生活中发生的许多问题，有的是因为立法不够、规范无据，但更多是因为有法不依、失于规制乃至以权谋权、徇私枉法、破坏法治。"②

---

① 参见《中华人民共和国立法法》第 8 条、第 72 条、第 73 条。
② 习近平：《论坚持全面依法治国》，中央文献出版社 2020 年版，第 21 页。

2016年5月20日中央全面深化改革领导小组第二十四次会议，会议审议通过了《关于深化公安执法规范化建设的意见》(以下简称"《公安执法意见》")。《公安执法意见》要求，深化公安执法规范化建设，要着眼于完善公安执法权力运行机制，构建完备的执法制度体系、规范的执法办案体系、系统的执法管理体系、实战的执法培训体系、有力的执法保障体系，实现执法队伍专业化、执法行为标准化、执法管理系统化、执法流程信息化，保障执法质量和执法公信力不断提高。要增强执法主体依法履职能力，树立执法为民理念，严格执法监督，解决执法突出问题，努力让人民群众在每一项执法活动、每一起案件办理中都能感受到社会公平正义。同时，《公安执法意见》在落实以审判为中心的诉讼制度改革方面明确提出的举措有：一是完善执法办案机制。持续完善公安机关执法细则，特别是细化办理刑事案件操作指引。健全与检法机关追诉定罪标准相协调的刑事案件立案标准，加强刑事诉讼的衔接。完善取保候审、监视居住等强制措施的执行，进一步规范侦查措施的使用。推行重大疑难案件听取检察机关意见和建议制度，主动接受法律监督。二是强化依法规范取证。适应证据裁判规则要求，坚持全面客观及时收集证据，进一步增强科学取证能力，健全常见、多发和重大案件的证据收集、固定工作指引，明确非法证据排除、瑕疵证据补强的范围、程序及标准，逐步实行讯问犯罪嫌疑人、询问违法行为人全程录音录像制度，提高民警依法收集、固定、保存、审查、运用证据的能力水平，加强对刑讯逼供和非法取证的源头预防。三是健全人权保障制度。完善当事人权利救济机制，健全举报投诉事项的受理、核查、反馈工作机制，进一步做好行政复议、刑事复议复核、行政应诉和国家赔偿工作。

《公安执法意见》从加强源头防控、过程监督、责任追究等方面提出了强化执法权力监督制约的一系列措施要求，通过建立系统化、实时化、常态化的执法监督管理体系，实现对执法工作全方位、全过程的监督管理。一是严格源头防控。落实受案立案制度改革的意见，完善接报案登记、受案立案审查工作程序，实现接报案、受立案信息全要素网上记载流转，落实受案立案工作责任制，加强对受立案环节的监督；深化法制员制度，进一步发挥基层一线执法勤务机构和派出所派驻配备的法制员的作用，负责对案件质量审核把关，建立起保障执法公正的第一道防线。二是严格过程监督。全面实行刑事案件法制部门统一审核、统一出口制度，由法制部门对刑事案件重点执法环节统一审核，在审查起诉环节统一与检察机关对接，这项工作已经在部分地方试点，效果已初步显现，下一步将进一步探索、完善；借助信息化手段，全面实现网上办案，并着力打造覆盖接处警、现场执法到案件终结的整个执法环节的记录机制，实现执法办案全流程同步记录、实时监督；优化执法信息查询服务，建立生效行政处罚、行政复议决定文书网上公开制度等措施，提高公安执法的透明度，自觉接受人民群众的监督。三是严格责任追究。构建有权必有责、用权受监督、失职要问责、违法要追究的执法责任体系，健全执法过错纠正和责任追究程序，实行办案质量终身负责制和错案责任倒查问责制，完善对民警违纪违法行为的督察机制，对违反制度规定的人、对触碰"高压线"的事，一经查实，坚决严肃查处。

当前人民群众对严格规范公正文明执法的要求和期待越来越高。经过不懈努力，公安执法规范化建设取得了很大进步，粗暴执法等现象减少了，但执法不作为、乱作为等问题仍时有发生，有的甚至办关系案、当"保护伞"，社会影响恶劣。据2021年央视推出的扫黑除恶大型政论专题片第二集《守护民生》报道：20年前被判处死刑的孙小果，离奇"复活"再次作恶，直至2019年12月23日，云南省高级人民法院在中央扫黑除恶督导组的督办下，对孙小果案经再审依法公开宣判，对之前两次改判依法予以撤销，维持1998年一审的死刑判决，并和他出狱后犯组织、领导黑社会性质组织等罪被判处有期徒刑二十五年的终审判决合并，决定对孙小果执行死刑。一个犯有强奸罪、故意伤害罪、强制猥亵侮辱妇女罪、寻衅滋事罪，以及出狱后涉嫌黑社会性质组织犯罪的孙小果，本应早该依法执行死刑的罪犯，屡次获准减刑，实际服刑约十三年。在其时任昆明市公安局官渡分局民警的母亲和时任昆明市公安局五华分局副局长的继父运作下，云南省高级人民法院审判委员会原专职委员梁子安、田波，云南省司法厅原巡视员罗正云，云南省公安厅刑事侦查总队原副总队长杨劲松，以及多名监狱干警徇私舞弊、徇私枉法，成为孙小果的"保护伞"，使其逃脱了法律严惩，造成了极其恶劣的社会影响，严重践踏了司法公信力。

该专题片第三集《打伞破网》又报道：2019 年 1 月 6 日深夜，海南省公安厅调集 1200 多名警力对昌江县一个特大黑社会性质组织展开收网行动。当晚的行动中，警方共抓获涉案犯罪嫌疑人 170 多人，主犯黄鸿发当场落网。这是海南建省以来破获的涉案人数最多、牵涉范围最广、关注度最高的黑社会性质组织犯罪案件，这起案件背后的涉黑腐败让人触目惊心。该案主犯黄鸿发，从 20 世纪 80 年代末开始，便以开设地下赌场起家，先后吞并了昌江地区多股恶势力帮派坐大成势，"以商养黑""以黑护商"，这个团伙通过强迫交易、敲诈勒索等暴力手段对昌江地区的铁矿、混凝土、砂石场、娱乐场所、农贸市场、土建工程等十多个行业领域形成了非法控制或强势垄断，时间竟然长达 30 年之久。其间，该涉黑组织共实施违法犯罪多达 58 起，涉嫌 20 项罪名，造成了 2 人死亡、3 人重伤、13 人轻伤的严重社会危害。公然作恶 30 年的黑恶之徒黄鸿发，为何能一直逍遥法外呢？答案就是通过"权钱交易"，得于以藏身在昌江县公安局三任局长王雄进、麦宏章、陈小明的"保护伞"下。2020 年 1 月 13 日，海南省第一中级人民法院对黄鸿发以犯组织、领导黑社会性质组织罪及故意伤害罪等 16 项罪名，数罪并罚，判处死刑，并处没收个人全部财产。该案的"保护伞"们也最终以包庇、纵容黑社会性质组织罪，以及受贿罪、滥用职权罪等受到了法律的严惩。

习近平总书记指出："法律需要人来执行，如果执法的人自己不守法，那法律再好也没有用！执法者必须忠于法律，既不能以权压法、以身试法，也不能法外开恩、徇情枉法。"①为了锻造一支绝对忠于以习近平同志为核心的党中央、党和人民满意的高素质过硬公安队伍，切实履行好新时代职责使命，2019年党中央发布了《中共中央关于加强新时代公安工作的意见》，明确要求政治建警、改革强警、科技兴警、从严治警，履行好党和人民赋予的新时代职责使命。对违纪违法问题，要始终保持"零容忍"，不管是"老虎"还是"苍蝇"，无论是黑恶势力等违法犯罪的"保护伞"，还是群众身边的"微腐败"，都要依纪依法严肃查处。古人说："尽公者，政之本也；树私者，乱之源也。"公安机关处于执法司法工作第一线，能不能做到严格规范公正文明执法，事关人民群众切身利益，事关党和政府法治形象。

习近平总书记指出："严格规范公正文明执法是一个整体，要准确把握、全面贯彻，不能畸轻畸重、顾此失彼。执法的最好效果就是让人心服口服。"②公安机关要把打击违法犯罪同保障人权、办案效率同执法公正、执法目的同执法形式有机统一起来。公安机关应当对那些公然阻碍执法、暴力抗法、颠倒黑白、造谣中伤者，严格执法、依法惩治，以儆效尤，决不能让这种歪风邪气蔓延开来，以保护广大人民根本利益，维护社会安宁与秩序。执法不严是法治政府建设的短板，解决执法不严的问题，一是要求领导干部树立法治意识和法治思维，健全党和国家机关的依法决策机制，解决领导干部干扰执法司法过程的问题；二是执法过程以宪法和法律为准绳，严格依法执法，纠正执法不严、越权执法等执法不规范问题；三是充分保障执法对象的合法权利，执法不是生硬的执行相关法条，而应结合具体的执法环境和案件

---

① 习近平：《论坚持全面依法治国》，中央文献出版社2020年版，第21页。
② 同上书，第260页。

特点，尊重执法对象的合法权益，对法律和人民群众负责。

（五）坚持全面依法治国，必须公正司法

公正司法是维护社会公平正义的最后一道防线。我们知道，十八届四中全会首次提出了"严格司法"的要求，并用专条加以具体规定。到这次党的二十大报告中又首次提出了"严格公正司法"，可以说这一新的重大观点和重要部署，充分体现了我国在进入新时代新征程后，党中央和习近平总书记对严格实施法律特别是对司法工作的高度重视，对于坚持全面依法治国、推进法治中国建设进程中，依法解决当前司法机关办案中遇到的各种司法难题，具有十分重要的意义。

公正司法可以保证法律为人民所信任，可以发挥司法惩恶扬善的功能。习近平总书记指出："所谓公正司法，就是受到侵害的权利一定会得到保护和救济，违法犯罪活动一定要受到制裁和惩罚。如果人民群众通过司法程序不能保证自己的合法权利，那司法就没有公信力，人民群众也不会相信司法。法律本来应该具有定分止争的功能，司法审判本来应该具有终局性的作用，如果司法不公、人心不服，这些功能就难以实现。"①

公正是司法工作的生命线，司法工作的任务和目标就是实现和维护公正，并通过公正的司法活动维护社会公正正义。人民群众评价司法工作合格不合格、效果好不好的标准也是公正。英国哲学家培根说过："一次不公正的裁判，其恶果甚至超过十次犯罪。因为犯罪虽是无视法律——好比污染了水流，而不公正的审判则毁坏法律——好比污染了水源。"这也正是习近平总书记反复强调要求，要努力让人民群众在每一个司法案件中感受到公平正义。正如最高人民法院周强院长所说："对司法机关而言，要实现司法公正，贯彻落实习近平总书记的要求，最重要的一点，就是严格依法办案，严格遵

---

① 习近平：《论坚持全面依法治国》，中央文献出版社 2020 年版，第 120 页。

循法律程序，坚持守住法律底线，在法律规定的范围内行使司法权，用严格司法确保公正司法在每一个具体案件中得以实现。"①

当前，人民群众对司法领域不满意的问题，主要表现在"六难三案"上，即门难进、脸难看、事难办、立案难、诉讼难、执行难，以及人情案、关系案、金钱案。归根结底就是不严格依法办案甚至违法办案造成的。为此，习近平总书记明确指出："坚持公正司法，需要做的工作很多。重点解决影响司法公正和制约司法能力的深层次问题。群众反映，现在一个案件，无论是民事案件还是刑事案件，不托人情、找关系的是少数。尤其是到了法院审判环节，请客送礼、打招呼、批条子的情况很严重。现在常有一些所谓'捞人'的事，声称可以摆平什么腐败案件、操作改变死刑判决，要价很高，有的高达几百万元。这不就是说花钱可以免罪、花钱可以买命吗？有的司法人员吃了被告吃原告，两头拿好处。这样的案例影响很坏！"

重庆市高级人民法院原副院长张弢一案就是典型案例。2011年1月26日，贵州省遵义市中级人民法院一审宣判张弢受贿、纵容黑社会性质组织一案，认定张弢犯受贿罪，判处死刑，缓期两年执行，剥夺政治权利终身，并处没收个人全部财产；犯纵容黑社会性质组织罪，判处有期徒刑三年；决定执行死刑，缓期两年执行，剥夺政治权利终身，并处没收个人全部财产。遵义市中级人民法院审理查明，1999年至2009年，张弢在担任重庆市第一中级人民法院副院长、重庆市高级人民法院副院长期间，利用职务便利，为他人谋取利益，先后索取或收受他人财物共计折合人民币902万余元。此外，自2005年起，张弢明知岳宁（黑社会性质组织领导者，已判刑）经营的"白宫"夜总会等系从事违法犯罪活动组织，仍长期到"白宫"夜总会娱乐、赌

---

①　周强：《推进严格司法》，《中共中央关于全面推进依法治国若干重大问题的决定》（辅导读本），人民出版社 2014 年版，第 106 页。

博并入股经营，又通过岳宁对外发放高利贷，纵容该黑社会性质组织进行违法犯罪活动。因他的徇私枉法使本该对岳宁执行的已生效的民事判决迟迟得不到执行，成了"法律白条"，更恶劣的是使得刑事判决也变成了"纸上服刑"。这个昔日被寄予厚望的法学精英，却在本应成为公正之源的司法领域，蹈入腐败深渊，既使自己身败名裂，又极大地损害了司法公正。

又如，最高人民法院审判委员会原委员、执行局原局长孟祥涉嫌受贿案。2022年3月，由国家监察委员会调查终结，经最高人民检察院指定，由河南省郑州市人民检察院审查起诉。孟祥利用担任北京市丰台区人民法院副院长，北京市高级人民法院审判委员会委员、立案庭庭长、办公室主任，北京市第二中级人民法院纪检组组长，北京市东城区人民法院代院长、院长，北京市高级人民法院副院长，最高人民法院审判委员会委员、执行局局长等职务上的便利及职权、地位形成的便利条件，为相关单位和个人在案件审判和执行、工程承揽、干部选拔任用等方面谋取利益，非法收受他人所送财物，数额特别巨大，构成了受贿罪，最终受到了国法严惩。

再如，湖南省长沙市中级人民法院副县级审判员詹支粮从1983年进入法院系统，到担任长沙市中级人民法院民事审判庭副庭长，再到2019年落马，用36年时间构建了一个包括地方官员、知名企业、律师在内的"朋友圈"，当官发财两不误，以案吃案，破坏营商环境。她大肆收受来自当事人或律师的钱财，法院定罪时认定她受贿金额共计514.8万元人民币，来源不明的巨额财产人民币达到5088.6185万元、美元2.162万元。因此，詹支粮也被称为"湖南版张家慧"。詹支粮为了达到帮助请托的当事人赢得诉讼而不惜篡改庭审记录或故意无视客观证据材料，或通过协调承办法官关系、向合议庭或审判委员会委员打招呼等方式插手案件审理，严重损害了司法公信力。2022年8月31日被告人詹支粮因犯有受贿罪、利用影响力受贿罪、巨额财产来源不明罪，三罪并罚被湖南省株洲市开元区人民法院一审判处有期徒刑十五年，并处罚金 80 万元人民币。一审判决后，被告人并未上诉，[①] 最终受到了法律的惩处。

我们知道，长期饱受诟病的"执行难"问题，一方面与社会缺乏完善的征信系统，债务人比较容易逃脱惩罚有关；另一方面也与"执行腐败"关系甚大。2016 年 4 月最高人民法院制定了《关于落实"用两到三年时间基本解决执行难问题"的工作纲要》，对基本解决执行难的总体思路、主要任务及组织保障提出了明确、具体的要求。全面推进执行体制、执行机制、执行模式改革，加强正规化、专业化、职业化执行队伍建设，建立健全信息化执行查控体系、执行管理体系、执行指挥体系及执行信用惩戒体系，不断完善执行规范体系及各种配套措施，破解执行难题，补齐执行短板，在两到三年内实现"四个基本"：被执行人规避执行、抗拒执行和外界干预执行现象基本得到遏制；人民法院消极执行、选择性执行、乱执行的情形基本消除；无财产可供执行案件终结本次执行的程序标准和实质标准把握不严、恢复执行等相关配套机制应用不畅的问题基本解决；有财产可供执行案件在法定期限内基本执行完毕。在党中央的坚强领导下，执行工作受到了前所未有的重视。人民群众对执行工作的满意度显著提升，人民法院执行权威有效树立，司法公信力进一步增强。

为了进一步加大执行力度，推动社会信用机制建设，打击"老赖"行为，最大限度保护申请执行人和被执行人的合法权益，2015 年 7 月，最高人民法院将 2010 年 5 月发布施行的《最高人民法院关于限制被执行人高消费的若干规定》修订为《最高人民法院关于限制被执行人高消费及有关消费的若干规定》，新"限高令"的具体创新在以下三个方面：一是明确将信用惩

---

① 参见《"当官发财两不误，以案吃案"落马女法官的朋友圈》，《南方周末》2023 年 1 月 5 日。

戒的范围拓宽至限制高消费及非生活或者经营必需的有关消费；二是明确规定对失信被执行人应当采取限制消费措施；三是增加采取限制消费措施的内容与力度，即除原"限高令"规定的被执行人不得乘坐飞机、列车软卧、轮船二等以上舱位，不得在星级以上宾馆、酒店、夜总会、高尔夫球场等场所进行高消费，不得购买不动产或者新建、扩建、高档装修房屋，不得租赁高档写字楼、宾馆、公寓等场所办公，不得购买非经营必需车辆，不得旅游、度假，不得让其子女就读高收费私立学校，不得支付高额保费购买保险理财产品外，还增加对乘坐高铁动车组列车全部座位、其他动车组列车一等以上座位的限制。被执行人为单位的，被采取限制消费措施后，被执行人及其法定代表人、主要负责人、影响债务履行的直接责任人员、实际控制人不得实施前述规定的行为。新"限高令"的实施，有效地震慑了"老赖"们，起到了较好的执行效果。

2016年，中共中央办公厅、国务院办公厅印发《关于加快推进失信被执行人信用监督、警示和惩戒机制建设的意见》，中央政法委多次对人民法院执行工作提出明确要求，作出部署。党委领导、政法委协调、人大监督、政府支持、法院主办、部门配合、社会参与的综合治理执行难工作格局已初步形成并不断完善。[①] 让失信被执行人"一处失信、处处受限"，也已成为全社会的共识。

在2020年的最高人民法院工作报告中，周强院长指出："如期实现'基本解决执行难'目标之后，人民法院咬定青山不放松，不断巩固'基本解决执行难'成果，朝着切实解决执行难目标迈进。"2019年，全国法院共受理执行案件1041.4万件，执结954.7万件，执行到位金额1.7万亿元，同比分

---

① 全国干部培训教材编审指导委员会组织编写：《建设社会主义法治国家》，人民出版社、党建读物出版社2019年版，第173页。

别上升 17.4%、22.4% 和 10.8%，各项执行指标稳中有进，中国特色执行制度、机制和模式更加健全。

为深入贯彻落实党的十八届四中全会提出的"切实解决执行难""依法保障胜诉当事人及时实现权益"重大决策部署，进一步健全完善综合治理执行难工作大格局，确保切实解决执行难目标实现，2019 年 8 月，中央全面依法治国委员会印发《关于加强综合治理从源头切实解决执行难问题的意见》，进一步健全完善综合治理执行难工作大格局，提升执行规范化水平。健全执行规范制度体系，加强执行领域司法解释工作，建立完善以操作规程为核心的执行行为规范体系。加大执行公开力度，全面推进阳光执行。规范无财产可供执行案件的结案程序，完善恢复执行程序。强化全国执行指挥系统建设，确保统一管理、统一指挥、统一协调的执行工作机制有效运行。树立依法执行、规范执行、公正执行、善意执行、文明执行理念，依法保护产权。依法严格区分个人财产和企业法人财产，严格区分非法所得和合法财产，最大限度降低对企业正常生产经营活动的不利影响。拓宽执行监管渠道，健全执行监督体系。

为全面贯彻落实党中央关于全国政法队伍教育整顿决策部署，进一步规范执行行为，强化对执行权的监督制约，不断清除执行领域的顽瘴痼疾，筑牢不敢腐、不能腐、不想腐的制度堤坝，确保高效公正规范文明执行，切实维护人民群众合法权益，努力让人民群众在每一个司法案件中感受到公平正义，2021 年 12 月最高人民法院制定并发布了《关于进一步完善执行权制约机制　加强执行监督的意见》，该《意见》明确要求：（1）始终坚持执行工作正确的政治方向。严格落实执行领域重要工作、重大问题和重要事项向上级人民法院党组、地方党委请示报告制度，确保党中央决策部署在人民法院执行工作中不折不扣贯彻落实。（2）深化审执分离改革。各级人民法院要根据法律规定和司法责任制要求，制定符合新的执行权运行模式的权力和责任清单，完善"四类案件"①管理机制，并嵌入执行案件流程管理系统，实现对履职行为的提醒、留痕、倒查和监督，压实院长、执行局长监管职责，严格落实"谁审批、谁负责"的要求。（3）强化执行流程关键节点管理。实现四级法院对执行程序关键节点可视化监管，全面推行全案电子卷宗随案生成、信息自动回填、文书自动生成、执行节点自动提醒、执行过程自动公开、执行风险自动预警、违规操作自动拦截等智能化功能，做到全节点可查询、全进程可预期、全流程可追溯。确保执行程序关键节点信息真实全面准确，确保线下执行与线上系统信息的一致性，彻底堵塞执行程序关键节点信息随意填报、随意改动的技术漏洞。（4）加强层级指挥协调管理。以信息化为依托，健全"统一管理、统一指挥、统一协调"的执行工作机制。结合人民法院的职能定位，明确各层级监管职责，压实各层级监管责任，依托案件流程管理系统实现各层级法院对关键流程节点齐抓共管，构建"层级分明、责任清晰、齐抓共管"的执行案件监督管理体系。（5）主动接受外部监督。主动接受纪检监察专责监督、人大监督和民主监督、检察机关法律监督以及社会舆论监督。（6）加强执行队伍建设。完善执行队伍交流机制，强化权力运行监督制约，执行部门担任领导职务的人员和独立承办案件的执行人员，在同一职位任职满5年的必须交流，其他人员在同一职位工作满10年的必须交流，等等。

2022年3月8日周强院长在第十三届全国人民代表大会第五次会议上所作的《最高人民法院工作报告》中指出：巩固基本解决执行难成果。围绕中央全面依法治国委2019年1号文件（即《关于加强综合治理从源头切实解决执行难问题的意见》），贯彻落实情况开展督察，深化执行难综合治理、源

---

① 参见最高人民法院《关于进一步完善"四类案件"监督管理工作机制的指导意见》〔法发（2021）30号〕第2条规定的"四类案件"是指：（一）重大、疑难、复杂、敏感的；（二）涉及群体性纠纷或者引发社会广泛关注，可能影响社会稳定的；（三）与本院或者上级人民法院的类案裁判可能发生冲突的；（四）有关单位或者个人反映法官有违法审判行为的。

头治理。坚持高效公正规范文明执行，全国法院受理执行案件949.3万件，执结864.2万件，执行到位金额1.94万亿元。打通查人找物、财产变现、协同联动、精准惩戒、打击拒执等方面堵点，使守信者受益、失信者受限。会同自然资源部提升土地查封处置效率。会同民航局治理限高人员通过"黄牛"违规购票规避执行。会同证监会规范上市公司质押股票冻结。网络查控案件1971万件，网络拍卖成交4323亿元，同比分别增长34.6%和7.4%。开展执行款物集中清理、高效为民执行、涉民营企业积案攻坚等专项行动。执行到位涉民生、涉小微企业、涉10万元以下小标的案件案款898.4亿元。内蒙古、广西、西藏、青海、宁夏、新疆等法院健全执行联动机制。我国民事执行制度优越性不断显现，手段更加有力，执行工作机制和模式更加健全。同日，时任最高人民检察院张军检察长在所作的《2022年最高人民检察院工作报告》中指出，以检察建议监督纠正民事审判和执行活动中的违法情形9.9万件，同比上升40.9%。北京、河北、福建等地检察机关针对失信被执行人名单管理不精细问题，以检察建议督促及时核减应移出人员，有效地发挥了民事执行监督作用。

"千头万绪的事，说到底是千家万户的事"。针对个别法院仍然存在的变相"立案难"问题，最高人民法院2021年全面整治年底不立案问题，提出"四个严禁"：严禁发号拖延立案、严禁限号限制立案、严禁以调代立、严禁增设门槛。2021年11月、12月，全国法院收案数有较大幅度增长，以11月29日至12月17日为例，收案数比2020年同期增长718673件，同比增长93.80%。绝大多数法院能够坚决贯彻立案登记制改革要求，全面消除年底限制立案、拖延立案现象。①群众反映长期存在的年底不立案得到有效整治。为彻底解决"立案难"，法院推行跨域立案服务机制。跨域立案服务在四级法院

---

① 刘峥、何帆：《司法改革2021：守正创新，行稳致远》，《人民法院报》2022年1月16日。

及 1 万多个人民法庭做到全覆盖，累计提供跨域立案服务 8.2 万件。从"一律敞开大门"到"就近提供服务"，当事人可以选择家门口的中级、基层法院或人民法庭，申请对包括四级法院管辖的案件提供跨域立案服务。全国法院全部开通网上立案功能，网上立案申请超过一审立案申请总量的 54%。①

为回应人民群众对"纸面服刑""提钱出狱"等司法不公、司法腐败问题的关切，中央政法委早在 2014 年 1 月印发了《关于严格规范减刑、假释、暂予监外执行　切实防止司法腐败的意见》，对职务犯罪、破坏金融管理秩序和金融诈骗犯罪、组织（领导、参加、包庇、纵容）黑社会性质组织犯罪等罪犯（以下简称"三类罪犯"）减刑、假释，必须从严把握法律规定的"确有悔改表现""立功表现""重大立功表现"的标准。明确对"三类罪犯"中因重大立功而提请减刑、假释的案件，原县处级以上职务犯罪罪犯的减刑、假释案件，组织（领导、包庇、纵容）黑社会性质组织罪犯的减刑、假释案件，原判死刑缓期执行、无期徒刑的破坏金融管理秩序和金融诈骗犯罪罪犯的减刑、假释案件，一律开庭审理。对执法司法人员在减刑、假释、暂予监外执行中捏造事实、伪造材料、收受财物或者接受吃请的，一律清除出执法司法队伍；徇私舞弊、权钱交易、失职渎职构成犯罪的，一律依法从重追究刑事责任，且原则上不适用缓刑或者免予刑事处罚。对非执法司法单位和个人，为罪犯减刑、假释、暂予监外执行出具虚假病情诊断证明等材料，违法违规提供便利条件的，或者在罪犯减刑、假释、暂予监外执行中搞权钱交易的，执法司法机关应当建议主管部门依法依纪追究责任，并有针对性地加强管理、堵塞漏洞；对构成犯罪的，依法追究刑事责任。

2020 年，最高人民检察院纠正减刑、假释、暂予监外执行不当 38035 人次。2021 年对认为确有错误的刑事裁判提出抗诉 8903 件，同比上升 7.2%。

---

① 参见《2022 年最高人民法院工作报告》。

对江西张某杀人案、河南吴某投毒案、辽宁韩某杀人案等冤错案件，坚持疑罪从无、有错必纠，建议改判无罪。同时，制发错案责任追究意见，对近年来已纠正的重大错案逐一启动问责程序。在社会广泛关注的云南孙小果、北京郭文思、内蒙古巴图孟和"纸面服刑"案中，检察监督往往流于形式，通过检察院自查自纠最终此 3 案共 29 名检察人员被严肃追责。创新落实巡回检察制度，对监狱实施跨省交叉巡回检察，推进常态化省内交叉巡回检察，及时发现并纠正严重违规违法问题。全国检察机关监督纠正减刑、假释、暂予监外执行不当 5.1 万人次，同比上升 33%。①2021 年最高人民检察院全面排查 1990 年以来办理的 1100 万件减刑、假释、暂予监外执行案件，监督纠正 3 万件，查处徇私舞弊"减假暂"犯罪 242 人。针对收押难、送监难问题，以专项活动督促依法收押收监 4.4 万人。加强财产刑执行监督，提出纠正意见 4.3 万件，已执行 4.4 亿元。通过强化检察监督职能，使"大墙内"的公平正义得到彰显。同时，最高人民法院 2021 年全面排查 1990 年以来"减假暂"案件 1334.5 万件，对有问题或瑕疵的 5.9 万件督促逐一整改，并会同最高人民检察院等出台减刑假释案件实质化审理意见。②

为贯彻落实《十八届四中决定》有关要求，防止领导干部干预司法活动、插手具体案件处理，确保司法机关依法独立公正行使职权，中共中央、国务院、中央政法委以及最高人民法院、最高人民检察院等部门先后出台了"三个规定"③。"三个规定"的出台，是党中央在全面推进依法治国背景

---

① 参见《2022 年最高人民法院工作报告》《2021 年最高人民检察院工作报告》《2022 年最高人民检察院工作报告》。

② 参见《2022 年最高人民法院工作报告》。

③ 2015 年 3 月，中共中央办公厅、国务院办公厅印发《领导干部干预司法活动、插手具体案件处理的记录、通报和责任追究规定》。2015 年 3 月，中共中央政法委印发《司法机关内部人员过问案件的记录和责任追究规定》。2015 年 9 月，最高人民法院、最高人民检察院、公安部、国家安全部、司法部印发《关于进一步规范司法人员与当事人、律师、特殊关系人、中介组织接触交往行为的若干规定》。

下作出的重大战略部署，是对人民法院依法独立行使审判权原则的丰富和发展，是从外部和内部建立的防止干预司法的"防火墙"和"隔离带"，是人民法院、人民检察院依法独立公正行使职权，防止司法不廉，防止审判权、检察权滥用、误用的重大制度保障，是今后一个时期人民法院、人民检察院必须常抓不懈的一项重大政治任务。2021年最高人民法院狠抓"三个规定"落实，各级法院全部突破"零报告"，11.2万人次记录报告信息12.8万条，有干预就报告、有过问就上报形成习惯。出台近亲属禁业清单、规范离任人员从业等规定，坚决斩断利益输送链条。以零容忍态度清除害群之马，最高人民法院查处本院违纪违法干警21人，各级法院查处利用审判执行权违纪违法干警3066人，其中追究刑事责任509人。① 前最高人民检察院张军检察长指出："过问"主要是陈述情况、了解进展，多为监督公正司法；"记录、报告"有利于约束检察官，防止人情案、关系案、金钱案。面对多数不实的"零报告"，最高人民检察院以上率下，要求"逢问必录"，不让"零报告"架空好规定。四级检察院全员覆盖、逐月报告，共记录报告2018年以来有关事项18751件。自觉接受各级纪委监委及派驻纪检监察组监督，以刮骨疗毒的勇气减存量、遏增量，包括最高人民检察院机关和事业单位6人在内的1290名检察人员因违纪违法被立案查处，同比上升66.7%，54人被追究刑事责任。坚持刀刃向内，从严查处为黑恶势力站台撑腰的检察人员42人。② 在2019年四级检察院全面报告过问干预案件情况、基础上，2020年检察机关建立了网上填报系统，定期通报、随机抽查。全年记录报告过问干预案件等事项67763件，是前两年总数的5.8倍。一旦发生司法腐败案件，均倒查记录报告情况。当年包括最高人民检察院机关4人在内

---

① 参见《2022年最高人民法院工作报告》。
② 参见《2020年最高人民检察院工作报告》。

的 1318 名检察人员因违纪违法被立案查处，同比上升 2.2%。其中，移送追究刑事责任 142 人，同比上升 20.3%；检察官 589 人，同比下降 14.3%；发生在检察办案活动中的 629 人，同比下降 13.5%。①2021 年持续抓实防止干预司法"三个规定"，检察人员主动记录报告有关事项 16.2 万件，是 2020 年的 2.4 倍。② 要实现公正司法的要求，必须着力解决领导机关和领导干部违法违规干预司法的问题，"三个规定"的持续切实实施，为营造司法机关依法独立公正行使职权的社会条件与氛围，提供了强有力的制度保障。要通过有力落实这项制度，让社会感受到我们是在动真格，这样坚持下去，社会上就会感受到检察院是在真报告，过问、说情的现象自然越来越少。③ "坚持党的领导，不是一句空的口号，必须抓住具体体现在党领导立法、保证执法、支持司法、带头守法上。"④ 全面推进依法治国，必须抓住领导干部这个"关键少数"。各级领导干部不以言代法、以权压法、徇私枉法，才能在最大程度上使司法工作取信于民，同时也增强社会各界对于党全面推进依法治国的信心。

要实现司法公正，必须注重保障人民群众参与司法。发挥公正司法、监督司法的作用，切实防止把人民群众参与司法作为走过场的仪式，拓宽人民群众有序参与司法渠道。十八届四中全会明确要求，在司法调解、司法听证、涉诉信访等司法活动中保障人民群众参与。完善人民陪审员制度，保障公民陪审权利，扩大参审范围，完善随机抽选方式，提高人民陪审制度公信度。逐步实行人民陪审员不再审理法律适用问题，只参与审理事实认定问

---

① 参见《2021 年最高人民检察院工作报告》。

② 参见《2022 年最高人民检察院工作报告》。

③ 刘怡廷：《"三个规定"让我们轻装上阵——湖北：消除"零报告"涵养风清气正检察生态》，《检察日报》2022 年 1 月 13 日。

④ 习近平：《把党的领导贯彻到依法治国全过程和各方面》，中央文献出版社 2019 年版，第 79 页。

题。这些要求，均已在 2018 年 4 月 27 日通过的《中华人民共和国人民陪审员法》中得到了明确的规定，且已在司法实践中得到了落实。人民陪审员制度是人民参与司法的最直接形式，也是我国审判工作对人民当家作主这一国家性质的直接体现。2019 年全国陪审员参审案件 340.7 万件，2020 年全国陪审员参审案件 247.8 万件。2022 年全国共有 33.2 万名人民陪审员，参审案件 237.3 万件，其中参与组成七人合议庭审结群众广泛关注、社会影响重大的案件 6670 件，① 人民陪审员工作的意义不仅仅是判断是非对错，更在于以此推动法治建设，充分发挥人民参与司法的重要作用。通过参与陪审，不少人民陪审员由衷地讲述着他（她）们的生动故事，传递着他（她）的正义力量：或是"陪审让我看到司法别样的风景"，或"陪审——发挥专业知识的舞台"，或是"陪审——阅读社会的舞台"，或是"感同身受群众疾苦 甘于奉献正义之光""我喜欢调解成功的感觉"等，② 陪审在发展，感动在继续。我们相信，随着《人民陪审员法》的深入实施，人民陪审员队伍一定会在公正司法过程中发挥出更大的作用，令人难忘的陪审故事会越来越多，越讲越鲜活，全面依法治国的明天会更加光辉灿烂。

2013 年 7 月，《最高人民法院裁判文书上网公布暂行办法》正式实施。依据该办法，除法律规定的特殊情形外，最高法院发生法律效力的判决书、裁定书、决定书一般均应在互联网公布。2016 年 10 月 1 日，《最高人民法院关于人民法院在互联网公布裁判文书的规定》正式实施。该司法解释明确，最高法院在互联网设立中国裁判文书网，统一公布各级人民法院的生效裁判文书；中西部地区基层人民法院在互联网公布裁判文书的时间进度由高级人民法院决定，并报最高人民法院备案。截至 2022 年 2 月 23 日，中国裁判

---

① 参见《2020、2021、2022 年最高人民法院工作报告》。
② 李玉华主编：《京城陪审故事》，中国政法大学出版社 2016 年版，第 68、132 页。

文书网文书总量为 129892617 篇，访问总量为 81102249836 次。[1] 2016 年 7 月 1 日，"中国庭审公开网"上线，截至 2021 年 12 月，在短短 5 年时间里，我国庭审直播案件总数超过 1159 万场，单日庭审最高场次数量达到 36923 场。[2] 同样，检察机关坚持以公开促公正、以透明保廉洁，对重大争议或影响性案件，以听证形式公开审查，开通听证网络直播，提高司法公信力。[3] 深化司法公开，阳光司法机制产生深远影响，受到国内外广泛关注。

近年来，信息技术的飞速发展既为人民法院高质量发展提供了技术支撑，也给司法审判工作带来了前所未有的挑战。为适应新形势新要求，人民法院坚持以新应新、以变应变，推动理念变革、技术变革和制度变革，积极构建完善互联网司法新模式让正义"提速"。2017 年 8 月 18 日，全国首家互联网法院——杭州互联网法院正式成立，2018 年 7 月增设北京、广州互联网法院，是司法主动适应互联网发展大趋势的一项重要举措。2021 年最高人民法院先后发布人民法院在线诉讼、在线调解、在线运行三个规则；同年 12 月 24 日，第十三届全国人民代表大会常务委员会第三十二次会议审议通过《关于修改〈中华人民共和国民事诉讼法〉的决定》，以专条明确了在线司法活动与线下司法活动具有同等法律效力，意味着在立法上已确立了在线司法与线下司法并行的基本司法形态。我国互联网司法从技术领先迈向规则领先，为世界互联网法治发展贡献中国方案。2022 年 3 月 1 日，最高人民法院将"中国移动微法院"转型升级为"人民法院在线服务"。"人民法院在线服务"将集成整合调解、立案、阅卷、送达、保全、鉴定等全国通用诉讼服务功能和地方法院特色服务功能，指出人民群众集中查询、办理全国法院的诉

---

[1] 《中国裁判文书网文书总量突破 1 亿篇》，载新华网，http://www.xinhuanet.com/legal/2020-09/02/c_1126444909.htm?baike，2022 年 5 月 13 日最后访问。

[2] 唐应茂、刘庄：《庭审直播是否影响公正审判？》，《清华法学》2021 年第 5 期。

[3] 谢鹏程、邵俊：《司法公正引领社会公正的检察实践》，《检察日报》2021 年 11 月 22 日。

讼和调解等事项，实现人民法院在线服务"一网通办、一站全办"，解决以往各级法院网上服务访问入口多、选择难的问题，满足人民群众"一站式"办理各地法院诉讼和调解等事项的司法需求。① 智慧法院建设的成果切实减轻了当事人的诉累，助力诉源治理工作深入开展，也增强了审判工作的公开透明度，真正实现了阳光司法。

要实现司法公正，必须深化司法体制改革。党的十九大报告中明确要求，从体制上解决影响公正司法的深层次问题，充分保障人民法院、人民检察院依法公正独立行使审判权、检察权。深化司法体制改革，"一个重要目的是提高司法公信力，让司法真正发挥维护社会公平正义的最后一道防线作用。"② 更好发挥我国司法制度的特色、更好促进社会公平正义。针对"审者不判、判者不审"这一违背司法亲历性规律，且影响司法公正、制约司法能力的突出问题，习近平总书记指出："深化司法体制改革，要紧紧牵住司法责任制这个'牛鼻子'，凡是进入法官、检察官员额的，要在司法一线办案，对案件质量终身负责。法官、检察官要有审案判案的权力，也要加强对他们的监督制约，把对司法权的法律监督、社会监督、舆论监督等落实到位，保证法官、检察官做到'以至公无私之心、行正大光明之事'，把司法权关进制度的笼子，让公平正义的阳光照进人民心田，让老百姓看到实实在在的改革成效。"③ 党的十九大报告明确指出，要深化司法体制综合配套改革，全面落实司法责任制，努力让人民群众在每一个司法案件中感受到公平正义。加强司法责任体系建设，必须推动健全制约有效、监督到位、权责统一的新型审判权力运行机制。要细化"四类案件"监督管理，确保院庭长监督不缺位、不越位、可追溯。为此，最高人民法院出台了《法官惩戒工作程序规定

---

① 张晨：《互联网司法新模式让正义"提速"》，《法治日报》2022 年 3 月 10 日。
② 习近平：《论坚持全面依法治国》，中央文献出版社 2020 年版，第 130 页。
③ 同上书，第 147—148 页。

（试行）》①，形成违法审判责任追究的制度闭环。推进四级法院审级职能定位改革试点。成立统一法律适用工作领导小组，发挥审判委员会、专业法官会议、司法解释、案例指导统一裁判尺度的作用，推行类案检索、量刑规范化，运用司法大数据辅助办案，加强对各高级法院审判业务文件审查，规范法官裁量权。完善统一法律适用机制，补齐短板，努力解决裁判尺度不统一问题，坚持不懈防止公平正义因地区、城乡、行业和身份不同而出现差异、打折扣。

全国检察机关深入推进司法体制综合配套改革。推动内设机构系统性、整体性、重塑性改革，通过精简内设结构，使民事、行政、公益诉讼检察力量大大增强，"四大检察""十大业务"法律监督格局更为凸显。推动检察一体化建设。从横向上看，刑事检察实行捕诉一体，未成年人检察、知识产权检察推行"四大检察"集中统一行权，完善线索移送、协同办案等融合机制，促进办案、监督、治理一体化；从纵向上看，建立健全省级院办案力量统一调配，重大案件交办、提办、督办等机制，实现上下贯通、接续监督。推动大数据赋能法律监督。各地检察机关积极探索全流程全息在线办案综合平台建设，依托当地大数据中心、检察信息化平台、法律监督数字化模型等，加强数据归集整合、碰撞比对、分析应用，促进法律适用更统一、监督办案更充分。

（六）坚持全面依法治国，必须全民守法

法治建设需要全社会共同参与，只有全体人民信仰法治、厉行法治，国家和社会生活才能真正实现在法治轨道上运行。习近平总书记指出："全民守法，就是任何组织或者个人都必须在宪法和法律范围内活动，任何公民、

①　2021年12月8日，经中央司法体制改革领导小组会议审议通过，并报经中央政法委审核同意，最高人民法院印发《法官惩戒工作程序规定（试行）》。

社会组织和国家机关都要以宪法和法律为行为准则，依照宪法和法律行使权利或权力、履行义务或职责。要深入开展法制宣传教育，在全社会弘扬社会主义法制精神，传播法律知识，培养法律意识，在全社会形成宪法至上、守法光荣的良好氛围。"①

全民守法是法治中国建设的基础工程，也是难度最大和耗时最长的法治建设目标。《法治社会建设实施纲要（2020—2025 年）》要求，深入学习宣传习近平法治思想，深入宣传以宪法为核心的中国特色社会主义法律体系，广泛宣传与经济社会发展和人民群众利益密切相关的法律法规，使人民群众自觉尊崇、信仰和遵守法律。法治的力量来自民众的信仰，法治的根基在人民。全民守法的前提就是知法、懂法、敬畏法治，而要做到知法、懂法、敬畏法治，前提是全民、全党、全社会范围的普法。要加大全民普法工作力度，深入开展法制宣传教育，让法制宣传教育进机关、进社区、进乡村、进学校、进楼宇、进军营、进企业。要完善公共法律服务体系，夯实依法治国社会根基。公共法律服务是政府公共职能的重要组成部分，是保障和改善民生的重要举措，是全面依法治国的基础性、服务性和保障性工作。推进公共法律服务体系建设，对于更好满足广大人民群众日益增长的美好生活需要，提高国家治理体系和治理能力现代化水平具有重要意义。党的十八大以来，以习近平同志为核心的党中央高度重视公共法律服务体系建设。在 2019 年 1 月的中央政法工作会议上，习近平总书记明确指出，要深化公共法律服务体系建设，加快整合律师、公证、司法鉴定、仲裁、司法所、人民调解等法律服务资源，尽快建成覆盖全业务、全时空的法律服务网络。2019 年 7 月，中共中央办公厅、国务院办公厅印发了《关于加快推进公共法律服务体系建设的意见》，明确要求大力推进公共法律服务实体、热线、网络三大平台建设，

---

① 习近平：《论坚持全面依法治国》，中央文献出版社 2020 年版，第 23—24 页。

要加快建设省、市、县（市、区）、镇（街）、村（社区）五级互联互通的公共法律服务中心（站），引导律师自觉履行社会责任，积极参与公益性法律服务；努力为人民群众遇事找法提供帮助、办事依法提供指导、解决问题用法提供依靠、化解矛盾靠法提供平台。截止到目前，全国律师事务所、公证处、司法鉴定中心、仲裁委员会、人民调解组织等机构总数达到85.3万个，各类法律服务人员达到42万人。建成2900多个县级公共法律服务中心、3.9万个乡镇（街道）公共法律服务工作站，12348服务热线覆盖全国。65万个村（居）配备法律顾问，覆盖率达到99.9%。[①]公共法律服务供给总量和质量不断得到提升。

在14亿多人口的大国持续开展全民普法，把法律交给人民，这是人类法治史上一大创举。从1986年第一个全民普法五年规划实施，至2022年，我国开展全民普法工作已有36年了，其间，顺利完成七个五年普法规划，并于2021年开启实施"八五"普法规划。从"一五"到"八五"的普法规划，我国的普法工作经历了从点到线、从线到面、从面到网的不断拓展、深化的过程，即实现了由最初的利用报刊、广播、电视，以及开展法律咨询、图片展览、知识竞赛、文艺汇演、编写教材等传统普法模式，逐步走向利用门户网络、网络问法平台、"两微一端"（微博、微信、App客户端）等网络普法模式，直至全面依托网络空间的法治大数据，运用现代信息技术推广大数据挖掘和分析，实现以需求定主题、以问题为导向，精准识别、精准推送、精准施策的精准普法模式。[②]单就前七个普法规划的文件名称来说，都有"在公民中"四个字。而"八五"普法规划中不再单独限定"在公民中"，这就意味着普法工作的对象除公民外，其覆盖面涉及的组织、机构、人群更

---

① 《努力建设人民满意的公共法律服务体系》，《中国司法》2019年第3期"卷首语"。
② 魏志荣、李先涛：《基于大数据的精准普法探析》，《中国司法》2019年第2期。

多，范围更广、领域更宽，是一种全链条、全方位、全覆盖的全过程全领域的普法。①

党的十八大以来，党对普法工作的全面领导显著加强，普法工作服务群众成效突出，"谁执法谁普法"普法责任制的广泛推行，智能化手段的广泛应用在全民普法工作中格外亮眼。在坚持运用传统普法方式方法的基础上，各单位各部门充分运用新媒体新技术普法，大大提高了普法的精准性。全国普法办建立"智慧普法"平台，整合全国6000多家新媒体，组成全国普法新媒体矩阵每天推送信息数万条。"中国普法"微信公众号于2020年10月以法律常识和基本法治理念为内容，在全国范围内随机进行了网上测评和问卷调查，参与人数451万。调查结果显示，明确接受过普法教育的人数占比为83.4%，测评答题准确率为74%。"中国普法"微信公众号粉丝总数已达2500多万，年阅读量6.6亿多人次。② 全国各地积极落实媒体公益普法制度，普遍建立官方普法微博、微信和客户端，定向推送法治人物事迹、以案说法典型案例、法律法规等法治信息，让法治声音抵达人心。县级以上各级政府普遍推行法律顾问和公职律师制度，截至目前全国共有公职律师6.1万人。③在法律服务工作中，广大律师、人民调解员、普法讲师团成员、普法志愿者，以及政法院校的专家学者在提供诉讼代理、刑事辩护、法律顾问、法律咨询、法律援助中，既依法依规化解矛盾纠纷，又结合具体实例积极开展普法工作。各级人民法院、检察院将一个个鲜活的典型案例，打造成一堂堂生动精彩的法治公开课，起到了很好的树立行为规则、引领社会风尚、彰显司法权威的作用。可以说，典型案例为培植全民法治信仰写下了生动注脚。

法治的力量源自公民对法治的信仰，全民守法是社会主义法治的根基。

---

① 肖立辉：《新时代新发展阶段普法工作的着力点》，《中国司法》2022年第1期。
②③ 赵婕：《全民普法让法治成为社会共识》，《法治日报》2022年2月10日。

社会主义法治建设深刻改变了中国人民的思想信念，民主、法治、公平等理念逐步深入普通公民心中，形成人人信仰法治的局面是法治建设的核心追求和基本保障。因此，全民普法工作的一个重点就是要坚持法治教育从娃娃抓起。青少年是未来法治中国的建设者和基本构成单元，要将法治教育纳入国民教育体系和精神文明创建内容，全面贯彻落实《青少年法治教育大纲》，由易到难、循序渐进不断增强青少年的规则意识。目前，全国共建立青少年法治教育基地 3 万余个，中小学法治副校长、法治辅导员配备率达 98.1%。政府、司法机关、学校、社会和家庭共同参与的青少年法治教育格局正在形成，青少年依法保护自身合法权益和用法律规范自身行为的意识、能力明显增强。要引导全体人民遵守法律，有问题依靠法律来解决，决不能让那种大闹大解决、小闹小解决、不闹不解决现象蔓延开来。要健全公民和组织守法信用记录，完善守法诚信褒奖机制和违法失信行为惩戒机制，形成守法光荣、违法可耻的社会氛围，使尊法用法守法成为全体人民的共同追求和自觉行动。

第五章　新时代坚持全面依法治国重大关系

2020 年 11 月，中央全面依法治国工作会议确立习近平法治思想在全面依法治国中的指导地位，这在党和国家法治建设史上具有重大意义。习近平法治思想科学回答了 21 世纪中国法治进程所面临的重大课题，是马克思主义中国化的最新成果，是全面依法治国的根本遵循和行动指南，标志着马克思主义法治思想的新飞跃。习近平总书记深刻阐明了全面依法治国的若干重大关系，为推进全面依法治国提供了科学的方法论指导。党的二十大报告提出，全面依法治国是国家治理的一场深刻革命，关系党执政兴国，关系人民幸福安康，关系党和国家长治久安。必须更好发挥法治固根本、稳预期、利长远的保障作用，在法治轨道上全面建设社会主义现代化国家。全面依法治国不仅是一项系统工程，而且是治国理政的一门政治艺术，必须要有高超的辩证思维和政治智慧，正确处理全面依法治国中的一系列重大关系，特别是政治和法治、改革和法治、依法治国和以德治国、依法治国和依规治党等关系。

一、政治与法治的关系

正确处理政治和法治的关系，是法治建设的一个根本问题。有什么样的政治就有什么样的法治，政治制度和政治模式必然反映在以宪法为统领的法律制度体系上，体现在立法、执法、司法和守法等法治实践之中。

（一）政治和法治的关系是法学理论和实践的核心问题

政治和法治的关系是国家治理体系中的重要议题之一。习近平总书记指出："法治当中有政治，没有脱离政治的法治。""每一种法治形态背后都有一套政治理论，每一种法治模式当中都有一种政治逻辑，每条法治道路底下都有一种政治立场。"① 党的领导是中国特色社会主义最本质的特征，是社会主义法治最根本的保证，针对一些人把党的领导同依法治国对立起来，否认法治当中有政治，脱离政治讲法治，以所谓法治的"普适性"为借口否定党的领导，这是混淆我国法治同西方法治的根本区别，在党法关系上制造政治陷阱和思想混乱。习近平总书记尖锐地指出，在党的领导和法治关系"这样的大是大非面前，一定要保持政治清醒和政治自觉，任何时候任何情况下都不能有丝毫动摇"②。

党中央对政治和法治的关系进行了科学分析，厘清了政治和法治问题上的模糊认识和错误观点，为坚持全面依法治国的正确政治方向提供了理论支撑。即使是西方法学家，也认为公法只是一种复杂的政治话语形态，公法领域内的争论只是政治争论的延伸。在美国也有部分法学家认为美国联邦最高法院既是司法机关也是政治机关，其政治意识形态可以影响重大案件审理。总之，政治理论、政治逻辑和政治立场对法治的影响是内在的。在现代社会，法律是关于政治活动和实现政治目标的复杂规则和程序，是现代政治生活的常规形式，有什么样的政治就有什么样的法治，政治制度和政治模式差异必然反映在法律上，体现在法治实践中，法治在某种程度上也是政治的风向标。

---

① 中央文献研究室主编：《十八大以来重要文献选编》（中），中央文献出版社 2016 年版，第 151 页。

② 习近平：《论坚持全面依法治国》，中央文献出版社 2020 年版，第 42 页。

正确处理政治和法治的关系，也是法治建设的一个根本问题。有什么样的政治就有什么样的法治，政治制度和政治模式必然反映在以宪法为统领的法律制度体系上，体现在立法、执法、司法和守法等法治实践之中。党的二十大再次强调必须坚持党的领导、人民当家作主和依法治国有机统一，坚持人民主体地位，充分体现人民意志、保障人民权益、激发人民创造活力。坚持宪法确定的中国共产党领导地位不动摇，坚持宪法确定的人民民主专政的国体和人民代表大会制度的政体不动摇，这是党一直以来的基本政策。马克思主义学派认为政治决定法治，法治服务政治。中外法治实践表明，法治当中有政治，没有脱离政治的法治，更没有超越政治的法治。

归根结底，政治与法治具有内在的一致性。依法治国首先要坚持依宪治国，依法执政首先要坚持依宪执政。党领导人民制定宪法法律，领导人民实施宪法法律，党自身必须在宪法法律范围内活动。[①]《中华人民共和国宪法》既以根本法的形式肯定了党的领导地位，又以根本法的形式确认了依法治国和建设社会主义法治国家的基本目标，这就充分体现了党的领导与社会主义法治的统一，最终体现政治和法治的统一。

（二）政治对法治具有决定和引导作用

法治的鲜明立场和政治属性是与生俱来的，不存在脱离政治的法治，法治理论背后是一套系统的政治理论体系，法治制度背后是业已成型的政治制度体系，可以说政治框定了法治的形态和内容。政治对法治的决定和引导作用体现在政治道路决定法治发展道路。习近平总书记指出："全面推进依法治国，必须走对路。如果路走错了，南辕北辙了，那再提什么要求和举措也都没有意义了。"[②]全面依法治国，必须坚持中国特色社会主义法治道路，其

---

① 《习近平谈治国理政》第 3 卷，外文出版社 2020 年版，第 285 页。
② 陈训秋：《坚定不移走中国特色社会主义法治道路》，载中国人大网，http://www.npc.gov.cn/npc/c30834/202106/1393c570af2b48fea7c4dcec1cd7ee20.shtml，2022 年 5 月 30 日。

原理在于我国属于社会主义国家的基本现实。中国共产党成立之后带领中国人民探索救亡图存、革命建国、发展经济和法治建设的道路，这个道路是数代探索者在一次次艰苦摸索中找到的正确的道路，是符合中国发展规律和现实需求的必由之路。中国特色的社会主义道路决定了法治的基本道路，这个基本方向不能脱离社会主义的基本发展道路，不可以脱离社会主义中国发展的基本轨道，这是法治必须坚守的基本立场。

此外，政治立场也决定着法治的目的和立场。法治的运行体现为立法、执法和司法等一系列的法治活动，这些活动体现了国家权力的分配和资源配置。我国是共产党领导的社会主义国家，中国共产党代表最广大人民的根本利益，这是最基本的政治立场和要求，同时也决定了法治的人民至上立场。

（三）党的领导和依法治国的高度统一

党的十八届四中全会明确指出："党的领导和社会主义法治是一致的，社会主义法治必须坚持党的领导，党的领导必须依靠社会主义法治。"[1]中国共产党的领导是中国特色社会主义的最本质特征，是中国特色社会主义制度的最大优势。坚持党对社会主义法治的领导是我国法治建设的根本特征，社会主义法治必须坚持党的领导，党的领导必须依靠社会主义法治，这是党法关系的科学论述。一方面，社会主义法治必须坚持党的领导，充分发挥党总揽全局、协调各方的领导核心作用，通过领导立法、保证执法、支持司法、带头守法，把党的领导贯穿于依法治国全过程。另一方面，党的领导必须依靠社会主义法治，法治有利于巩固党的执政地位和提高党的执政能力。因此，要坚持依法执政，要坚持以法治的理念、法治的体制和法治的程序实行党的领导。

---

[1]　张钧：《党的十八届四中全会的重大理论创新》，载中国共产党新闻网，http://theory.people.com.cn/n/2015/0210/c40531-26540713.html，2022年5月30日。

"全面依法治国决不是要削弱党的领导，而是要加强和改善党的领导，不断提高党领导依法治国的能力和水平，巩固党的执政地位。"① "在中国，在五四运动以来的六十年中，除了中国共产党，根本不存在另外一个像列宁所说的联系广大劳动群众的党。没有中国共产党，就没有社会主义的新中国。"② "中国由共产党领导，中国的社会主义现代化建设事业由共产党领导，这个原则是不能动摇的；动摇了中国就要倒退到分裂和混乱，就不可能实现现代化。"③ "必须坚持实现党领导立法、保证执法、支持司法、带头守法，健全党领导全面依法治国的制度和工作机制，通过法定程序使党的主张成为国家意志、形成法律，通过法律保障党的政策有效实施，确保全面依法治国正确方向。"④ 我国地大物博、人口众多、社会事务繁杂，只有中国共产党具备政治能力领导人民，带领人民开展社会经济建设和法治建设，可以说中国共产党的领导是国家法治建设的根本保证。

（四）法治对政治起到规范和保障作用

随着改革开放的深入和社会主义市场经济体制改革目标的确立，党对依靠什么样的法治的认识也在不断深化，先后提出了"依法治国""依法执政""依法行政""法治是治国理政的基本方式"等重大理论观点，基本解决并回答了党的领导要不要依靠社会主义法治等重大问题。习近平总书记强调"法治是治国理政不可或缺的重要手段。法治兴则国家兴，法治衰则国家乱。什么时候重视法治、法治昌明，什么时候就国泰民安；什么时候忽视法治、法治松弛，什么时候就国乱民怨"⑤。面对百年未有之大变局，中国共产党顺应历史发展潮流，推进全面依法治国，强调通过法治实现国家治

---

① ④ 《习近平谈治国理政》第 3 卷，外文出版社 2020 年版，第 284 页。

② 《邓小平文选》第 2 卷，人民出版社 1994 年版，第 170 页。

③ 同上书，第 267—268 页。

⑤ 《习近平关于全面依法治国论述摘编》，中央文献出版社 2015 年版，第 8 页。

理能力和治理体系的现代，通过法治维护政治大局，保障政治活动的规范性。法治对政治的保障和规范体现在：一是通过法律确认政治体制。法律可以通过明文规定的方式确认国家基本政治制度。习近平总书记指出："坚持依宪治国、依宪执政，就包括坚持宪法确定的中国共产党领导地位不动摇，坚持宪法确定的人民民主专政的国体和人民代表大会制度的政体不动摇。""实践证明，通过宪法法律确认和巩固国家根本制度、基本制度、重要制度，并运用国家强制力保证实施，保障了国家治理体系的系统性、规范性、协调性、稳定性。"① 二是通过法律确认政治成就和经验。宪法法律中可以体现政治活动的成果。三是法律可以规范政治行为。宪法法律对政治活动的开展方式进行了规范，比如对选举制度、权力划分和权力运行等进行明确规定，规制国家权力的运行方式。对国家机关组织开展选举、保障公民政治权利和实施有关政治活动等作出明确规定，这就为规范政治行为提供了准绳。

（五）政治和法治的关系体现为党和法的关系

政治和法治的关系中存在一个重要命题，就是党和法的关系问题。针对所谓"党大还是法大"这个问题，习近平总书记明确指出："我们不能含糊其词、语焉不详，要明确予以回答。""党大还是法大"，是一个政治陷阱、伪命题。之所以说它是一个政治陷阱，是因为提出这个问题属于政治上"设套"，我们如果回答是党大那就意味着否定法律至上，如果回答是法大那就意味着否定党的领导核心地位，无论怎么回答都是中了别有用心之人下的政治圈套，都会授人以柄、中了圈套。之所以说它是一个伪命题，是因为二者并不存在可比性，它们不是消极对立关系，而是辩证统一的，我国法律充分

---

① 程海波：《依法治国首先是依宪治国　依法执政关键是依宪执政》，载中国共产党新闻网，http://theory.people.com.cn/n/2013/0719/c40531-22251906.html，2022 年 5 月 30 日。

体现党和人民意志，中国共产党依法办事，这个关系是相互统一的关系。提出"党大还是法大"这个问题，无论是在挖政治陷阱、设政治圈套，还是在提出似是而非的伪命题、设置混淆视听的障眼法，其动机都是在否定中国共产党的领导、否定中国特色社会主义制度，最终也是在否定我国社会主义法治，我们对此必须头脑清醒、高度警惕。①

全面依法治国决不是要削弱党的领导，而是要加强和改善党的领导。党和法的关系的高度一致、密不可分的，离开党的领导，法律则脱离人民意志；抛弃法治，党和人民曾遭受重大损失。在历史上，"文化大革命"期间，法治被破坏殆尽，公检法被彻底砸烂，法律制度近乎废止，随之而来的是公民人权得不到保障，社会经济政策秩序严重破坏，造成极为惨重的后果。"文化大革命"结束后，邓小平等领导人反思后指出"必须加强法制，必须使民主制度化、法律化"②。改革开放之后，中国法治建设快速进步，法律体系逐步完备，民众法治意识大为提升，这些都是在党的领导之下实现的重要成就。党的领导是我国社会主义法治之魂，是我国法治同西方资本主义国家法治最大的区别。离开了党的领导，全面依法治国就难以有效推进，社会主义法治国家就建不起来。改革开放以来这些重要的法律制度、法律规定和法律实践都是在党的领导下实现的，这也体现了党和法的关系的一致性。

二、改革和法治的关系

中国特色社会主义进入新时代，如何在法治轨道上推进改革、在改革中完善法治，既以改革推动经济社会发展，又保障法治稳步前进，是我们必须

---

① 习近平：《坚定不移走中国特色社会主义法治道路，为全面建设社会主义现代化国家提供有力法治保障》，《中国民政》2021年第6期。

② 王文兵：《论人民民主的制度化、法律化、法治化》，《北京联合大学学报》2016年第2期。

面对的重大理论和重大实践问题。习近平法治思想以辩证唯物主义和历史唯物主义为重要基础，是中国特色社会主义法治实践的科学总结和理论创新，改革和法治的关系的重要论述构成了其中科学方法的主要内容。[①] 在全面依法治国进程中，一个基本的思维路径是"以法治凝聚改革共识"。解决法治领域的突出问题，根本途径在于改革，法治需要在改革发展中不断完善提升。正确把握和处理改革与法治的关系，对于协调推进"四个全面"战略布局、推进国家治理体系和治理能力现代化具有重大意义。坚持立法和改革决策相统一，应进一步发挥好人大在立法工作中的主导作用，最大限度凝聚改革共识，遵循和把握立法规律，增强立法的及时性、系统性、针对性、有效性，以良法促进发展、保证善治。[②]

（一）改革与法治具有内在一致性

法治要以法治国，要使法律具有极大的权威性，国家的组织和统治权之行使，社会或个人相互关系之调整，概以法律为准绳。[③] 法治是与人治相反的概念。自古以来，管治者管治社会就会设立规则，不过规则是为了管治社会，制定规则者往往脱离监管体系。制定规则者管治社会，谁来监管规则制定者成为新的问题，对最高权力者的监督就成了漏洞。针对这个漏洞，历代思想家所得出之方法是实现最高管治者守法。例如：梁启超将政体分为法治和专制，不论是君主立宪国，还是共和立宪国，立宪国家即为法治国，相反则为专制国。

古希腊哲学家柏拉图后期著作《政治家篇》和《法律篇》，根据由多少人统治，将政府分为三种政体，再根据政府守法还是不守法，将每种政体一分为二。他认为守法政府是最好的政体，不守法的政府是坏的政体，在这种

①　李涛：《习近平法治思想关于改革和法治的关系研究》，《江汉论坛》2021 年第 12 期。

②　郭振华：《正确把握和处理改革与法治的关系》，《理论视野》2017 年第 7 期。

③　舒国滢主编：《法理学阶梯》，清华大学出版社 2012 年版，第 241 页。

好政体的国家之中，统治者是法律的奴仆。制度没有公义、没有真相，因为管理人员就算不是单纯自私自利，也是为了系统运作或计划目标而定立和运用法律，是哲学思考者引进公义、真相和真理，个案受害者或制度性受害者为自己的情况修正制度，管理人员所做也可能脱离现实。可以说，古希腊是法治思想的最早诞生地之一，此后法治在漫长的人类历史中不断演化，最终成为国际公认的制度准则，在众多国际条约中得到肯定。

改革是社会发展的动力，"社会主义政治实践的历史表明……当今世界的潮流之一就是改革，而这股潮流在社会主义国家中其气势格外磅礴。"[①] 中外历史上不乏影响重大的改革，我国历史上的商鞅变法、王安石变法和张居正改革等均对当时社会发展产生重要影响。1978 年由邓小平开启的改革开放，深刻改变了社会面貌，极大提高了人民生活水平和国家综合国力。

改革开放是中国共产党在社会主义初级阶段基本路线的两个基本点之一。改革即对内改革，就是在坚持社会主义制度的前提下，自觉地调整和改革生产关系同生产力、上层建筑同经济基础之间不相适应的方面和环节，促进生产力的发展和各项事业的全面进步，更好地实现广大人民群众的根本利益。开放即对外开放，是加快我国现代化建设的必然选择，符合当今时代的特征和世界发展的大势，是必须长期坚持的一项基本国策。

当前的改革和法治均统一于中国特色社会主义建设进程之中。习近平总书记强调："注重系统性、整体性、协同性是全面深化改革的内在要求，也是推进改革的重要方法。"[②] 改革是一项科学的事业，社会主义改革是新陈代谢规律在社会主义发展过程中的体现。改革是社会主义的自我更新和完善，是社会主义生命之光的闪烁。人类历史发展的经验表明法治是迄今为止最为

---

① 王沪宁：《比较政治分析》，上海人民出版社 1986 年版，第 82 页。
② 高继文：《习近平关于全面深化改革方法论的重要论述》，《高校马克思主义理论教育研究》2021 年第 2 期。

成功的治国理政方式。法治不仅是人类社会进入现代文明的主要标志，也是国家治理体系和治理能力现代化的基本特征。没有法治就不可能有成功的社会主义，社会主义只有与法治结合，才能实现国家长治久安和人民生活幸福。要保持我国经济社会长期持续健康发展势头，不断开拓中国特色社会主义更加广阔的发展前景，就必须紧密结合全面深化改革工作部署，巩固党和国家长治久安的法治基础。改革和法治是辩证统一的关系，全面深化改革总目标是完善和发展中国特色社会主义制度、推进国家治理体系和治理能力现代化。全面推进依法治国总目标是建设中国特色社会主义法治体系、建设社会主义法治国家。改革和法治统一于坚持和发展中国特色社会主义之中，统一于推进中国式现代化实践之中。

（二）法治对改革发挥引领和保障作用

法治和改革在当前全面建设社会主义过程中相辅相成，其中法治对全面深化改革起到引领和保障作用。

1. 法治是改革的基本保障

改革的核心在于改革经济体制，实行市场经济，而市场经济需要相应的法律以保证竞争秩序。在市场经济中，资源配置过程其实是通过竞争完成的。市场经济只有建立在充分竞争的基础上才可能健康发展。公平的竞争需要法治为市场提供完备的运行规则、限制垄断、禁止不正当竞争行为，实现真正的优胜劣汰。[①]法治是治国理政的基本方式，也是全面深化改革的基本遵循。全面深化改革，完善和发展中国特色社会主义制度，推进国家治理体系和治理能力现代化，首先要求坚持依法办事，运用法治思维和法治方式推进各项改革。改革仍是当前的国家和社会的主导性任务，但是改革不应以绕开法治的方式推进，而是应在法治的轨道上运行。重大改革应当有充分的法

[①]　陈金钊主编：《法理学》，北京大学出版社 2010 年版，第 318 页。

律依据，及时修法为改革创造合法性基础。改革试点应当得到法律授权，严格按照法律程序推进和实施。如 2016 年监察体制改革就是在全国人大常委会授权暂定北京、山西和浙江三地的部分法律实施，授权三地改革试点的前提下开展的。可以说，法治建设是全面深化改革的重要保障。

2. 法治可以引领改革进程

在整个改革过程中，都要高度重视运用法治思维和法治方式，发挥法治的引领和推动作用。在改革开放初期法治基础缺乏和法律体系尚不完备的条件下，邓小平等领导人提出"摸着石头过河"，在特殊环境下积极推进改革，先探索实践、试点试验，改革成果经过检验后，再通过立法予以确认。在部分地方的改革实践中，一度出现改革和法律的紧张关系，部分人认为改革就是突破法律，通过改革改造法律，甚至有人打着改革旗号绕开法律，破坏法治，比如部分地区开展的医疗改革就无视医疗相关管理规定，自行推行了过激且得不到民意支持的改革。规范的改革应当以法治改革为先，通过首先修订顶层法律规定，通过立法设计改革进路和改革内容，推动法治化和科学化改革，确保国家法律体系的完整性和一致性。

3. 法治可以确认和巩固改革成果

党和政府以党内法规和政策的形式宣示、确认其治国理念和治国路线，这些国家治理的制度设计和政策规定，只有通过法治化，才能实现定型化和精细化，执行力才能得到增强，并以法律的强制力保证其实施。"社会生活无处不在；只要存在着社会生活，就存在一定的组织形式。法律的目的就是让这种组织更稳定、更精确。如果法律生活不在同一时间和同一关系中扩展，一般社会生活便不能超越法律生活，我们能够确信，在法律中能够找到任何形式的社会凝聚力形态。"[1] 将改革成果通过法律的制定，以法律的形式

---

[1] ［德］托马斯·莱赛尔：《法社会学导论》，高旭军等译，上海人民出版社 2014 年版，第 61 页。

予以规定和确定，可以借助法律自身所具有的稳定性、确定性、规范性特征，以宪法保驾护航；以制定法律先行的方式，通过授权立法以及法律的立、改、废，可以发挥法律的引领、推动功能，依靠法律促进改革，实现改革决策与依法治国、建设社会主义法治国家相统一。①

（三）改革对法治起到推进作用

改革需要法治的保障和规范，同时改革也明确了法治发展的方向，为法治发展创造更好的条件。

1. 改革为法治发展创造基础，明确法治发展的方向

恩格斯所说的："每一时代社会经济结构形成的现实基础，每一个历史时期有法律设施和政治设施以及宗教的、哲学的和其他的观点所构成的全部上层建筑，归根到底都是应由这个基础来说明的。"②改革是涉及整个社会系统方方面面的综合工程和伟大事业，不仅政治体制和经济体制需要进行改革，文化方面、社会方面和生态方面都涉及改革的问题，它们都在不同程度和不同方面影响着法治。法治的进步离不开改革的深入推进，改革是法治不可或缺的重要基础和条件。③中国当前进行的改革是一个千年以来少有的大变局改革，改革的深度和广度都是千年以来所未有。改革开放促进经济快速发展，人民生活水平得到快速提高，这为法治建设提供了良好的物质基础。改革开放40多年中的法学教育和法治宣传快速推进，高等院校培养了大批优秀的法学人才，民众法治意识得到提高，这成为法治发展的民众基础。可以说，改革开放开启了社会主义法治的新时代，为法治发展奠定了强大的基础。

2. 改革推进法治现代化

马克思指出："社会的物质生产力发展到一定阶段，便同它们一直在其

---

① 姜伟：《全面深化改革与全面推进依法治国关系论纲》，《中国法学》2014年第6期。
② 《马克思恩格斯选集》第3卷，人民出版社1972年版，第66页。
③ 卓泽渊：《法治国家论》，法律出版社2004年版，第276页。

中活动的现存生产关系或财产关系发生矛盾。于是这些关系便由生产力的发展形式变成生产力的桎梏。那时社会革命的时代就到来了。随着经济基础的变更，全部庞大的上层建筑也或慢或快地发生变革。"① "法不仅随社会生产关系和经济基础的根本变革而发生质的变化，而且即使生产关系和经济基础的部分变化也必然引起法的量的变化，例如法律的制定、修改或废止。社会基本矛盾运动是法的起源、发展和演变的根本原因。"② 在庆祝中国共产党成立100周年大会上，习近平总书记指出："中国共产党和中国人民以英勇顽强的奋斗向世界庄严宣告，改革开放是决定当代中国前途命运的关键一招，中国大踏步赶上了时代！"习近平同志指出："改革和法治如鸟之两翼、车之两轮。""在整个改革过程中，都要高度重视运用法治思维和法治方式，发挥法治的引领和推动作用"③。坚持在法治下推进改革、在改革中完善法治，使改革因法治而得到有效推进，使法治因改革而得到不断完善，这是改革开放以来我国法治建设的一条重要经验。党的十八大以来，我们党运用法治思维和法治方式深化改革，发挥法治对改革的引领和推动作用，确保重大改革于法有据，做到在法治轨道上推进改革，以法治凝聚改革共识，以法治引领改革方向，以法治化解改革风险，以法治巩固改革成果。同时，把法治纳入全面深化改革的总体部署，立法主动适应改革的要求，加强重点领域立法，修改和废止不适应改革要求的法律，同步推进立法体制、执法体制和司法体制改革。坚持立法决策和改革决策相统一，在全面深化改革总体框架内全面推进依法治国各项工作，坚定不移推进法治领域各项改革，以改革思维和改革方式推进法治中国建设。因此，改革开放40多年的成就之一就是推进了法治建设取得长足发展。

---

① 《马克思恩格斯选集》第2卷，人民出版社1972年版，第82—83页。

② 葛洪义主编：《法理学》，中国政法大学出版社2008年版，第118页。

③ 江必新、戴太雷：《习近平法治建设重大关系理论》，《东南法学》2021年第2期。

3. 改革提出了法治建设的任务

十八届三中全会用六个"紧紧围绕"来概括改革的聚焦点和着力点，并具体分解出 60 大项改革举措，每一大项之下又包括许多具体的改革事项。这些改革任务涉及多个重要的社会领域，足以深刻改变当前的社会经济生活面貌。其中一项重要改革是法治领域的改革，法治领域的改革关系国家未来的发展方向，但从根本来说是受到整体改革的目标和方向所约束。立法体制机制改革方面，提出了"提高立法质量，防止地方保护和部门利益法制化""完善规范性文件、重大决策合法性审查机制"等许多具体任务；深化行政执法体制改革方面，从"建立权责统一、权威高效的行政执法体制"和"完善行政执法程序"两个方面出发，通过多个节点设计，确保严格规范公正文明执法；深化司法体制改革方面，提出了"加快建设公正高效权威的社会主义司法制度，维护人民权益，让人民群众在每一个司法案件中都感受到公平正义"的改革目标，明确了深化司法管理体制改革、司法权力运行机制改革、完善人权司法保障制度等重点改革领域和事项。可以说通过改革才能真正实现法治建设的目标。

三、依法治国和以德治国的关系

随着我国经济的快速发展，社会经济建设成为当前的主要任务，其中法治与德治的关系成为国家治理的重要领域。我们党在提出"依法治国"重要思想后又提出了"以德治国"的重要思想，并且强调二者的结合，这是我党治国思想的新发展，是对马克思主义国家学说的丰富和贡献。

（一）依法治国和以德治国的关系具有历史延续性

依法治国和以德治国是江泽民同志为主要代表的中国共产党人提出的重要治国方略，在我国历史上有着深厚的渊源。先秦时期，古代中国思想家已经对法治和德治的关系问题进行阐释，虽然当时的法治和现代法治有根本性差异，但这些闪烁着智慧结晶的观点对后世有持续的影响。孔子提出："政者，正也。子帅以正，孰敢不正？"为政要"居之无倦，行之以忠""博学于文，约之以礼"。"道之以政，齐之以刑，民免而无耻，道之以德，齐之以礼，有耻且格。""为政以德，譬如北辰，居其所而众星共之。""苟正其身矣，于从政乎何有？不能正其身、如正人何？"战国时代的孟子，也反复论述"仁政"的理念，认为"仁者无敌"。"先王有不忍人之心，斯有不忍人之政矣。以不忍人之心，行不忍人之政，治天下可运之掌上。""不信仁贤，则国空虚；无礼义则上下乱。"中国古代受孔孟思想的影响，在治理国家的过程中主要以"德"为主，刑法在治理国家的过程中起到的是辅助性作用，在治理国家的过程中倡导德化。

马克思主义关于无产阶级的法与道德的论断对社会主义法治建设做了理论铺垫。马克思主义理论家对法治和德治的关系进行过相应探索，马克思和恩格斯深刻地批判了资产阶级所谓的民主法治，马克思主义基于历史唯物主义的科学立场，将社会意识归结于社会存在，将道德归结于社会物质条件的方方面面，又将道德所产生的经济关系归结于物质生活资料生产方式的一个发展过程，这就将法与道德放在了一个现实的、客观的历史进程当中，其摆脱了神学的蒙昧与自我意识的阴霾。①

近现代以来，毛泽东等革命领导人对德治和法治的问题有了更进一步的探索。毛泽东指出马克思主义的道德观念是为人民利益以及无产阶级解放事业而服务的，以人民的利益为根本原则的行动才是符合马克思主义道德观的。在毛泽东思想的指引下，革命根据地民主政权在长期的革命斗争过程中，建立了较为完备的法律制度，也确立了符合中国革命、有利于人民大众

---

① ［德］库诺：《马克思的历史、社会和国家学说：马克思的社会学的基本要点》，袁志英译，上海译文出版社 2006 年版，第 628 页。

利益的法律原则。①1958 年，毛泽东指出："法律这个东西，没有也不行，但我们有我们这一套，调查研究，就地解决，调解为主。不能靠法律治多数人，多数人要靠养成习惯。我们每个决议案都是法。治安条例也靠成了习惯才能遵守，成为社会舆论。"②毛泽东等党和国家领导人认为不能过度依赖法律，更多的是要靠道德习惯来规范社会和解决社会争议，反对陷入法律教条主义的陷阱，在当时具有积极的探索价值。然而，新中国成立后的法治也带来许多问题，比如法制建设十分滞后，导致全社会很多领域无法可依。"文化大革命"等破坏法治的极端现象出现，公检法均被撤销，全社会一度陷入法制荒芜带来的失序之中，党和人民均遭受了重大损失。

邓小平同志在回答外国记者如何避免类似"文革"那样的错误时说："我们这个国家有几千年封建社会的历史，缺乏社会主义的民主和社会主义的法制。现在我们要认真建立社会主义的民主和社会主义的法制。只有这样，才能解决问题。"③改革开放之后，邓小平、彭真等领导人积极开展法制建设，先后制定了大量成文法规范，推进全社会普法工作，中国的法治建设进入快速发展阶段。1986 年 9 月，《中共中央关于社会主义精神文明建设指导方针的决议》阐明了社会主义精神文明建设的战略地位，根本任务和指导方针，指出："不要社会主义民主的法制，决不是社会主义法制；不要社会主义法制的民主，决不是社会主义民主"④。

"依法治国和以德治国相结合"是以江泽民同志为主要代表的中国共产党人在国家管理理论上的一个重大创举。2001 年 1 月 10 日，江泽民同志在

---

① 朱勇主编：《中国法制史》，法律出版社 2016 年版，第 388 页。

② 万其刚：《依法治国基本方略的提出和发展》，载中国人大网，http://www.npc.gov.cn/zgrdw/npc/xinwen/rdlt/fzjs/2014-11/14/content_1886222.htm，2022 年 5 月 30 日。

③ 孙丽华：《邓小平依法治国的理论与实践》，《行政论坛》2001 年第 2 期。

④ 《十二大以来重要文献选编》(下)，中央文献出版社 2011 年版，第 130 页。

全国宣传部长会议上的讲话中阐明两者的关系："对一个国家的治理来说，法治与德治，从来都是相辅相成、相互促进的。二者缺一不可，也不可偏废。法治属于政治建设，属于政治文明，德治属于思想建设，属于精神文明。二者范畴不同，但其地位和功能都是非常重要的。"①

2016 年 9 月，习近平总书记在《主持中共中央政治局第三十七次集体学习时的讲话》中提到："改革开放以来，我们深刻总结我国社会主义法治建设的成功经验和深刻教训，把依法治国确定为党领导人民治理国家的基本方略，把依法执政确定为党治国理政的基本方式，走出了一条中国特色社会主义法治道路。这条道路的一个鲜明特点，就是坚持依法治国和以德治国相结合，强调法治和德治两手抓、两手都要硬。这既是历史经验的总结，也是对治国理政规律的深刻把握。"② 法治是国家的强制之治，德治是社会的教化之治。依法治国就是要加强社会主义法治建设，运用法律的强制力惩处罪恶、治理国家；以德治国就是要加强社会主义道德建设，运用道德的力量弘扬社会善行。"依法治国"理念的提出及深化，继承了我国古代法家思想精华，又以现代法治理念为指导，以党的领导、人民当家作主、依法治国三者有机统一为核心，以公平正义为价值取向，以尊重和保障人权为基本原则，以法律的至高无上权威为根本要求，以监督制约为内在机制，以自由平等为理想追求的法治。使得德治与法治相辅相成，缺一不可，忽视其中任何一个方面，都不可能达到使国家长治久安的目的。

（二）依法治国和以德治国相辅相成、相互促进

习近平总书记强调："在新的历史条件下，我们要把依法治国基本方略、

① 邓慧瑜：《"德治"与"法治"构成完整的治国方略》，《中山大学学报论丛》2004 年第 4 期。

② 《习近平主持中共中央政治局第三十七次集体学习并发表重要讲话》，载中华人民共和国中央人民政府网，http://www.gov.cn/xinwen/2022-02/26/content_5675758.htm，2022 年 5 月 30 日。

依法执政基本方式落实好，把法治中国建设好，必须坚持依法治国和以德治国相结合，使法治和德治在国家治理中相互补充、相互促进、相得益彰，推进国家治理体系和治理能力现代化。"依法治国和以德治国是相辅相成、相互补充和促进的关系，二者统一于中国国家治理现代化之中。

1. 以德治国是依法治国的基础

道德与法律都是调控社会关系和人们行为的重要机制，在社会中都发挥着各自不同的地位以及作用，两者都是由一定的经济基础来决定的，都是属于规范人类的社会行为，都离不开社会的经济基础。法律是道德的底线，如果一个人违反了道德，可能会受到来自舆论的压力，但是不一定会受约束与法律制裁。首先，道德是立法的基础。法律是社会道德中最基本和最底线的要求，这些最底线的要求是所有公民都应该遵循的，通过立法的方式上升为法律，成为全社会公民的遵守规则。其次，法律的制定和内容应符合人类基本的道德标准，即所谓的自然法中的正义、公平、平等等道德原则。违反人类基本道德标准制定的法律违背自然法，虽然是立法机关正式制定发布的法律，但其道德正当性不足，势必影响其实施和遵守，也得不到社会民众的广泛支持。只有借助社会道德规范来判断和评价，才能使制定出来的法律符合社会公众所认同的道德要求，体现正确的价值取向，真正成为"良法"。失去道德价值，人就无法判断法律的善恶好坏，当然也就无法评价立法是否成功，这样的法律势必会蜕变为立法者的专横任意。再次，道德是执法的基础。法律不可避免地具有一定的模糊性、机械性使得执法者不可避免地具有一定的自由裁量权，能否合法合理地运用好这一权力取决于执法、司法队伍素质的高下。[①] 司法人员的思想道德素质是影响司法公正的重要因素，司法人员的道德修养关系到法律权威的树立。司法人员的道德水平高，有助于防

---

① 章淑珍：《论依法治国与以德治国》，《江西行政学院学报》2006年第1期。

止司法腐败，坚持司法公正，更好地实现法律的价值。最后，在守法阶段，道德为公民守法做好道德和思想基础，提高公民的道德素质，加强公民对法律的认同和信仰，从而使公民从心底愿意服从法律的制约，自觉守法。① 加强社会主义道德教育，提高全国人民的道德素质，可以为依法治国提供思想支持。

思想基础和精神动力对法治的实行起着推动、强化和维护的功能，通过发挥道德教育的这种精神治理方式促进法治建设是必要的。如果没有最基本的思想道德基础，那么以道德伦理为内在价值的法律也很难被人们信仰和遵守，法治社会最终就很难建立起来。

2. 依法治国是以德治国的保障

习近平法治思想强调在道德建设领域要加强对突出问题的专项立法，弘扬美德义行。2018 年 5 月，中共中央印发《社会主义核心价值观融入法治建设立法修法规划》，要求把社会主义核心价值观融入法律法规的立改废释全过程。习近平总书记的观点实际上肯定了道德上升为法律，法律保障道德实施的基本理念。首先，道德主要靠舆论压力和个人内在要求来实施，不具有外在实施的强制性，这是道德的局限，也是以德治国的局限。道德更多发挥宣誓、导向和引领作用，这些作用的最大化发挥需要法治的保障，通过法治保障道德的实施。可以说没有依法治国的保障，以德治国就无法发挥最大功效，甚至出现实施中的偏差。其次，依法治国可以规范以德治国。以德治国更偏重个人的因素，强调个人道德素质的重要性。古往今来的历史表明过度依赖个人道德素质并不能达到最好的效果，人性具有复杂性和多变性，过度依赖个人道德素质治国往往出现不利的后果。因此，依法治国可以发挥规范以德治国的作用，通过法律来约束个人自由裁量权，确保以德治国能够在法

---

① 周莉：《略论以德治国与依法治国的辩证关系》，《学理论》2012 年第 4 期。

治的轨道上运行。最后，实行依法治国加强社会主义法制建设有利于维护和弘扬良好的道德。正如博登海默所说，商业社会必须依靠比道德谴责更为有效的保护手段，才能抵制某些应受指责的毫无道德的商业行为，与此信念相生的是不公平竞争法的兴起和欺诈性广告的约束。社会主义以法律的形式将社会主义道德的基本原则和要求确定下来，保障这些道德原则和要求得到严格的遵守，否则会受到以国家强制力为后盾的法律的惩罚。缺乏依法治国的保障和推动作用以德治国难以真正实行。①

3. 依法治国和以德治国具有互补性

道德与法律具有极大的互补性，两者共同作用，使任何社会关系在任何时间都能纳入调整的范围。法律重在调整人的社会行为，着眼于人的活动的合法性，道德则重在规范人的思想，主要着眼于人心，在于人的思想自觉。法律对违法行为进行惩罚并起到威慑作用，道德则重在教育劝导，从而达到自律。中国因长期受儒家学说的影响，"厌讼""息讼"和"法律治民不治官"等传统观念在我国根深蒂固，这使得引入并推进现代依法治国及其理念，遭遇到了剧烈的挑战与排斥。但通过适时引入以德治国，则能够有效减轻这种源自传统与现代之冲突的震荡，起到"解围"的作用。另一方面，法治通过法律强制力和法治理念可以弥补以德治国的道德不稳定性问题，克服道德的不确定性、模糊性和任意性难题，通过规范性和稳定性维护国家和社会的稳定发展。

（三）依法治国和以德治国统一于社会主义建设实践

"以德治国"与"依法治国"是党中央在借鉴和总结中外历史经验，并结合我国社会实际提出的治国方略。对于"德治"和"法治"的探讨已有千年的历史，但是将"依法治国"与"以德治国"两种治国方略结合起来是中

---

① 章淑珍：《论依法治国与以德治国》，《江西行政学院学报》2006 年第 1 期。

国治国理论的一次创举，两者统一于社会主义建设实践之中。

1. 依法治国和以德治国统一于社会主义经济建设进程

党的十四大明确提出：建立社会主义市场经济体制，就是使市场在社会主义宏观调控下对资源配置起基础性作用，使经济活动遵循价值规律的要求，适应供求关系的变化；通过价格杠杆和竞争机制的功能，把资源配置到效益较好的环节中去并给企业以压力和动力，实现优胜劣汰；运用市场对各种经济信号反应比较灵敏的优点，促进生产和需求的及时协调。社会主义市场经济也是法治经济，在市场经济建设过程中，坚持法律至上，坚持公平正义的价值观，尊重市场规律，保障市场主体平等，将法治的保障作用落到实处。改革开放 40 多年来，我国不断将市场经济纳入规范化、法治化轨道。进入新时代，加快完善社会主义市场经济体制，必须加快推动相关法律法规的立、改、废、释，充分发挥法治固根本、稳预期、利长远的作用，为维护良好的市场秩序提供法律支撑。徒法不足以自行，法律允许有其局限性，法律和道德是相辅相成的关系，市场经济同样以诚信、公平等道德价值观为准则，这些道德准则可以弥补法律规范的不足和漏洞，维护社会主义市场经济的健康发展。

2. 依法治国和以德治国统一于中国特色的社会主义政治

党的十五大报告指出："建设有中国特色社会主义的政治就是在中国共产党领导下在人民当家作主的基础上依法治国发展社会主义民主政治。"习近平总书记在庆祝中国共产党成立一百周年大会上强调，要"践行以人民为中心的发展思想，发展全过程人民民主"[①]。这一重要讲话把发展全过程人民民主视为当前和今后一段时间中国特色社会主义民主政治建设的一项重要任务。中国特色社会主义政治不同于欧美的民主政治制度，其最大的特色是既

---

① 《新征程上，必须团结带领中国人民不断为美好生活而奋斗——论学习贯彻习近平总书记在庆祝中国共产党成立一百周年大会上重要讲话》，载中央人民政府网，http://www.gov.cn/xinwen/2021-07/06/content_5622641.htm，2022 年 5 月 28 日。

强调法治建设，又注重发挥人民民主的优势，发挥个人的主观能动性。我国在积极推进社会主义法治建设的过程中，坚持发挥道德的引领作用，在全社会培育和推进社会主义核心价值观，通过发挥道德的治国作用补充法治的不足。党的二十大报告要求坚持依法治国和以德治国相结合，把社会主义核心价值观融入法治建设、融入社会发展、融入日常生活。党的基本政策就是坚持依法治国和以德治国的统一，两者协同辅助中国特色社会主义政治建设。

3. 依法治国和以德治国统一于治国理政方式的变革进程

党的十八届三中全会提出了"坚持和完善中国特色社会主义制度，实现国家治理体系和治理能力现代化"的战略目标。党的十九届四中全会围绕这一目标作出了重大战略部署。国家治理体系治理能力现代化包括治理手段的法治化、治理主体的多元化、中央与地方形成稳定的国家权力结构等重要内容。以习近平新时代中国特色社会主义思想为指导，坚持和加强党的全面领导，坚持以人民为中心，以增进人民福祉为出发点和落脚点，坚持党对基层治理的全面领导，把党的领导贯穿基层治理全过程。逐步建立起党组织统一领导、政府依法履责、各类组织积极协同、群众广泛参与，自治、法治、德治相结合的基层治理体系。法治和德治是党中央要求的实现国家治理体系和治理能力现代化的重要内容，两者统一于国家治理现代化的进程之中。

四、依法治国和依规治党的关系

习近平总书记在 2020 年 11 月 16 日中央全面依法治国工作会议上的讲话中指出，全党同志都必须清醒认识到，全面依法治国决不是要削弱党的领导，而是要加强和改善党的领导。① 要健全党领导全面依法治国的制度和工

---

① 《习近平在中央全面依法治国工作会议上发表重要讲话》，载中央人民政府网，http://www.gov.cn/xinwen/2020-11/17/content_5562085.htm，2022 年 5 月 30 日。

作机制，推进党的领导制度化、法治化，通过法治保障党的路线方针政策有效实施。要坚持依法治国和依规治党有机统一，确保党既依据宪法法律治国理政，又依据党内法规管党治党、从严治党。"依法治国"与"依规治党"并非相互分离、相互割裂的对立双方，而是在内容上密切联系、功能上相互补充的有机整体，作为法治的两个子系统共同作用于党领导人民进行的伟大法治实践。依法治国和依规治党两者之间是一个有机统一的整体，两者在新时代社会主义建设阶段是一个相辅相成的关系。

（一）依法治国和依规治党具有历史传承

马克思对党内法规的分析具有高度前瞻性，他认为党章和决议是"最高的判决"，"这个共同章程和组织条例，是我们协会唯一的法律。"[①] 列宁继承和发展了马克思主义在社会主义革命和建设中的思想，尤其是在探索无产阶级政党执政方面的理论和实践，要求把共产党建设成为革命家的政党，政党要有铁的纪律。

"依规治党"概念的提出，源于中国共产党从严治党的革命传统和新时代全面从严治党的伟大实践。1938 年，在扩大的党的六届六中全会上，针对王明不服从中央决定、公开发表同中央不一致意见，张国焘拒绝执行中央的北上方针、严重破坏党的纪律等严重危害党的行为，毛泽东在《论新阶段》的政治报告中提出："为使党内关系走上正轨，除了上述四项最重要的纪律外，还须制定一种较详细的党内法规，以统一各级领导机关的行动"[②]，在此次大会上，刘少奇作的《党规党法的报告》第一次使用了"党规党法"。1945 年党的七大上，刘少奇同志提到"党的法规"一词。在革命斗争和新中国成立后的相当长的历史时期，党规发挥着至关重要的作用，可以说不低于

---

① 《马克思恩格斯全集》第 18 卷，人民出版社 1972 年版，第 79 页。
② 《毛泽东选集》第 2 卷，人民出版社 1991 年版，第 528 页。

甚至超过部分法律规范的约束作用，党规实际成为治国理政的重要手段，这种模式持续至现在的治国模式。十一届三中全会之后，党的领导人再次强调党规的约束和规范作用。邓小平深刻反思"文化大革命"期间民主法制衰败和党内民主遭受破坏的惨痛教训，语重心长地指出："国要有国法，党要有党规党法。党章是最根本的党规党法。"①党的十四大修改通过的新党章，第一次以党内根本大法的形式确认了"党内法规"概念。1990年颁布的《中国共产党党内法规制定程序暂行条例》对其作了界定规范，2012年《中国共产党党内法规制定条例》颁布施行，标志着党内法规建设将进一步深化，正式迈入体系化轨道，开启了党内法规体系和国家法律体系建设协调发展之路。

1997年党的十五大报告首次提出："依法治国，建设社会主义法治国家。"依法治国成为党领导人民治理国家的基本方略。2015年中国共产党第十八届中央纪律检查委员会第五次全体会议率先提出："坚持全面从严治党、依规治党。"依规治党成为全面从严治党的基本要求。②2017年党的十九大报告从关系衔接的角度将"依法治国"和"依规治党"连接起来，强调"依法治国和依规治党有机统一"，该命题进一步深化了对全面依法治国和全面从严治党的认识。习近平总书记一直将依规治党、从严治党提高到与依法治国同等重要的地位。党的十九大报告提出"依法治国与依规治党有机统一"的重要命题，两者在中国当下的国家治理中具有相辅相成、互相促进的作用。

（二）依法治国和依规治党在国家治理层面存在明确分工

政党和国家分属不同层面的定义，党纪和国法也存在性质和适用范围上的差异。党纪与国法之间的关系问题，向来是法治反腐理论研究的重心。对

---

① 《邓小平文选》第2卷，人民出版社1994年版，第147页。

② 华春雨、孙铁翔：《以习近平同志为总书记的党中央推进依规治党纪实》，《人民日报》2016年4月19日。

此，一个共识性结论是，党纪与国法分别属于两种不同的规范类型：党纪系组织内规则，是依据党的宗旨、目标制定的组织纪律规范；国法系一般性规范，是由立法机关制定的、具有普遍约束力并由国家强制力保障实施的行为规范。因此，二者形成机理不同、作用方式不同。监察体制改革以前，党纪与国法虽然都被视作重要的反腐规范依据，但两者之间却欠缺有效的沟通或衔接机制，尤其强调"纪""法"本质不同，界限泾渭分明。比如，认为党纪与国法之间有着实质性的差异，两者在理论根据、规范效力、惩罚方式等方面都存在重要区别。因此，党纪与国法之间的关系可以表述为党纪严于国法，国法高于党纪。党纪严于国法，并不是说党纪可以凌驾于国法之上。党纪之严在于，它的纪律性规定较之法律而言规定得更密、要求得更严；国法之高在于，党必须在宪法和法律的范围内活动，党纪不具有法外特权。

确实，党纪在整体上是严于国法的，这种"严"不仅表现为规范本身的严肃性或权威性，还体现在规范体系的严密性，这也间接说明，党纪和国法之间无疑是存在区别的。党内纪律和国家法律的差异性显而易见，两者差异表现在：一是适用对象不同，党纪适用于中共党员干部，而不能适用于非党员干部；法律则适用于根据具体法律法规所设定的有管辖权的所有公民和组织。二是适用标准不同，党纪有一套独立的调查和处置标准，法律标准则根据民事、刑事等不同部分法差异而不同，两者在标准上存在较大区别。三是性质不同，党纪是政党这个社会组织内部的纪律规范，法律是国家立法机关制定的行为规范。四是强制力不同，一般而言，党纪借助组织内部的约束力实施制裁，不能使用强制性手段；执法机关则可以依法使用逮捕等强制手段，并以国家暴力机器为后盾。但是这些差异在中国的纪法关系中发生一定程度变化，这与中国共产党的执政地位、党员和公职人员高度重合等因素有关，中国共产党的党纪具有相当的强制力，党纪严格程度高于法律，党纪适用标准有和法律标准趋同的趋势，这是中国纪法分开前提下纪法贯通的一种体现。

（三）依法治国和依规治党的一致性与贯通

1. 依法治国和依规治党具有一致性

在中国特色社会主义新时代，依法治国与依规治党是有机统一的两者有机统一的话语生成于全面建设社会主义现代化国家的语境中。首先是本质和价值的一致性。依规治党是在依法治国的时代背景之下，是在全面推进依法治国的历史进程之中启动、推进和实施的。中国共产党是国家的执政党，无论依法治国还是依规治党，都是中国共产党运用法治的方式实现对党和国家的领导，两者的治理原则是一致的。其次，二者同属于国家治理体系。党的十八届三中全会专题研究全面深化改革，通过了《中共中央关于全面深化改革若干重大问题的决定》。该决定提出全面深化改革的总目标是"完善和发展中国特色社会主义制度，推进国家治理体系和治理能力现代化"[①]。国家治理体系由一整套制度构成，以党章为统领的党内法规体系和以宪法为统领的国家法律体系是基础性制度。中国特色社会主义法治体系是一个整体，其建构必须保证内部的协调统一，统筹谋划和推动国家法律体系与党内法规体系的建设工作，是二者作为中国特色社会主义法治体系的"一体两翼"、完善中国特色社会主义法治体系的必然要求。再次，依规治党与依法治国的目标任务具有统一性。尽管依规治党与依法治国属于不同的规范体系，治理的主体和对象有所不同，但两者的最终目标具有统一性。从新时代全面推进依法治国的总目标来看，该总目标包含了依规治党的内容。从新时代中国特色社会主义的发展战略来看，依规治党与依法治国目标任务都是为了实现国家治理体系和治理能力的现代化，两者不可或缺。可以说，依规治党的推进有利于全社会践行法治。因为党规党纪严于国法，除了全面从严治党外，更重要

[①] 《中共中央关于全面深化改革若干重大问题的决定》，人民出版社 2013 年版，第 3 页。

的还是为了建设社会主义法治国家。最后，依规治党是依法治国的政治保证。二者统一于"五位一体"总体布局和"四个全面"战略布局，统一于中国特色社会主义伟大实践。在全面从严治党的新常态下，纪律和规矩的标准和要求应当更加严格。全面从严执纪，"全面"是基础。党的纪律之网要覆盖党组织和党员活动的方方面面，不能留死角、有盲区。通过全面从严治党，依规治党成为依法治国的基本保证。

2. 依法治国和依规治党的贯通

现代国家治理现代化就是国家治理法治化，而依法治国和依规治党都是从法治的角度进行治理，它们是对法治思维的不同应用而已，因而二者的有机结合能从整体上实现国家治理体系和治理能力的现代化。新时代推进法治中国建设，领导主体是中国共产党，加强党的依法执政水平是重要任务，必须以全面从严治党为依托运用法治思维和法治方式加强党的建设。为此，中国共产党必须要依规治党、全面从严治党，通过依规治党、全面从严治党，体现自己作为执政党所应有的先进性与纯洁性。"执政党的党内法规是极其重要的法治资源，党内法规通常严于国家法律规范，执政党可以通过党内法规来强化对党员遵守国家法律、法规的要求，约束在社会生活中发挥领导和骨干作用的党组织、党员干部和广大党员必须带头依法办事，否则要从严追究党纪责任和法律责任。"① 党必须在宪法和法律的范围内活动是党章的明确规定，全面从严治党必须在法治的框架下开展，党的纪律必须符合法律规定。党纪的调整对象是党员和党组织，法律的调整对象是自然人、法人和其他组织。尽管党纪和国法在调整对象上泾渭分明，但党员的社会行为（如侵犯他人人身权利等）同时受到纪律和法律的调整。因此，纪律必须要遵从法律规定，不能突破法律的原则性、禁止性规范。一是在效力范围上，党纪

---

① 方世荣：《论我国法治社会建设的整体布局及战略举措》，《法商研究》2017 年第 2 期。

有自身的效力范围，不能突破应有范围，侵入法律的规范事项。如涉及犯罪和刑罚、国家机构及其组织制度、基本经济制度以及财政、税收、海关、金融和外贸的基本制度等《立法法》规定的十项法律保留事项。二是在义务设定上，党纪往往体现更高更严的要求，但这种要求不能违反法律的基本原则，即不能要求党员实施违反法律强制性规定的行为。比如，纪律不能强制要求党员捐献个人财产给国家，也不能要求党员在个人房屋拆迁补偿中服从大局、无条件接受补偿安置方案等。三是在行为评价上，党纪和法律在限制自由和权利方面各有侧重，法律侧重对人身自由和财产权的限制和剥夺，如拘留、罚款、判处刑罚等，党内法规侧重对身份资格等党员权利的限制和剥夺，如取消评选评优资格、撤销党内职务、限制选举权、被选举权和参与党内事务决策权利等。纪律不能设定属于法律特有的行为评价方式，如规定经济处罚、拘留、剥夺生命等。

第六章　新时代坚持全面依法治国重要保障

依法治国就是依照宪法和法律来治理国家，是中国共产党领导人民治理国家的基本方略，是发展社会主义市场经济的客观需要，也是社会文明进步的显著标志，还是国家长治久安的必要保障。习近平总书记在党的二十大报告中指出：全面依法治国是国家治理的一场深刻革命，关系党执政兴国，关系人民幸福安康，关系党和国家长治久安。如何能够真正实现全面依法治国，本章对其中的制度保障展开论述，主要包括中国特色社会主义法律体系的完善、增强全民法治观念、建设高素质法治队伍和强化法律监督四个方面。

一、建设一支德才兼备的高素质法治队伍

为政之要，惟在得人。党的十八大以来，习近平总书记对于全面做好法治工作队伍建设工作高度重视，从坚持和发展中国特色社会主义全局和战略高度定位、布局，推动法治人才培养，明确提出全面推进依法治国，建设一支德才兼备的高素质法治队伍至关重要。他坚持需求导向和问题导向，科学回答了为什么要建设法治工作队伍、建设什么样的法治工作队伍、如何建设法治工作队伍等一系列重大问题，形成了原创性、系统性的习近平德法兼修高素质法治工作队伍建设理论，成为习近平法治思想的重要组成

部分。^①

（一）法治工作队伍建设的重要性和总要求

习近平总书记在党的十八届四中全会讲话中，首次明确提出"法治工作队伍"概念，并强调全面推进依法治国，建设一支德才兼备的高素质法治队伍至关重要。根据会议通过的《中共中央关于全面推进依法治国若干重大问题的决定》（以下简称《决定》），法治工作队伍包括从事立法、执法、司法、法律服务、法学教育和研究工作的所有人员。依其所从事的法治工作的类型之不同，法治工作队伍可分为法治专门队伍、法律服务队伍、法学专家队伍三支队伍。"法治工作队伍"概念的提出，对于推进法治工作队伍专业化职业化建设，加强法治工作队伍统一管理，提高法治工作队伍的素质能力，建设更高水平的法治中国，具有重大理论和实践意义。

在法治工作队伍中，法治专门队伍是指从事立法、执法、监察、司法工作的队伍，包括立法人员、执法人员、监察人员、司法人员等。随着依规治党工作和党内法规建设的深入推进，党的机关中从事党内法规工作的人员也属于法治专门队伍范畴。《法治中国建设规划（2020—2025 年）》（以下简称《规划》）提出，要加强党内法规专门工作队伍建设，突出政治标准，加强专业化建设，充实各级党内法规工作机构人员力量。法治专门队伍掌握和行使公权力，属于公职人员范畴。法律服务队伍是指提供法律咨询、代理、纠纷解决等法律服务的队伍，包括律师、企业法务人员、公证员、仲裁员、基层法律服务工作者、人民调解员等。法学专家队伍是指从事法学教育和法学研究工作的队伍，包括在普通高校、党校（行政学院）、社会科学院、军事院校、企业智库等机构工作的法学专业教师和研究人员。

---

① 参见沈国明：《在大国治理新征程中推进法治中国建设——习近平法治思想研究综述》，《东方法学》2023 年第 1 期。

在总结法治工作队伍建设普遍规律和共同要求的基础上，习近平总书记进一步提出了法治工作队伍建设的总要求。2020年2月5日，习近平总书记在中央全面依法治国委员会第三次会议上的讲话指出，研究谋划新时代法治人才培养和法治队伍建设长远规划，创新法治人才培养机制，推动东中西部法治工作队伍均衡布局，提高法治工作队伍思想政治素质、业务工作能力、职业道德水准，努力建设一支忠于党、忠于国家、忠于人民、忠于法律的社会主义法治工作队伍，为加快建设社会主义法治国家提供有力人才保障。习近平总书记提出的四个"忠于"，是对法治工作队伍品德修养的总定位，也是对法治工作队伍建设的总要求。这四个"忠于"，体现了法治工作的政治性与业务性、党性和人民性的有机统一，不仅适用于法治专门队伍，也适用于法律服务队伍和法学专家队伍。①

（二）加强法治专门队伍建设

法治专门队伍在党政机关中专门从事法治工作，掌握和行使公权力，直接决定国家法治建设的质量和水平。2020年11月16日至17日，中央全面依法治国工作会议的召开，在我们党和国家历史上具有里程碑的意义。习近平在会议中指出，"要坚持建设德才兼备的高素质法治工作队伍"，"加强理想信念教育，深入开展社会主义核心价值观和社会主义法治理念教育，推进法治专门队伍革命化、正规化、专业化、职业化，确保做到忠于党、忠于国家、忠于人民、忠于法律。"这一讲话明确了新时代法治专门队伍建设的总体任务，即推进法治专门队伍革命化、正规化、专业化、职业化。

1. 坚持以提高思想政治素质为目标推进革命化建设

《规划》提出，坚持把政治标准放在首位，加强科学理论武装，深入开展理想信念教育。概括起来，法治专门队伍革命化主要有两项基本要求：一

---

① 参见李敬煊、邹谨：《论中国特色社会主义法治道路》，《贵州社会科学》2015年第2期。

是加强科学理论武装。这主要是学习掌握习近平新时代中国特色社会主义思想，特别是学习掌握习近平法治思想。对于政法队伍，2019 年习近平总书记在中央政法会议上强调，"要抓好科学理论武装，教育引导广大干警学深悟透新时代中国特色社会主义思想，增强'四个意识'、坚定'四个自信'、做到'两个维护'，矢志不渝做中国特色社会主义事业的建设者、捍卫者。"二是加强理想信念教育。坚定的理念信念是法治专门队伍的政治灵魂。

2. 坚持以严格管理监督为目标推进正规化建设

法治专门队伍掌握着立法、执法、监察、司法、法律监督等重要权力，必须加强管理监督，确保权力在法治下行使、在阳光下运行。习近平总书记对加强法治专门队伍也提出了许多重要论述：一是健全职业管理制度。习近平总书记在谈到世界上许多国家有关律师同法官、检察官接触交往的严格规定时指出，"这方面已经有的制度要严格执行，不完善的制度要抓紧完善，筑起最严密的篱笆墙。在执法办案各环节都设置隔离墙、通上高压线，谁违反制度就要给谁严厉的处罚，终身禁止从事法律职业，构成犯罪的要依法追究刑事责任。"二是加强职业道德建设。习近平总书记指出，缺乏应有的职业良知是执法不严、司法不公的一个重要原因。"许多案件，不需要多少法律专业知识，仅凭良知就能明断是非，但一些案件的处理就偏偏弄得是非界限不清楚。"他提出，"职业良知来源于职业道德。要把强化公正廉洁的职业道德作为必修课，教育引导广大干警自觉用职业道德约束自己，认识到不公不廉是最大耻辱，做到对群众深恶痛绝的事零容忍、对群众急需急盼的事零懈怠，树立惩恶扬善、执法如山的浩然正气。"① 三是加强权力制约监督。习近平总书记指出，"通过完善的监督管理机制、有效的权力制衡机制、严肃的责任追究机制，加强对执法司法权的监督制约，最大限度减少权力出轨、

---

① 参见《十八大以来重要文献选编》，中央文献出版社 2014 年版，第 710—719 页。

个人寻租的机会。""要聚焦人民群众反映强烈的突出问题，抓紧完善权力运行监督和制约机制，坚决防止执法不严、司法不公甚至执法犯法、司法腐败。"实行司法责任制后，在对法官、检察官放权的同时，必须同步加强制约监督，做到放权不放任、有权不任性。"法官、检察官要有审案判案的权力，也要加强对他们的监督制约，把对司法权的法律监督、社会监督、舆论监督等落实到位，保证法官、检察官做到'以至公无私之心，行正大光明之事'，把司法权关进制度的笼子，让公平正义的阳光照进人民心田"①。四是加强反腐败工作。习近平总书记反复强调，旗帜鲜明反对腐败，是政法战线必须打好的攻坚战。他深刻指出了执法司法腐败的严重危害性："政法机关和政法队伍中的腐败现象，还不仅仅是一个利益问题，很多都涉及人权、人命。有的人搞了腐败，自己得了一些好处，但无辜的人就要有牢狱之灾，甚至要脑袋落地。"因此，"以最坚决的意志、最坚决的行动扫除政法领域的腐败现象"，"敢于刀刃向内、刮骨疗毒，坚决清除害群之马"②。

3. 坚持以增强专业素质能力为目标推进专业化建设

法治专门队伍身处法治中国建设第一线，每天都要应对和处理各种法律和社会问题，必须具有很强的专业思维、专业素质、专业能力。习近平总书记在 2014 年中央政法工作会议上指出："同面临的形势和任务相比，政法队伍能力水平还很不适应，'追不上、打不赢、说不过、判不明'等问题还没有完全解决，面临着'本领恐慌'问题，必须大力提高业务能力。"概括起来，法治专门队伍专业化主要包括三项要求：一是完善法律职业准入制度。《决定》提出，完善法律职业准入制度，健全国家统一法律职业资格考试制度，建立法律职业人员统一职前培训制度。从 2018 年起，我国实行国家统

---

① 参见《论坚持全面依法治国》，中央文献出版社 2020 年版，第 109—158 页。

② 参见董菲晨：《刀刃向内防止"灯下黑"——自觉接受最严格的约束和监督》，《中国纪检监察》2023 年第 1 期。

一法律职业资格考试，担任法官、检察官、律师、公证员、法律顾问、仲裁员（法律类）及政府部门中从事行政处罚决定审核、行政复议、行政裁决的人员都必须通过这一考试。[①] 二是加强教育培训。《规划》提出，建立法律职业人员统一职前培训制度和在职法官、检察官、警官、律师同堂培训制度。三是健全法治人才交流机制。《规划》提出，完善从符合条件的律师、法学专家中招录立法工作者、法官、检察官、行政复议人员制度。建立健全立法、执法、司法部门干部和人才常态化交流机制，加大法治专门队伍与其他部门具备条件的干部和人才交流力度。

4. 坚持以优化待遇保障为目标推进职业化建设

法治专门队伍具有高门槛、高负荷、高风险等特点，只有建立健全职业激励保障体系，才能激发队伍的创造力、战斗力。习近平总书记在 2019 年中央政法工作会议上指出，"政法队伍是和平年代奉献最多、牺牲最大的队伍。对这支特殊的队伍，要给予特殊的关爱，做到政治上激励、工作上鼓劲、待遇上保障、人文上关怀，千方百计帮助解决各种实际困难，让干警安身、安心、安业。"建立健全法治专门队伍职业激励保障体系，是新时代法治领域改革的重要内容。

一是健全待遇保障制度。习近平总书记在 2014 年中央政法工作会议上专门论述了司法人员职务序列和工资待遇制度问题。他指出，"长期以来，我国把司法人员定位于公务员，实行与公务员基本相同的管理模式，带来不少弊端。"他强调，"要通过改革建立符合职业特点的司法人员管理制度，完善司法人员分类管理制度，建立法官、检察官、人民警察专业职务序列及工资制度，增强司法人员的职业荣誉感和使命感。"党的十八大以来的

---

① 参见辛向阳：《中国特色社会主义制度的三个基本问题探析》，《理论探讨》2012 年第 2 期。

政法改革都把完善政法干警职业保障制度作为重点任务，推动健全了政法机关各类人员职务序列及工资制度，形成向基层一线办案人员倾斜的激励机制。

二是健全依法履职保护制度。近年来日渐增多的袭击杀害警察、法官等事件表明，对于人身安全等风险较高的执法司法队伍来说，建立健全依法履职保护制度十分紧迫。《决定》提出，建立健全司法人员履行法定职责保护机制。2016年中办国办印发的《保护司法人员依法履行法定职责的规定》，完善了司法人员依法履职保护制度。2020年通过的《刑法修正案（十一）》单独规定了袭警罪。《规划》进一步提出，健全执法司法人员依法履职免责、履行职务受侵害保障救济、不实举报澄清等制度。

三是健全职业荣誉制度。职业荣誉制度是职业激励保障体系的重要内容。2019年习近平总书记在全国公安工作会议上指出："要完善人民警察荣誉制度，加大先进典型培育和宣传力度，增强公安民警的职业荣誉感、自豪感、归属感。"对于其他法治专门队伍而言，职业荣誉制度也十分重要。应根据各类法治专门队伍的特点，分别建立健全职业荣誉制度，加强和改进表彰奖励工作，最大限度地激发法治专门队伍建功立业的积极性。

（三）加强法律服务队伍建设

法律服务队伍在保障当事人合法权益、维护社会公平正义、开展法治宣传教育、化解社会矛盾促进社会和谐等方面发挥了不可替代的重要作用。《规划》提出，加快发展律师、公证、司法鉴定、仲裁、调解等法律服务队伍；健全职业道德准则、执业行为规范，完善职业道德评价机制。

1. 加强律师队伍建设

从世界各国情况来看，律师是法律服务队伍的主体力量，律师业的发展水平影响一国法治建设水平。习近平总书记指出："律师队伍是依法治国的一支重要力量，要大力加强律师队伍思想政治建设，把拥护中国共产党领导、拥护社会主义法治作为律师从业的基本要求。"①《规划》对加强律师队伍建设提出了明确要求：坚持和加强党对律师工作的领导，推动律师行业党的建设，完善律师执业权利保障制度机制，健全律师惩戒机制，建立律师不良执业信息记录披露和查询制度，发展公职律师、公司律师和党政机关、企事业单位、村（居）法律顾问队伍。

一是加强律师队伍思想政治建设。坚持把拥护中国共产党领导、拥护社会主义法治作为律师从业的基本要求，增强广大律师走中国特色社会主义法治道路的自觉性和坚定性。加强律师行业党的建设，健全完善行业党建工作管理体制，不断巩固和扩大党的组织和工作覆盖面，切实发挥律师事务所党组织的战斗堡垒作用。

二是优化律师队伍结构。《决定》提出，构建社会律师、公职律师、公司律师等优势互补、结构合理的律师队伍。近年来，社会律师队伍保持较快速度增长，在经济社会发展特别是法治建设上发挥了重要作用。下一步，应加快发展公职律师、公司律师和法律顾问队伍。公职律师是指依法取得律师资格、在党政机关和人民团体从事法务工作的公职人员。②公司律师是指依法取得律师资格、在企业从事法务工作的人员。法律顾问是党政机关、人民团体、企事业单位、村（居）等单位聘任的提供法律咨询服务的人员，既可以由单位公职律师、公司律师担任，也可以由外聘的法学专家、社会律师担任。当务之急是进一步扩大党政机关、人民团体、企事业单位、村（居）等单位法律顾问、公职律师、公司律师工作覆盖面，充分发挥法律顾问、公职律师、公司律师在科学决策、依法决策、民主决策中的重要作用。完善党政机关讨论、决定重大事项前听取法律顾问、公职律师法律意见的工作机制，

---

① 参见《习近平法治思想学习纲要》，人民出版社 2021 年版，第 109 页。
② 参见程滔：《论我国法律援助制度的完善——建立公设辩护人系统》，《中国政法大学学报》2017 年第 2 期。

细化明确相应工作规则和流程。① 建立完善党政机关法律顾问、公职律师参与法律法规规章、党内法规和规范性文件的起草论证工作机制和参与重大决策、重大执法决定合法性审查工作机制，引导支持公职律师积极参与行政应诉、行政复议、行政裁决、调解、仲裁等法律事务。健全企业法律顾问、公司律师制度机制，加强法律风险评估，把律师专业意见作为必备法律文书，促进依法办事，防范法律风险。

三是加强律师执业权利保障。律师执业权利的保障程度，不仅关系到当事人合法权益的维护，而且关系到法律公平正义的实现。依法保障律师在诉讼过程中的知情权、申请权、监督权、申诉权等各项权利，落实相关法律赋予律师在诉讼中会见、阅卷、收集证据和发问、质证、辩论等方面的执业权利。健全律师权利救济机制，及时纠正非法侵犯律师执业权利的行为。

四是规范律师执业行为。律师执业行为是否规范，不仅影响律师职业的整体形象，也影响人民群众对法治的信心信仰。律师以法为业，坚持以证据为根据、以法律为准绳履行辩护、代理职责，带头捍卫宪法法律权威。严格遵守法庭纪律和执业纪律，严守执业中知悉的国家秘密、商业秘密，保护当事人隐私。坚持谨言慎行，依法公正审慎发表自己所代理的案件的意见，不能进行误导性宣传，更不能借舆论炒作向司法机关施压。

2. 加快发展公证、司法鉴定、仲裁、调解等法律服务队伍

公证员、司法鉴定人、仲裁员、法律援助人员、基层法律服务工作者、人民调解员等人员是公共法律服务队伍的重要力量。中办国办印发的《关于加快推进公共法律服务体系建设的意见》提出，优化公共法律服务队伍结构，稳步增加律师、公证员、法律援助人员、仲裁员数量，加快发展政府法律顾问队伍，适应需要发展司法鉴定人队伍，积极发展专职人民调解员队

---

① 参见黄文艺：《论习近平法治思想中的法治工作队伍建设理论》，《法学》2021 年第 3 期。

伍，增加有专业背景的人民调解员数量，规范发展基层法律服务工作者队伍。下面仅以基层法律服务工作者、人民调解员为例，分析如何加快发展中国特色法律服务队伍。

基层法律服务工作者是改革开放初期为解决基层法律服务资源不足特别是律师资源稀缺而创设的一种具有中国特色的法律职业。过去，因基层法律服务工作者准入门槛低、业务范围广等问题，曾在法律界引发一些争议和质疑。但是在当前条件下，基层法律服务工作者仍具有重要作用，宜规范发展，而不宜取消。对此，应按照 2018 年《基层法律服务工作者管理办法》，加强对基层法律工作者队伍的监管，提升人员素质和服务质量，满足基层群众日益增长的法律服务需求。

人民调解员是一支肩负着矛盾纠纷化解、法治宣传教育、维护和谐稳定职责的法律服务队伍。目前全国共有人民调解员 350 万人，其中专职人民调解员 42 万余人。加强人民调解员队伍建设，对于提升人民调解吸引力、成功率，充分彰显这一"东方经验"的强大优势，具有重要意义。应注重选聘律师、公证员、仲裁员、医生、教师、专家学者等社会专业人士和退休法官、检察官、警官、司法行政干警及相关行业主管部门退休人员担任人民调解员，不断提高人民调解员的专业化水平。建立健全人民调解员保障制度，根据纠纷调解的数量、质量、难易程度等给予物质奖励，落实人民调解员待遇、抚恤、人身保护等，调动人民调解员的积极性。设立以个人名字命名的调解工作室，积极宣传人民调解工作典型人物和先进事迹，增强广大人民调解员的职业荣誉感和自豪感。

（四）加强法学专家队伍建设

法学专家队伍主要是从事法学研究和教育工作的队伍，对法学理论创新和法治人才培养至关重要。《决定》提出，重点打造一支政治立场坚定、理论功底深厚、熟悉中国国情的高水平法学家和专家团队，建设高素质学术带头人、骨干教师、专兼职教师队伍。党中央对法学法律工作者提出的做"中国特色社会主义法治道路的践行者、社会主义法治国家的建设者、中国特色社会主义法治理论的发展者、德才兼备的社会主义法治人才的培养者"的定位，也适用于法学专家队伍建设。因此，我们可把法学专家队伍建设的方向概括为"五者"，即中国特色社会主义法治道路的践行者、社会主义法治国家的建设者、中国特色社会主义法治理论的发展者、中国特色法学体系的构建者、德才兼备的社会主义法治人才的培养者。[1]

1. 做中国特色社会主义法治道路践行者

这是对法学专家队伍的政治要求。法学专家学者要深刻认识到，中国特色社会主义法治道路是建设社会主义法治国家唯一正确的道路，坚定中国特色社会主义法治自信。自觉坚持从中国国情出发，走中国特色社会主义法治道路，坚决抵制西方"宪政""三权鼎立"等错误思潮。

2. 做社会主义法治国家的建设者

法学专家队伍是社会主义法治国家建设的重要力量，在推动国家法治决策科学化、民主化、法治化上肩负重要使命。在新时代新阶段，法学专家应弘扬求真务实、经邦济世的治学传统，积极参与国家法治决策、立法、依法行政、司法改革、法治宣传教育等工作，在推动建设中国特色社会主义法治体系、社会主义法治国家上发挥更大作用。

3. 做中国特色社会主义法治理论的发展者

法学专家队伍从事法治理论研究工作，应成为中国特色社会主义法治理论的发展者。习近平总书记指出，"全面推进依法治国，法治理论是重要引领。没有正确的法治理论引领，就不可能有正确的法治实践。高校是贯彻社

---

① 参见王晓星：《关于加强法治工作队伍建设的几点思考》，《领导科学论坛》2016年第15期。

会主义法治理论的重要阵地，也是推进法治理论创新的重要力量。"他还对如何发展中国特色社会主义法治理论提出了明确要求："要充分利用学科齐全、人才密集的优势，加强法治及其相关领域基础性问题的研究，对复杂现实进行深入分析、作出科学总结，提炼规律性认识，为完善中国特色社会主义法治体系、建设社会主义法治国家提供理论支撑。"习近平法治思想是中国特色社会主义法治理论的集大成者，是当代中国马克思主义法治理论、21世纪马克思主义法治理论。当前，发展中国特色社会主义法治理论，首先是要研究阐释好习近平法治思想，做好学理化阐释、学术化表达、体系化建构建工作，推动法治理论创新。[①]

4. 做中国特色法学体系的构建者

法学专家队伍以法学为业，肩负着构建中国特色法学体系的学术使命。2017 年 5 月 3 日，习近平总书记在中国政法大学考察时提出了中国特色法学学科体系、课程体系、教材体系、话语体系等概念。他指出："我们要坚持从我国国情和实现出发，正确解读中国现实、回答中国问题，提炼标识性学术概念，打造具有中国特色和国际视野的学术话语体系，尽快把我国法学学科体系和教材体系建立起来。"他强调，加强中国特色法学学科体系建设，"要以我为主、兼收并蓄、突出特色"。"我们有我们的历史文化，有我们的体制机制，有我们的国情，我们的国家治理有其他国家不可比拟的特殊性和复杂性，也有我们自己长期积累的经验和优势，不能妄自菲薄，也不能数典忘祖。""我们要有底气、有自信，努力以中国智慧、中国实践为世界法治文明建设作出贡献。"同时，"对世界上的优秀法治文明成果，要积极吸收借鉴，也要加以甄别，有选择地吸收和转化，不能囫囵吞枣、照搬照抄。"[②]

---

① 参见《论坚持全面依法治国》，中央文献出版社 2020 年版，第 76—89 页。

② 同上书，第 74—108 页。

《规划》提出，推动以马克思主义为指导的法学学科体系、学术体系、教材体系、话语体系建设。

5. 做德才兼备的社会主义法治人才的培养者

大多数法学专家都在高校、党校、法官学院、检察官学院等教育培训机构任职，从事法学专业教学和法治人才培养工作。具体来说，法学教师应坚持教书和育人相结合，既注意专业上的传道授业解惑，又注意在思想道德上育人化人，努力培养德才兼备的高素质法律人才。坚持理论和实践相结合，把法治实践的新鲜经验和生动案例带进课堂教学，引导学生增长见识、丰富学识，让法学教育更接地气、更具实效。坚持专业能力培养和职业精神塑造相结合，在专业知识教育中贯穿职业伦理教育，把真善美的种子播撒到学生心中，使学生成为有大爱大德大情怀的人。坚持明理与笃行相结合，既努力引导学生把握法律哲理、法学原理、法治公理，沿着求真理、悟道理、明事理的方向前进，又努力引导学生培养刚健有为、自强不息的品质，践行法律哲理、法学原理、法治公理，做到知行合一。

二、推进新时代法治人才培养创新

法治人才培养体系是一个由大学法学教育、法律职业培训和日常学习教育构成的有机整体。2017 年 5 月 3 日，习近平总书记考察中国政法大学，对于全面做好法治人才培养工作发表了历史性的重要讲话，他指出："全面依法治国是一个系统工程，法治人才培养是其重要组成部分。法律的生命力在于实施，法律的实施在于人。建设法治国家、法治政府、法治社会，实现科学立法、严格执法、公正司法、全民守法，都离不开一支高素质的法治工作队伍。法治人才培养上不去，法治领域不能人才辈出，全面依法治国就不可能做好。"这一重要讲话，集中体现了习近平总书记关于法治人才培养的新理念新思想新战略，是新时代法治人才培养的根本遵循。①

（一）新时代法治人才培养体系构建的整体思路

1. 加强和改进高校思想政治工作，确保法治人才培养的政治方向

对于社会主义法治人才的培育而言，思想政治素质是第一位的要求，能否将社会主义核心价值观内化于心、外化于行，这是衡量法治人才素质高低的基本前提。当代青年是最富活力、最具创造性的群体，也是社会历练相对欠缺、思想困惑较多的时期。帮助大学生扣好价值观形成链条的"第一粒扣子"，需要把思想政治工作摆在人才培养工作的重要位置，这事关办什么样的大学、怎样办大学的根本问题，事关党对高校的领导，事关中国特色社会主义事业后继有人。不可否认的是，目前高校课堂教学中还存在一些"不和谐"的现象，比如重智育轻德育、重学术轻思想政治工作，重科研轻教学、重会堂轻课堂，思政课的重要性没有得到足够的重视，知识传授和价值引领之间的关系也没有完全理顺。随着全面推进依法治国，带来的将是一场深刻的社会变革和历史变迁，法治建设将承载更多使命、发挥更为重要的作用。法学院校必须坚持以立德树人为导向，深入研究和解决"为谁教、教什么、教给谁和怎样教"的问题，发挥课堂教学在引领学生思想政治价值观的主渠道作用，打造思政特色品牌课程，探索教学方法改革，致力于从"知识传授"向"方法启迪"的转变，从"理性分析"到"精神培育"的跃升，加强中国特色社会主义理论教育，用马克思主义中国化最新成果武装师生头脑，帮助师生增强道路自信、理论自信、制度自信、文化自信，努力使学生具有高尚的道德情操、深厚的文化底蕴、良好的审美情趣。

2. 坚持立德树人、德法兼修、明法笃行的法治人才培养导向

习近平总书记反复强调，法学教育要深入研究和解决"为谁教、教什

---

① 参见王晨光：《卓越法律人才培养计划的实施——法学教育目标设定、课程设计与教学安排刍议》，《中国大学教学》2013 年第 3 期。

么、教给谁、怎样教的问题"。他在中国政法大学考察时提出了立德树人、德法兼修、明法笃行的法治人才培养方针。才者，德之资也；德者，才之帅也。他指出，"希望我们的法学教育要坚持立德树人，不仅要提高学生的法学知识水平，而且要培养学生的思想道德素养。""希望法学专业广大学生德法兼修、明法笃行，打牢法学知识功底，加强道德养成，培养法治精神，而且一辈子都坚守，努力用一生来追求自己的理想。"如果立德树人是人才培养工作的共同要求，那么德法兼修、明法笃行则反映了法治人才培养工作的特殊要求。

3. 处理好知识教学和实践教学的关系，走出法治人才培养新路子

伴随着法学教育的大发展，法治人才培养面临着多重矛盾与困境，具体包括规模与质量的矛盾、现实需求与有效供给不足的矛盾、培养模式单一化与用人需求多元化的矛盾，等等。造成这一现象的原因在于法学教育界和实务部门之间有一堵墙，法学领域中存在理论和实践脱节的状况。当今社会，知识更新换代加快，新事物层出不穷，法律职业也高度细分，高素质的法治人才不仅需要广博的通识知识，更加需要从事法律行业所需要的专业知识，还必须具有较强的将理论运用到实践中的能力，即把"纸面的法变成生活的法"的能力。要实现这一点，仅靠法学院校的教育教学是不够的。为此，我们在创新人才培养模式过程中，应重点打破高校和社会之间的体制壁垒，通过"走出去""请进来"的合作机制，完善高校与有关部门、行业企业联合培养人才机制，落实高校与法律实务部门人员互聘"双千计划"，共建法学实践教学基地，创新实践教学模式，让法学专业学生多走进社会，在实践中提升法律素养；也要请法官、检察官、律师等法治工作者来到学校，把法治建设和法律实践的最新经验和生动案例带进课堂。这么做的目的就是要大力推进协同育人、合作育人，推动社会各界参与法治人才培养，突破实践能力薄弱这个环节，提高法治人才应用能力，做到知行合一，共同培养具有社会责

任感、创新精神和实践能力的卓越法治人才。

4. 构建社会主义法学学科体系，为法治人才培养提供强有力支撑

法学学科体系建设对于法治人才培养至关重要。因为法学学科中蕴含着丰富的道德思想和人类普遍遵循的道德规范，能够帮助学生明辨是非善恶，形成公平正义、诚信守法、维护国家和公民的正确价值观。当前，法学院校面临加快创建中国特色、世界一流法学院校和法学学科的重任，需要优化学科结构，完善学科体系，构建学术体系，把握话语体系，调整课程体系和教材体系，增加社会急需的新知识、新理论、新技能方面的课程，强化法学学科同其他学科的交叉融合。在这一过程中，我们不能做西方理论的"搬运工"，而要做中国学术的创造者，立足中国、以我为主、兼收并蓄、突出特色，坚持用中国问题、世界眼光，对世界上的法治文明成果，既要吸收借鉴，也要加以甄别，有选择地吸收和转化，切忌照搬照抄。同时，要处理好古今关系，既要传承中华法系的精华，也要去其糟粕，挖掘历史、把握当代。最终的目的就是通过加强法学理论研究，力争形成在理论上有创新、对实践有指导的研究成果，把法学学科建设成"一流学科"，不断完善和发展中国特色社会主义法治理论，充分发挥在法治建设中的基础性、先导性作用，以中国智慧、中国实践为世界法治文明建设作出贡献。

（二）深化高等法学教育改革

习近平总书记高度重视高校法学教育，反复强调"高校是法治人才培养的第一阵地"，为此，要"更好发挥法学教育基础性、先导性作用"。在充分肯定法学教育成效显著的同时，习近平总书记指出："法学教育和法治人才培养也存在一些问题和不足。比如，学科结构不尽合理，法学学科体系、课程体系不够完善；社会亟须的新兴学科开设不足，法学学科同其他学科交叉融合还不够，知识容量需要扩充；有的学科理论建设滞后于实践，不能回答和解释现实问题；有的教材编写和教学实施偏重于西方法学理论、缺乏鉴别批判，对于中国特色社会主义法治理论研究不够深入；有的法学教育重形式轻实效、法治人才培养重专业轻思想政治素质，等等。"[1] 对此，中共中央《法治中国建设规划（2020—2025年）》提出，深化高等法学教育改革，优化法学课程体系，强化法学实践教学，培养信念坚定、德法兼修、明法笃行的高素质法治人才。

1. 加强复合型法律人才培养

复合型法律人才就是既有法律的知识和本领，又有诸如经济学、文学、社会学、心理学、理学、工学、医学等其他方面知识与技能的综合性人才。复合不仅是知识复合，还包括能力复合、思维复合；既可以是以上任意两种知识和能力的复合，也可以是两种以上能力和思维的复合。当今社会的重大特征是学科交叉，知识融合，技术集成。这一特征决定了每个人既要拓展知识面，又要不断调整心态，变革自己的思维，不断地提高自身的综合素质。政法院校强化复合型法律人才培养应当做到"四个坚持"：

坚持注重人才培养过程中的厚重基础。复合型法律人才培养要以厚重基础为前提，以"知识、能力、素质与智慧"一体化培养为目标，以学生为主体，以教师为依靠，以优质的管理体制为依托，秉持综合育人体系建设。首先要加强通识教育，优化育人平台。依托通识教育基础，深化通识教育影响，发挥通识教育功能，营造"正义、正气、正派、正直"育人理念和育人氛围。其次要实施课程思政专项教学改革计划。发挥"课程思政"价值引领作用，深入发掘哲学社会科学学科中的德育内涵和元素，形成具有政法人才培养特色的课程思政教育教学改革模式，培养德法兼修的高素质法治人才和治理人才。最后要主动对接大数据人工智能发展新态势，主动实施教育教学改革与信息化建设计划。布局法律与人工智能、网络空间安全、纪检监

---

① 参见《论坚持全面依法治国》，中央文献出版社2020年版，第105—108页。

察、大数据与公共社会治理等专业方向，在新兴领域精准发力，培养人才精品化，推动形成一批"互联网＋法学""大数据＋法学""国际贸易仲裁与争端""人工智能""网络安全""物联网""区块链"的精品教学平台等，激发学生学习和研究的最大潜能，使之成为既具备深厚专业基础，又把握前沿领域研究，具有良好发展能力的卓越人才。

坚持系统性法治思维的培养。政治思维、经济思维、法治思维是高素质人才必须具备的三种思维方式，政治思维把握方向，经济思维保证效益，法治思维则控制底线。法治思维是将法律作为判断是非和处理事务的准绳，它要求崇尚法治、尊重法律，善于运用法律手段解决问题和推进工作。法治思维是将法治的诸种要求运用于认识、分析、处理问题的思维方式，是一种以法律规范为基准的逻辑化的理性思考方式。随着新时代的到来，法治思维已经成为法律人才的一种基本思维和一般思维。培养法治思维是打造卓越复合型法律人才的核心要义。

坚持实施"法律＋"复合型人才培养战略。要完善"法律＋金融""法律＋国际贸易""法律＋社会治理"等复合型法治人才与卓越知识产权人才等专门人才培养的机构体系，通过建设"跨专业、跨学科、跨校内外、跨海内外"的一流师资团队、开拓多元化培养路径，培养学生深厚的人文底蕴，宽厚的商、法、管知识，活跃的创新思维，这是政法院校复合型法律人才培养的基本路径。

坚持复合型人才培养的探索——以华东政法大学书院制教育改革为例。华东政法大学文伯书院成立于 2017 年 5 月，是学校贯彻立德树人教育理念，创新本科人才培养体系，推动书院制教育改革成立的人才培养机构。文伯书院的成立，标志着学校书院制教育改革计划的正式实施和以人才培养为中心的高等教育综合改革的全面启动。书院制教育改革以"一切为了培养人"为基本教育理念，旨在通过全方位组织、全过程实施的博雅教育和养成教育，融合学生全面发展与专业教育两大领域，实施大类培养、基础培养、综合培养、个性化培养等创新举措，提升学生人文综合素养，强化创新思维训练，增强可持续发展能力。书院同时与高校招生制度改革有机衔接，协同推动学校高等教育事业发展。

2. 加强新时代背景下实践型法律人才培养

习近平总书记指出："法学学科是实践性很强的学科。法学教育要处理好知识教学和实践教学的关系。学生要养成良好法学素养，首先要打牢法学基础知识，同时要强化法学实践教学。要打破高校和社会之间的体制壁垒，将实际工作部门的优质实践教学资源引进高校，发挥政府、法院、检察院、律师事务所、企业等在法治人才培养中的积极作用。"[①]高校法学教育改革的一项重点任务，是要扩大法学实践教学比重，让学生有更多到实务部门锻炼的机会，提高实践操作能力。

实践型法律人才是能熟练地将法律的基础理论、一般理论运用到法律实践和实务，推动解决法律实际问题的人才，也可称其为实务型法律人才、应用型法律人才。政法院校实践性法律人才的培养要以习近平新时代中国特色社会主义思想为指导，对照国家"双一流"建设标准，全面服务"法治中国"建设，以适应多样化法律职业要求、强化学生法律实务技能培养、提高学生运用法学与其他学科知识方法解决实际法律问题的能力、促进法学教育与法律职业的深度衔接为基本方向。为达到上述目标，我们要做好"三个加强"：

（1）加强对"高校—实务部门联合培养"机制的探索。要加强政法院校与实务部门的合作，共同制定培养目标，共同设计课程体系，共同开发优质教材，共同组织教学团队，共同建设实践基地，探索形成常态化、规范化的

---

① 参见《论坚持全面依法治国》，中央文献出版社 2020 年版，第 110—118 页。

卓越法律人才培养机制。

（2）加强人才培养中的实践教学。要加强校内实践环节，开发法律方法课程，搞好案例教学，办好模拟法庭、法律诊所等。充分利用法律实务部门的资源条件，建设一批校外法学实践教学基地，积极开展覆盖面广、参与性高、实效性强的专业实习，切实提高学生的法律诠释能力、法律推理能力、法律论证能力以及探知法律事实的能力。探索建立高校与法律实务部门人员互聘制度，健全学校与法律实务部门的双向交流机制，鼓励支持法律实务部门有较高理论水平和丰富实践经验的专家到高校任教，鼓励支持高校教师到法律实务部门挂职，努力建设一支专兼结合的法学师资队伍。要大力推进研究生实践和实务课程建设，强化"双师型"导师的聘任工作，及时将最新科研成果与法制改革的成果转化为教育教学内容，积极引导优势资源转化为育人资源。

（3）建立健全法学教育、法学研究工作者和法治实践工作者之间双向交流机制。《决定》提出，健全政法部门和法学院校、法学研究机构人员双向交流机制，实施高校和法治工作部门人员互聘计划。习近平总书记在中国政法大学考察时指出："从事法学教育、法学研究工作的同志和法治实际工作部门的同志，要相互交流、取长补短，把法学理论和司法实践更好结合起来。实际工作部门要选派理论水平较高的专家到高校任教，参与人才培养方案制定、课程体系设计、教材编写、专业教学，把社会主义法治国家建设实践的最新经验和生动案例带进课堂教学中。"如此方能更有效的强化实践型法律人才的培养。

（4）优化法学课程体系。《决定》提出，形成完善的中国特色社会主义法学课程体系，组织编写和全面采用国家统一的法律类专业核心课程教材；推动中国特色社会主义法治理论进教材进课堂进头脑，培养造就熟悉和坚持中国特色社会主义法治体系的法治人才及后备力量。优化法学课程体系的当务之急，是推动习近平法治思想进教材进课堂进头脑，开设习近平法治思想课程，并将该课程设立为法学类专业核心课程。组织国内长期从事马克思主义法治理论、中国特色社会主义法治理论和习近平法治思想的资深专家，编写习近平法治思想教材，做到课程统一设置、教材统一编写、教学统一标准。同时，要根据法治实践和法学研究的发展，及时开设国家安全法学、党内法规学、社会治理法学、数字法学以及法律实践等新课程。

（三）完善在职法律教育培训体系

在知识迭代更新速度日益加快的时代，在职教育培训在专业人才培养体系中的地位越来越重要。习近平总书记在 2014 年中央政法工作会议上提出，"建立健全在职干警教育培训体系，提高干警本领，确保更好履行政法工作各项任务。"

一是健全教、学、练、战一体化的教育培训机制，全面提升法治专门队伍的业务本领。习近平总书记在 2019 年中央政法工作会议上强调，"专业化建设要突出实战、实用、实效导向，全面提升政法干警的法律政策运用能力、防控风险能力、群众工作能力、科技应用能力、舆论引导能力。"①

二是建立在职法官、检察官、警官、律师同堂培训制度。这是《规划》提出的法律职业人员在职培训的新举措。这种同堂培训制度，不仅能起到在职教育培训的作用，还有利于推进不同法律职业之间的沟通交流、促其换位思考、理解认同，形成彼此尊重、平等相待、良性互动的法律职业共同体。

三是健全日常学习教育机制。广义的在职教育培训包括贯穿于法治工作者职业生涯和职业实践中的各种日常形态的、潜移默化的学习教育形式，如学习研讨活动、思想政治教育、职业文化建设等。要注重建立健全法治工作者身边的业务提升、道德教育、文化涵养机制，打造无处不在的日常学

---

① 参见郜占川：《新时代卓越法治人才培养之道与术》，《政法论坛》2019 年第 2 期。

习教育机制。例如，完善专业法官会议、检察官联席会议等研讨机制，发挥好案件会商、业务咨询、经验交流等功能，打造互相学习、共同进步的交流平台。

（四）创新涉外法治人才培养模式

习近平总书记高度重视涉外法治人才短缺的问题，2019 年 2 月，习近平总书记指出："这些年来，我国涉外法律服务业有了长足发展，但同快速增长的需求并不相配。目前，国内能够熟练办理涉外法律业务的律师只有 7200 多名，能够办理'双反双保'业务的律师不到 600 名，能够在世界贸易组织上诉机构独立办理业务的律师只有 300 多名。国内企业大量的涉外业务都被欧美律所拿走了，其中蕴含很大的安全风险。"因此，习近平总书记多次强调："要坚持统筹推进国内法治和涉外法治。""要坚持建设德才兼备的高素质法治工作队伍。"党的十八大以来，习近平总书记多次围绕涉外法治和法治人才建设发表重要讲话，指出中国走向世界，以负责任大国参与国际事务，必须善于运用法治，强调要加快推进我国法域外适用的法律体系建设，加强涉外法治专业人才培养。涉外法治人才培养是系统工程，既需要宏观层面的整体布局和制度设计，也需要微观层面的教学改革和方法改进，在扩大涉外法治人才培养规模的同时，更加注重培养质量和能力提升。①

国际化法律人才是指具有国际化意识和胸怀以及国际一流的知识结构，视野和能力达到国际化水准，在全球化竞争中善于把握机遇和争取主动的高层次法律人才。政法院校培养国际化法律人才的根本目标是：以适应世界多极化、经济全球化深入发展和国家对外开放为需要，培养一批具有国际视野、通晓国际规则，能够参与国际法律事务和维护国家利益的涉外法律人才。做好这一方面的工作，关键要做到以下四点。

---

① 参见冯玉军：《论国外法学教育改革的经验与借鉴》，《中国大学教学》2013 年第 6 期。

（1）重构国际法学科体系

涉外法治已经成为法治建设的重要内容，国际法学科应该在法学学科体系中占有更重要的地位。建议将国际法学升格为法学学科门类下的一级学科，在高校开设国际法学本科专业，设立国际公法、国际私法、国际经济法等硕士、博士学位授权点。这样可以从根本上扭转长期以来国际法学科弱化的现状，提升国际法学科地位，建构符合国际法特点的完整的学科专业体系，为涉外法治人才提供坚实的学科支撑。

（2）完善涉外法治人才培养体系

围绕涉外法治人才的核心培养目标"具有国际视野、通晓国际规则、善于处理国际事务"，需要抓紧完善人才培养体系。在课程设置、教材建设、教师资源、教学方法、实践实习等方面均要与一般法治人才培养不同的制度设计，要更加注重外向型、复合型，将国际化融入人才培养的全过程，将培养目标落到实处，实现从国家需要、到目标预设、再到目标达成的高度一致。

要秉持培养政治过硬、本领高强的卓越法治人才初心。政法院校要让学生国际化，首先要让学生本土化。要把社会主义法治理念教育融入法律人才培养全过程，深入推动社会主义法治理念进教材、进课堂、进头脑，增强学生贯彻落实社会主义法治理念的自觉性和坚定性。始终将为社会主义法治事业培养合格建设者和可靠接班人作为我们工作的出发点，紧紧围绕"政治过硬、本领高强"的培养目标，加强学生职业意识、职业伦理教育，增强学生服务社会主义法治国家建设的责任感和使命感，培养学生具备坚实的政治思想素质和健康的心理素质，使学生能经受多元文化的冲击。

要秉持培养具备一流国际化实务能力人才的方向。法律教育本质上是职业教育，国际化法律人才的培养需要着力提升国际化实务能力，以在国际法律纠纷解决和国际法律实务处理中充分发挥作用。以涉外律师的培养为例，这些国际化实务能力主要包括：能够办理跨境投资、并购业务的能力，能够办理"双反双保"业务的能力，能够办理涉外知识产权保护业务的能力，能够在 WTO 上诉机构独立办理业务的能力，能够办理境外上市业务的能力，能够办理海事海商业务的能力，能够在境外仲裁机构代理案件的能力，以及在境外仲裁机构担任仲裁员的能力等。

（3）切实提升学生外语能力

加大外语课时量，加强对学生使用英语进行本专业方面的听说读写训练。教材方面要结合国际法律实践及最新的法律案例，编写体现中国特色和发展需要的全英文国际法专业教材和案例教程。适当安排大陆法、英美法的相关课程，熟悉、掌握相关原理和规则，培养涉外法治人才对外斗争的本领和能力。要提高法学教师的双语教学能力，选聘一定数量具有涉外工作，特别是国际组织工作经验的实务人员或外籍专家担任专业教师。对第二外语提出相应的教学要求，注重培养一批精通英语和其他语种的"双语"型涉外法治人才。

国际化人才的培养有赖于法学师资的国际化。只有高素质的教师才能培养出一流的国际化人才，这就要求教师具有在国际上较前沿的法学理论知识和创新成果，并能紧跟时代和世界发展的趋势。法学师资国际化主要有两条途径：首先，师资培养的本土化，即通过鼓励现有的法学骨干教师参与海外学习、进修、学术交流等活动强化其教育教学的国际化理念，使之具备国际化师资水平；其次，利用多种渠道（聘请兼职教授，聘请长、短期外专、外教，与国外研究机构进行国际项目的合作研究，举办短期培训班等）引进世界一流法学专家学者到国内从事教学、科研工作，以此提高法学师资人才队伍的整体水平，提高专业水平和教学能力。

（4）强化国际法律实践教育

涉外法治人才培养更强调的是法律职业教育，建议引进并对标国际组织职员选拔标准，把书本知识与实践结合起来，强化国际法律实务教学，提高人才培养的方向性、针对性和国际竞争力。除了在教学方法上强化案例教学和法律诊所等研讨式为主的课堂组织形式、及时引进更新涉外法律案例以外，要紧密联系政府对外经贸管理部门、外向型企业、涉外争议解决机构，共同培养人才。特别是要重视选派学生赴国际组织或境外机构实习，直接融入国际组织的工作环境，熟悉相关流程和程序，了解掌握实务操作技术和方法，做到涉外法律知识与国际法律实践的无缝衔接，切实提高学生的涉外法律事务应用能力。

法学教育要向世界开放，要站在"一带一路"建设前沿，主动服务国家对外开放战略，加强国内法学院校与海外高水平法学院校的交流与合作，积极推进双方的教师互派、学生互换、学分互认和学位互授联授，积极利用海外优质法学教育资源，充实国际化教学内容，引进国外先进的教学设备、教学管理理念，学习借鉴国外先进的教学管理模式，加强与国外律师事务所的合作，推进学生的海外实地培训，开展国际学术研讨、国际竞赛与比赛，探索形成灵活多样、优势互补的卓越法律人才培养机制。

千秋基业，人才为本。当今世界正经历百年未有之大变局，我国正以前所未有的广度和深度参与国际竞争和全球治理。因此，要加强涉外法治人才培养的谋篇布局，加快完善涉外法治人才培养的学科体系、培养体系、保障体系，努力培养大批德法兼修的高素质涉外法治人才，为实现中华民族伟大复兴、构建人类命运共同体提供坚实的人才保障。

三、抓住领导干部这个"关键少数"

在中央全面依法治国工作会议上，习近平总书记强调，要坚持抓住领导干部这个"关键少数"。各级领导干部要坚决贯彻落实党中央关于全面依法治国的重大决策部署，带头尊崇法治、敬畏法律，了解法律、掌握法律，不断提高运用法治思维和法治方式深化改革、推动发展、化解矛盾、维护稳定、应对风险的能力，做尊法学法守法用法的模范。这也是真正落实法律监督效果的重要保障。领导干部掌握着推进全面依法治国的重要法治资源。各级领导干部作为具体行使党的执政权和国家立法权、行政权、监察权、司法权的人，在很大程度上决定着全面依法治国的方向、道路、进度。党领导立法、保证执法、支持司法、带头守法，主要是通过各级领导干部的具体行动和工作来体现、来实现。领导干部运用法治思维和法治方式的能力，很大程度上决定着推进国家治理体系和治理能力现代化的水平。

（一）坚持抓住领导干部这个"关键少数"的重要意义

党的十八大以来，习近平总书记在系列重要讲话中多次强调要抓住"关键少数"。可以说，抓住了领导干部这个"关键少数"，也就抓住了全面依法治国的"牛鼻子"。

1. 抓住"关键少数"是全面推进依法治国的应有之义

（1）抓住"关键少数"为全面依法治国找到了主攻方向。党的十八届四中全会制定了全面推进依法治国的总蓝图、路线图、施工图，标志着依法治国按下了"快进键"，进入了"快车道"。如何让"关键少数"发挥关键作用，是全面推进依法治国顺利进行必须解决的重要前提。这是因为，全面推进依法治国就是要在坚持人民主体地位的前提下，完善中国特色社会主义法治体系，努力建设社会主义法治国家，坚持程序正义和事实正义，夯实坚实的法治基础，抓住领导干部这一"关键少数"就能有效地做到这一点。

（2）抓住"关键少数"是提高党的威望和司法公信力的关键命题。2013年7月，习近平总书记在河北调研指导党的群众路线教育实践活动时指出："那么在党内，谁有资格犯大错误？我看还是高级干部。高级干部一旦犯错误，造成的危害大，对党的形象和威信损害大。"可见，抓住"关键少数"这一论断找准了矛盾的主要方面，通过解决这个矛盾的主要方面可以推进全面依法治国进程，可以实现"关键少数"与"最大多数"在推进全面依法治国过程中的良性互动。

2. 抓住"关键少数"是引领法治信仰形成的基础条件

（1）"关键少数"可以引领普通群众信仰法律、遵守法律。恩格斯在《给〈社会民主党人报〉读者的告别信》中指出，"即使是在英国人这个最尊重法律的民族那里，人民遵守法律的首要条件也是其他权力因素同样不越出法律的范围"。在中国法治化的进程中，必须强调"关键少数"模范守法对全民的示范、引领作用。如果"关键少数"不遵纪守法、依法办事，就不能指望群众守法、信法；如果"关键少数"视法如儿戏，就容易形成"破窗效应"。①

（2）"关键少数"可以带动全社会形成依法办事的良好氛围。"关键少数"是群众和组织信任的精英，他们的一言一行直接影响群众的情绪，带动社会法治风气的形成。只有"关键少数"牢固树立宪法法律至上、法律面前人人平等、权由法定、权依法使等基本法治观念，才能带动全社会形成办事依法、遇事找法、解决问题靠法的良好法治环境，才能使人们的行为服从规则治理。可以说，"关键少数"职位越高越崇尚法治，权力越大越敬畏法律，才越能引领和带动社会法治风气的形成。

3. 抓住"关键少数"是推进法治社会建设的关键环节

（1）有助于"关键少数"在推进法治社会建设中继续深化改革。

法治不单单是对国家权力进行有效约束的工具，而且还是缔造良好社会管理与秩序状态的关键力量。当前，我国发展进入新阶段，改革进入攻坚期和深水区。在这一阶段，需要解决好改革深化推进当中的矛盾与问题，而

---

① 参见马正立：《如何充分认识"坚持抓住领导干部这个'关键少数'"》，《党课参》2021 年第 1 期。

解决矛盾问题的根本着力点就在于法治。基于法治轨道促进深化改革就要求"关键少数"需具备良好的法治思维与法治能力，能够真正发挥出法治引领与规范作用，确保各项改革工作都有法律根据，得到法律规范，维护法律权威。

（2）有助于"关键少数"在推进法治社会建设中化解社会矛盾。

"关键少数"承担着化解社会矛盾的工作职责，而在矛盾化解过程中依法解决矛盾是重点。所以"关键少数"应该走进群众，倾听群众呼声，关注群众切身利益，并从法律角度出发，为他们答疑解惑，得到群众的信赖，让群众能够在理性状况之下依法维权。

（3）有助于"关键少数"在推进法治社会建设中维护社会稳定。

我们在寻求发展的同时，也要始终将维护社会稳定作为重要任务，坚持稳定压倒一切。法治思维要求"关键少数"要有权利与义务意识，从权利、义务两个维度认识、分析、调整社会关系，解决社会矛盾。法律是平衡的艺术，通过权利和义务调整社会关系；法律也是解决矛盾的公器，不管是旧矛盾还是新问题，都需要弄清事实，明确各方当事人的权利、义务和责任，进而公平、合理、妥善地处理问题。"关键少数"借助法治思维和法治能力化解矛盾，能够为维护社会稳定提供强有力的支撑。

4. 突出"关键少数"符合中国干部实际

中国共产党目前有9600多万党员，县处级以上干部几十万，省部级干部不过几千人。[①]党员干部是金字塔式分布，"关键少数"就是塔尖上的那部分人。这些人掌握着巨大的权力、对党和国家的事业极为重要，非严不可。同时，这些人数量较少，也能够集中精力有效抓好。换言之，突出"关键少数"，既是必要的，也有可行的。

---

① 数据来源于中央组织部最新党内统计数据，http://www.yigongqiu.com/news/591036.html。

正是如此，在《准则》和《条例》行文中，不断出现"领导干部特别是高级干部"的字样，突出"关键少数"。如领导干部特别是高级干部要以实际行动让党员和群众感受到理想信念的强大力量；考察识别干部特别是高级干部必须首先看是否坚定不移贯彻党的基本路线；党员、干部特别是高级干部在大是大非面前不能态度暧昧；党的各级组织、全体党员特别是高级干部都要向党中央看齐，向党的理论和路线方针政策看齐，向党中央决策部署看齐；全体党员、干部特别是高级干部必须增强党的意识，时刻牢记自己第一身份是党员；领导干部特别是高级干部必须带头从谏如流、敢于直言；党员、干部特别是高级干部不准在党内搞小山头、小圈子、小团伙，严禁在党内拉私人关系、培植个人势力、结成利益集团；党的各级组织、全体党员特别是各级领导机关和领导干部要贯彻党的群众路线，当好人民公仆；党的各级组织、全体党员特别是领导干部必须提高做群众工作的能力；领导干部特别是高级干部必须加强自律、慎独慎微，自觉检查和及时纠正在行使权力、廉政勤政方面存在的问题；领导干部特别是高级干部必须注重家庭、家教、家风，教育管理好亲属和身边工作人员，等等。

（二）抓住"关键少数"的逻辑阐释

习近平总书记重要指示强调，"两学一做"学习教育，要抓住"关键少数"。所谓"关键少数"，一般是指事物的最关键、最精华部分，在发展过程中力量最大、作用最大，是推动发展的关键因素，是引领发展的最大优势。领导机关和领导干部作为党执政兴国的骨干分子和中坚力量，作为党的事业的组织者、推动者和实施者，毫无疑问是"关键少数"。推进"两学一做"学习教育常态化制度化，就要推动"关键少数"发挥示范带动作用，坚持领导机关、领导干部率先垂范。

1. 抓住"关键少数"是治国理政的成功经验

"关键少数"是党的十八大以来，以习近平同志为核心的党中央治国理政新理念新思想新战略的一个重要关键词，已成为推进全面从严治党的一个鲜明特点、有力抓手和成功经验。2015 年 2 月，习近平总书记首次提出，"全面依法治国必须抓住领导干部这个'关键少数'"。此后在多个场合、多次讲话中都强调必须抓住"关键少数"：开展群众路线教育实践活动、"三严三实"专题教育，坚持以上率下，看住"关键少数"；推进全面从严治党，强化党内监督、严肃党内政治生活、严肃问责追责，重点是"关键少数"；中央和各省开展巡视，也把党政一把手作为巡视监督的重点对象。总之，无论是践行社会主义核心价值观、增强法治意识，还是贯彻新发展理念、引领经济发展新常态、深化"两学一做"学习教育等，都突出强调领导干部要带头抓班子带队伍，带头依法办事，带头廉洁自律，带头接受党和人民监督。实践表明，抓住"关键少数"已取得了良好的政治效果和社会效果。推进"两学一做"学习教育常态化制度化，各级领导干部既负有主体责任、领导责任，也负有示范责任，不仅要带头学、学深悟透，不断增强"四个意识"、坚定"四个自信"，还要带头践行"四个合格"标准，带头做合格党员、合格领导干部，真正做到思想认同、政治看齐、行动紧跟。

2. "关键少数"率先垂范是党的优良传统

无论是在革命年代和社会主义建设时期，还是在改革开放新时期，一代代优秀共产党人鞠躬尽瘁、以身作则、率先垂范，始终把自己的个人命运与国家、民族的兴衰紧密联系在一起，用自己的辛勤汗水、聪明才智，乃至热血和生命，为国家、为人民作出了贡献。比如，在革命战争年代，李大钊、方志敏、刘志丹等先烈大义凛然、冲锋在前、身先士卒；在和平建设时期，毛泽东、周恩来、朱德等老一辈革命家，吃苦在前、享受在后，大公无私、夙夜在公；在改革开放时期，焦裕禄、谷文昌、杨善洲、沈浩等优秀领导干部坚持从我做起、向我看齐，等等，他们的爱党爱国、忠于理想的家国情怀，严守纪律、廉洁奉公的清廉本色，艰苦朴素、勤劳节俭的持家传统，赢得了广大人民群众的爱戴、信任和拥护，产生了巨大的感召力、凝聚力，为我们党的事业顺利推进、兴旺发达提供了榜样力量和精神宝库。在"两学一做"学习教育中，各级领导机关和领导干部要继承党的优良传统，以更高的标准、更严的要求，走在前列、干在实处，当好表率，一级带动一级，一级做给一级看，唤醒责任意识、激发担当精神，就能凝聚起强大的正能量和上行下效的示范效应，激励全党为实现崇高理想和宏伟目标而不懈奋斗。

3. 抓住"关键少数"是马克思主义唯物辩证法的体现

"两点论"是指在认识复杂事物的发展过程时，既要看到主要矛盾又不忽略次要矛盾；在认识某一矛盾时，既要看到矛盾的主要方面，又不忽略矛盾的次要方面。深化"两学一做"学习教育，强调突出重点，抓住领导干部这个"关键少数"，要求他们带头学、率先做，体现了抓主要矛盾和矛盾的主要方面；同时，"两学一做"学习教育在全党开展，对象是全体党员，覆盖9600万名党员、490万个党组织，即各级党组织、各级党员领导干部和全体党员，没有例外，都要把自己摆进去，体现的是全面性。

"重点论"是指在认识复杂事物的发展过程时，要着重抓住它的主要矛盾，即抓住处于支配地位、对事物发展起决定作用的矛盾；在认识某一矛盾时，要着重把握矛盾的主要方面，即把握居于支配地位、起主导作用的方面。领导干部作为"关键少数"，就是引领和推动党和人民事业健康发展的主要力量和主要方面。推进"两学一做"学习教育常态化制度化，要求抓住"关键少数"，其实质是抓住纲、牵住"牛鼻子"，把党肩负的历史使命担子，压给80多万"关键少数"，从而起到以点带面、纲举目张的效果。

4. 重视发挥"关键少数"的引领示范作用

我国传统文化十分重视"关键少数"以上率下的示范作用。领导干部身先士卒，方能一呼百应；以身作则，方能上行下效。儒家经典《尚书·周书·毕命》中有言，"惟公懋德，克勤小物，弼亮四世，正色率下"。意思是说，地位越高，责任越重，越要时刻修身正己，身先士卒才能带好下属。东汉荀悦的《申鉴·政体》中说，"善禁者，先禁其身而后人"，善于治国理政的人，必然要首先按制度要求自己，然后再去要求别人。《论语》中也说："政者正也，子帅以正，孰敢不正?""其身正，不令而行；其身不正，虽令不从"，等等。圣人之道，震古烁今，历久弥新。不论是由诗经中演化而来的"风成于上，俗化于下"的成语，还是"以吏为师""上梁不正下梁歪"的俗语，以及老百姓常说的"火车跑得快，全靠车头带"，都体现了中国传统治国理政思想对"关键少数"地位和作用的认识。历史的经验和教训启迪我们，作为党员领导干部，"自身硬气才有公信力，以身作则才有感召力"。在深化"两学一做"学习教育中，领导干部决不能浮在面上、挂在口头上，决不能"手电筒只照别人不照自己"，决不能把自己当旁观者，而是要当好"两学一做"的重要参与者、践行者、示范者，引导广大党员干部见贤思齐，使学先进、当先进、赶超先进成为时代风尚和文化潮流。

党的十八大以来，习近平总书记多次强调抓好领导干部这个"关键少数"的重要性，指出"凡是党章规定党员必须做到的，领导干部要首先做到；凡是党章规定党员不能做的，领导干部要带头不做"。党要管党，首先要管好干部；从严治党，关键是从严治吏。党员领导干部是党和人民事业的组织者、推动者和落实者，也是各级基层组织、广大党员干部的重要参照和群众关注的重点，是"关键少数"，深入推进全面从严治党，要充分发挥"关键少数"的示范引领作用。办好中国的事情，关键在党。全面从严治党，关键在领导干部。领导干部要在增强"四个意识"上当好表率，要在强化党性修养上当好表率，要在勇于担当负责上当好表率，以"关键少数"引领"最大多数"，努力形成以上率下的良好氛围。

各级领导干部不能只看表态，一定要见行动、看表现，更加坚定自觉地向以习近平同志为核心的党中央看齐，在听党指挥上表里如一，在落实党中央要求上言行一致，决不允许搞上有政策、下有对策；要坚持高标准与守底线相结合，模范执行党规党纪，模范践行全面从严治党要求，做到在党爱党、在党言党、在党忧党、在党为党；要落实从严管党治党各项任务，要敢于担当、敢于负责，同时要旗帜鲜明地支持和保护担当者，为敢于担当的干部担当，为敢于负责的干部负责，使敢担当、敢作为在干部队伍中蔚然成风。

领导干部是"关键少数"，"一把手"则是具有特殊影响力，对决策和执行起着关键作用的"关键少数"之中的"关键少数"。"班子强不强，关键看班长。"发挥好"一把手"的示范表率作用，对于全面从严治党，对于管理好领导班子和领导干部，对于形成良好的政治生态，具有特别重要的意义。要健全完善工作机制，增强对"一把手"教育的针对性、管理的经常性、监督的有效性，强化上级党组织对下级"一把手"的管理监督，完善民主集中制的具体制度，落实好"五不直接分管""末位表态"等规定，促使各级"一把手"做到秉公用权、为民用权、廉洁用权。"其身正，不令而行"。牢牢抓住"关键少数"，就抓住了全面从严治党的关键点，抓住了我们党治国理政的关键点。各级领导干部要积极发挥示范引领作用，带动更多党员干部走在前列、干在实处，让以身作则成为价值追求，让见贤思齐成为自觉行动，凝聚起推动改革发展的强大正能量；要履职尽责，扎实工作，认真落实市第十次党代会确定的各项目标任务，狠抓发展第一要务不动摇，狠抓民生改善不放松，狠抓全面从严治党不懈怠，奋力推动我市转型发展迈上新台阶。

（三）强化对"关键少数"的监督

"关键少数"是党执政兴国的中坚力量。在建设社会主义现代化强国的新征程中，确保各级领导干部不犯"颠覆性错误"，"最大挑战就是对权力的有效监督"。因此，未来迫切需要抓住"关键少数"，把权力关进制度的笼子里，真正使监督落到实处、见到实效。①

1. 从主要领导干部抓起，带头落实"两个责任"

"政者，正也。子帅以正，孰敢不正?"强化对"关键少数"的监督，关键是从主要领导干部做起，抓住主体责任这个"牛鼻子"。

一是从主要领导干部抓起。一方面，严肃党内政治生活。一些领导干部之所以对监督的认识存在偏差，很大程度上是由于没有认真执行民主集中制，出现了发扬民主不够、正确集中不够等问题。中央政治局每年都要抽出两天时间召开民主生活会，中央政治局的同志逐个发言，按照要求进行对照检查，为全党做出了示范和表率。另一方面，职位越高越要严格。越是领导干部，越是主要领导干部，越要按规矩正确、谨慎、干净用权，诚心诚意接受监督帮助。

二是带头落实"两个责任"。第一，党委书记和纪委书记带头。各级党委负党内监督主体责任，书记是第一责任人，党委班子成员在职责范围内履行监督职责;各级纪委是党内监督的专责机关，纪委书记是第一责任人。第二，各级党委组织部门、政法委、公检法司等机构的领导干部，同样守土有责，要各负其责，自觉扛起管党治党政治责任。第三，加大监督检查力度。强化对"一把手"的巡视、抽查等监督力度，将落实"两个责任"作为关键指标。

2. 强化自上而下的监督，抓好日常监督和延伸管理

强化对"关键少数"的监督，关键是强化自上而下的监督。这是目前最有效的监督方式。在继续深化巡视和派驻等监督的同时，尤其是要抓好对"关键少数"的日常监督和延伸管理。

一是完善个人事项报告制度。这项制度从只报不查到既报又查，从部分查核到"凡提必核"，目前已成为党内监督的一把"利器"。未来可适时增

---

① 参见徐显明:《坚持抓住领导干部这个"关键少数"》，《人民周刊》2021 年第 7 期。

加个人负债、礼物馈赠等报告事项内容；可针对省部级以上干部和各级"一把手"出台更严格的制度。待时机成熟时，也可考虑在一定范围内公示其房产、财产等信息。还应发挥党委的统领作用，打破组织、纪检、政法、公安等部门壁垒，将包括廉政档案等在内的相关信息进一步整合和比对。

二是强化日常监督和延伸管理。全天候、全方位的日常监督，是对"关键少数"最重要的监督；强调对其延伸管理，目的则是超前防范、提前预警。第一，健全纪委书记与下级"一把手"定期廉政谈话等制度，对发现有苗头性、倾向性问题的干部及时进行提醒和问责。第二，要落实重大事项请示报告制度，抽查领导干部是否将个人及家庭成员生活圈的重要事项、收受礼品礼金购物卡等情况，及时、如实地向组织报告。第三，重点监管短期内频繁出入境的领导干部，以及其配偶子女突击办理移居境外手续或长期在境外工作生活的领导干部。

3. 科学配置权力，把"关键少数"关进制度笼子

对"关键少数"监督，核心是管住权力，让"权力成为一种负担"。这就需要科学设置并适当分解"一把手"权力，形成决策科学、执行坚决、监督有力的权力运行体系。

一是科学设置并适当分解"一把手"权力。"要防止滥用权力，就必须以权力制约权力。"应按照分工负责原则，对"一把手"权力进行适当分解。"一把手"的职责是把方向、抓战略、带队伍，而不应频频插手干预具体事务。可探索建立党政"一把手"不直接分管财务、人事、基建、招投标、工程项目等具体事务的制度。切实推进权力公开透明运行，让"一把手"权力晒在阳光下。

二是理顺决策权、执行权、监督权的关系。我们党历来强调，决策权、执行权、监督权应"既相互制约，又相互协调"。但目前仍然存在监督权相对较弱的问题。为此，应把决策权关进法治的笼子里。可通过立法建立对决策

权的刚性约束，如规定重大决策必须经过合法性审查、专家论证、集体决策、风险评估、追责问责等程序。同时，对一些涉及人财物的权力进行分解，不同环节的权力交给不同部门和人员交叉行使，最终统一起来并形成合力。

4. 完善监督体系，增强对"关键少数"的监督合力

目前，党和国家监督体系较为完善，但人大监督、政协监督、群众监督和舆论监督等普遍比较薄弱。强化对"关键少数"监督，有必要补齐这些短板。

一是强化群众监督和舆论监督。社会监督的本质，是以权利制约权力。为此，一方面要强化群众监督。积极推动党务政务公开，保障群众的知情权；健全投诉反馈机制，保证群众监督能及时获得回应。另一方面要强化媒体监督。相关部门应当支持媒体开展廉政监督，加强对网络舆论的合理回应。二是运用大数据工具进行监督。基于自主预置功能的大数据治理，在权力风险防范、失范事件识别、权力监督评估等方面具有显著效果。

5. 既要强化问责，又要激励"关键少数"担当作为

强化对"关键少数"监督，必须处理好严管和厚爱的关系，既要加大追责问责力度，又要进一步强化激励机制。

一是进一步强化问责。"软弱的制度不仅放任公民和官员寻求非法利益、逍遥法外，而且当人们在一个不确定的环境中寻求保护时，这种制度刺激了更多的腐败。"为了避免制度异化为"纸老虎"，有必要推行刚性的绩效考核和追责问责。深化运用监督执纪"四种形态"，在执行标准上不手软、不留情，让腐败分子付出昂贵的代价。对全面从严治党不力，主体责任、监督责任落实不到位，该发现的问题没有发现等情形，尤其应坚决惩处问责。

二是进一步强化激励。严管与激励相辅相成、缺一不可。"关键少数"在本地区社会影响力很大，当前特别要防止陷入这样一种恶性循环，即因严管而引起懒政怠政，同时又用更严厉的问责来治理懒政怠政。为此，首先应深化运用监督执纪"四种形态"，提升发现苗头性问题的能力，让领导干部感悟到"严管就是厚爱"，收到惩治极少数、教育大多数的成效。其次，健全容错纠错机制，为敢担责、能干事的干部撑腰打气。及时为遭受诬告错告的领导干部澄清和"正名"，并敢于向诬告者"亮剑"。

（四）用制度保障领导干部发挥"关键少数"作用

制度优势是一个政党、一个国家的最大优势。制度好可以使坏人无法任意横行，制度不好可以使好人无法充分做好事，甚至会走向反面。扎紧织密制度笼子，用制度保障领导干部发挥"关键少数"作用。

1. 党政主要负责人履行推进法治建设第一责任人职责

党政主要负责人要履行推进法治建设第一责任人职责，这是推进法治建设的重要组织保证。党政主要负责人应当切实履行依法治国重要组织者、推动者和实践者的职责，坚决贯彻落实党中央关于全面依法治国的重大决策部署，贯彻落实中共中央办公厅、国务院办公厅印发《党政主要负责人履行推进法治建设第一责任人职责规定》，统筹推进科学立法、严格执法、公正司法、全民守法，自觉运用法治思维和法治方式深化改革、推动发展、化解矛盾、维护稳定、应对风险，对法治建设重要工作亲自部署、重大问题亲自过问、重点环节亲自协调、重要任务亲自督办，把本地区各项工作纳入法治化轨道。

各级领导干部要把责任担起来，不搞花架子、不做表面文章，不能一年开一两次会、讲一两次话了事。党政主要负责人要亲力亲为，不能当甩手掌柜。加强和改进对法治建设的领导，每年都确定重点任务，明确完成时间，做到年初有分工、年中有督察、年末有考核、全年有台账。党政主要负责人应当将履行推进法治建设第一责任人职责情况列入年终述职内容，上级党委应当对下级党政主要负责人履行推进法治建设第一责任人职责情况开展定期检查、专项督查，并纳入政绩考核指标体系，作为考察使用干部、推进干部能上能下的重要依据。对不认真履行第一责任人职责的党政主要负责人，上级党委要及时告诫和约谈，严肃批评。对一个地方、一个部门接二连三发生重大违法案件、造成严重社会后果的，必须严肃问责、依法追究。

2. 把能不能遵守法律、依法办事作为考察干部的重要内容

用人导向最重要、最根本、最管用。"敬一贤则众贤悦，诛一恶则众恶惧。"必须坚持正确用人导向，把好干部选出来、用起来，促进能者上、庸者下、劣者汰。我们党选拔任用干部的标准就是德才兼备，而法治观念、法治素养是干部德才的重要内容。必须把能不能遵守法律、依法办事作为考察干部重要内容，相同条件下，优先提拔使用法治素养好、依法办事能力强的干部。要使广大干部不断警醒起来，彻底改变少数人过去那种胆大妄为、无法无天的领导方式、用权方式和行为方式。

要发挥考核的指挥棒作用、选拔任用的导向作用，把法治素养和依法履职情况纳入考核评价干部的重要内容，让尊法学法守法用法成为领导干部自觉行为和必备素质。各级党委要将法治建设与经济社会发展同部署、同推进、同督促、同考核、同奖惩。研究制定法治建设指标体系和考核标准，加强对重大法治问题的法治督察。把普法责任制落实情况作为法治建设的重要内容，纳入国家机关工作目标考核和领导干部政绩考核。法治观念淡薄，不依法办事，不按法定程序决策，或者依法应当及时作出决策但久拖不决，造成不良影响和后果的，应当对有关领导干部实行问责。各级领导班子一把手是"关键少数"中的"关键少数"。一把手违纪违法最易产生催化、连锁反应，甚至造成区域性、系统性、塌方式腐败。许多违纪违法的一把手之所以从"好干部"沦为"阶下囚"，有理想信念动摇、外部"围猎"的原因，更有日常管理监督不力的原因。领导干部责任越重大、岗位越重要，就越要加强监督，破解一把手监督难题。①

———————

① 参见陈训秋：《坚持抓住领导干部这个"关键少数"》，《中国法学》2021 年第 3 期。

图书在版编目(CIP)数据

中国式法治现代化的逻辑和探索/叶青等著. 一上
海:上海人民出版社,2023
ISBN 978 - 7 - 208 - 18237 - 0

Ⅰ.①中… Ⅱ.①叶… Ⅲ.①社会主义法治-建设-
研究-中国 Ⅳ.①D920.0

中国国家版本馆 CIP 数据核字(2023)第 068527 号

责任编辑 官兴林
装帧设计 今亮后声

中国式法治现代化的逻辑和探索

叶 青 阙天舒 虞 浔 吴 羽 程 衍 王小光 孙嘉伟 著

出 版 上海人民出版社
      (201101 上海市闵行区号景路 159 弄 C 座)
发 行 上海人民出版社发行中心
印 刷 上海商务联西印刷有限公司
开 本 720×1000 1/16
印 张 15
插 页 4
字 数 194,000
版 次 2023 年 5 月第 1 版
印 次 2023 年 5 月第 1 次印刷
ISBN 978 - 7 - 208 - 18237 - 0/D · 4125
定 价 68.00 元